Gina Mayer

Die verlorenen Schuhe

Gina Mayer studierte Grafik-Design und arbeitete einige Zeit als Werbetexterin. Nach der Geburt ihrer beiden Kinder begann sie Bücher zu schreiben. Seit 2006 hat sie eine Vielzahl historischer Romane und andere Bücher für Erwachsene und Jugendliche veröffentlicht.

Gina Mayer

Die verlorenen Schuhe

Ravensburger Buchverlag

MIX
Papier aus verantwortungsvollen Quellen
FSC® C006701

Lizenzausgabe
als Ravensburger Taschenbuch
Band 58390
erschienen 2011

Die Originalausgabe
erschien 2010
im Thienemann Verlag, Stuttgart

Umschlaggestaltung: Constanze Spengler
Fotos von akg-images und
Susanne Wegale (getty images)
Landkarte: BITmap
Nachstehend wird zitiert:
Rose Ausländer, Der Brunnen
(Im verbrannten Hof/...).
Aus: dies., Hügel aus Äther unwiderruflich.
Gedichte und Prosa 1966–1975.

Printed in Germany

1 2 3 4 5 15 14 13 12 11

ISBN 978-3-473-58390-4

www.ravensburger.de

Im verbrannten Hof
Steht noch der Brunnen
Voll Tränen

Wer weinte sie
Wer trinkt
Seinen Durst leer

Rose Ausländer

DAS DRITTE REICH
Inges und Wandas langer Weg
in den Westen
Berlin
Potsdam
Havel
Elbe
Magdeburg
Dessau
Göttingen
Kassel
Werra
Fulda
Halle
Leipzig
Saale
SACHSEN
Erfurt
THÜRINGEN
Dresden
Chemnitz
Zwickau
Erzgebirge
Plauen
Keilberg
1244
Hof
Eger
Karlsbad
Main
PROTEKTORAT
BÖHMEN
UND MÄHREN
Bayreuth
Würzburg
Pilsen
Neckar
Nürnberg
WÜRTTEM-
BERG
Regensburg
Kirchheim
Eger
Stuttgart
Nördlingen
Donau
Bopfingen
Ingolstadt
Isar
Lech
Ulm
Donau
BAYERN
Augsburg
Inn
München

N
Weichsel
Warthe
Posen
Oder
GENERALGOUVERNEMENT POLEN
Kalisch
NIEDER SCHLESIEN
Neiße
Liegnitz
Görlitz
Lauban
Jauer
Neumarkt
Oels
Konstadt
Warthe
Bankau
Breslau
Namslau
Noldau
Kreuzburg
KZ Rosen
Striegau
Hirschberg
Schweidnitz
Oder
Schneekoppe
1605
Riesengebirge
Oppeln
OBERSCHLESIEN
SUDETENLAND
Beuthen
Gleiwitz
Kattowitz
Krakau
KZ Auschwitz
Weichsel
Prag
Elbe
ÖSTERREICH
Donau
100 km
Wien

BANKAU, SCHLESIEN*

September 1939

Die beiden Männer standen auf der anderen Seite des Gebüschs. Inge konnte sie nicht sehen, sie hörte nur ihre Stimmen.

Der eine von ihnen war ihr Lehrer. Die andere Stimme kannte sie nicht. »Was sagen Sie dazu?«, fragte der Fremde in einem leisen, drängenden Ton, als erkundigte er sich nach einer Sache von größter Wichtigkeit.

Es war der 14. September 1939. Vor zwei Wochen hatte der Krieg begonnen. Am Vortag hatte ein Wagen voll Freiwilliger Bankau verlassen. Junge Männer in Uniform, die jubelnd ihre Mützen in die Luft warfen.

Inge war dreizehn Jahre alt. Sie hatte noch niemals einen Krieg miterlebt. Sie hatte überhaupt noch nichts erlebt. Sie hatte alles noch vor sich.

Sie hörte, wie ihr Lehrer antwortete, aber sie konnte nicht verstehen, was er sagte.

Sie verstand nur den Fremden. Was er jetzt sagte, würde sie nie mehr vergessen.

* *Die mit Sternchen gekennzeichneten Begriffe sind im Glossar erklärt.*

»Herr Lehrer«, sagte der Fremde, »wenn dieser Krieg hier vorüber ist, dann werden wir unsere Heimat verlassen müssen.«

Inge bekam ihren Ball zu fassen, packte ihn mit beiden Händen und rannte zurück zu den anderen.

Es war ein milder Spätsommertag. Inge trug zum letzten Mal in diesem Jahr eine Bluse mit kurzen Ärmeln. Sie spürte die samtige Wärme der Sonnenstrahlen auf ihren Unterarmen.

Sie warf den roten Ball hoch in den strahlend blauen Himmel.

»Es gilt!«, schrie sie laut.

Plötzlich war ihr kalt.

Hohenau

Oktober 1944

Die Stimme aus dem Volksempfänger* knackte und schnarrte. Hin und wieder störte ein helles Pfeifen den Empfang. Herr Baken und die anderen Männer hockten im Halbkreis vor dem Radioapparat, die Rücken gebeugt, die Köpfe gesenkt. Sie lauschten, als spräche Jesus Christus persönlich zu ihnen.

Es war jedoch nicht Jesus, sondern der Reichsminister Doktor Goebbels*. Er überbrachte den Männern die neuesten Nachrichten von der Front.

»Mit größter Beharrlichkeit und mit größtem Fanatismus werden wir den Sieg erringen«, schrie Goebbels. »Wir werden siegen! Heil Hitler!« Damit war die Übertragung beendet.

Inges Vater schaltete den Volksempfänger aus.

»Kein Wort über den Frontverlauf«, rief Herr Olenik aufgeregt. »Man erfährt gar nicht, wo sie jetzt stehen. Vielleicht sind sie schon ganz nahe.«

Inge saß ein wenig abseits von der Gruppe auf dem Diwan*. Sie hielt ihr Buch auf dem Schoß, aber sie tat nur so, als ob sie las. Die Männer sprachen viel zu laut, als dass sie sich hätte konzentrieren können.

Herr Olenik, Herr von Post, Herr Direktor Klose, Herr von Tschoschwitz, Herr von der Stein und Herr Baken, Inges Vater – das waren die Übriggebliebenen, wie sie sich selbst nannten.

Olenik, der Gastwirt, war nicht eingezogen worden, weil er im letzten Krieg sein Bein verloren hatte. Der Schuldirektor Klose war auf dem rechten Auge blind. Die anderen Männer waren Gutsbesitzer und damit unabkömmlich. Nur ihre Knechte, die Verwaltungskräfte und Stallburschen hatte man nach Polen, Russland und in die Tschechoslowakei geschickt. Im Gegenzug hatte man polnische, russische und tschechoslowakische Fremdarbeiter* nach Schlesien gebracht, die jetzt die Arbeit verrichteten.

Sonst trafen sich die Übriggebliebenen immer zum Stammtisch in Oleniks *Goldener Glocke*. Aber heute waren sie auf Gut Hohenau zusammengekommen.

»Wie kommst du denn auf einen solchen Blödsinn«, entgegnete Herr von der Stein jetzt. »Die Front ist in Russland. Es besteht keine Gefahr.«

»Letzte Nacht konnte ich Kanonendonner hören«, meinte Herr Olenik, wobei er seine Stimme senkte, denn in diesen Zeiten war man besser vorsichtig mit dem, was man sagte.

Man wurde leicht missverstanden.

»Kanonendonner«, spottete Herr von Post. »Das war dein eigener Magen, der protestiert hat, weil du dein fettes Essen nicht vertragen hast.«

»Ich meine es ernst.«

Inge betrachtete Olenik verstohlen. Sein Kopf war sehr rot. Dicke blaue Adern krochen über seine Schläfen. Er wirkte nicht verängstigt, sondern eher aufgebracht, als ob die anderen den Krieg angefangen und ihn in die Sache hineingezogen hätten.

»Ganz ruhig, Olenik.« Das war ihr Vater. Er sprach mit dem Gastwirt wie mit einem nervösen Pferd.

Aus dem Augenwinkel sah Inge, wie ihr Vater aufstand. Hastig senkte sie ihren Blick wieder auf das Buch. *Wilhelm Meisters Lehr- und Wanderjahre* von Goethe. Ihre Lehrerin hatte es ihr im September in die Hand gedrückt, als die Schule in Kreuzburg wegen des Kriegs geschlossen worden war. »Nutz die Zeit, in der du zu Hause bist«, hatte sie noch gesagt. »Lies.«

Aber nun war Inge schon seit drei Wochen daheim und bis heute hatte sie weder dieses Buch noch irgendein anderes aufgeschlagen. Und auch jetzt tat sie wieder nur so, als ob sie las. Ihr Vater fiel aber nicht darauf herein.

Sie hörte, wie sich seine Schritte näherten, und obwohl sie nicht aufsah, spürte sie seinen Blick auf ihrem Scheitel wie eine Berührung.

»Die Front ist in Russland«, sagte er. »Seit Wochen schon. Und dort wird sie auch bleiben, so lange, bis wir sie wieder zurückschlagen.«

Inge klappte ihr Buch zu und stand auf. Sie verstand ihren Vater auch ohne Worte. Er wollte, dass sie die Männer allein ließ. Solche Unterhaltungen waren seiner Meinung nach nichts für Kinder.

Vor ein paar Wochen war Albert Bausitz eingezogen worden, mit dem Inge zur Volksschule gegangen war. Albert war gerade einmal sechzehn, zwei Jahre jünger als Inge, und dennoch kämpfte er im Krieg – und sie selbst durfte nicht einmal hören, worüber die Männer redeten.

Sie zog die Tür zum Salon mit einem leisen, aber vorwurfsvollen Geräusch ins Schloss. Aber kaum dass sie draußen im Flur stand, verflog ihre Wut genauso schnell, wie sie aufgekommen war.

Worüber sollte sie sich auch ärgern? Dass sie nicht mit Albert und dem Rest der Männer in den Krieg ziehen konnte? Nein, bestimmt nicht, das Totschießen und Totgeschossenwerden überließ sie gerne den Männern. Mit dem Krieg wollte Inge nichts zu tun haben. Wenn es nach ihr gegangen wäre, hätten die Friedensverhandlungen eher heute als morgen begonnen.

Bis zum Abendessen hatte sie noch über eine Stunde Zeit. Genug Zeit für einen Ausritt, beschloss Inge. Es gab nichts Besseres, um auf neue Gedanken zu kommen.

Zu ihrem sechsten Geburtstag hatte ihr Vater ihr ein

eigenes Pferd geschenkt. Gustav, ein schweres polnisches Kaltblut, stand immer noch im Pferdestall auf Gut Hohenau. Aber Inge ritt ihn nur noch sehr selten.

Sie bevorzugte Jonny, einen Hannoveraner-Hengst, der eigentlich ihrem Vater gehörte. Jonny war leidenschaftlich, schnell und rassig, er passte viel besser zu ihr als der brave Gustav, fand Inge. Ihre Eltern sahen es allerdings nicht gerne, wenn sie Jonny ritt. Besonders ihre Mutter machte sich schreckliche Sorgen.

Denn Inge war nicht nur eine begeisterte Reiterin, sie war auch eine hervorragende Pianistin. Sie spielte so gut, dass sie sich im nächsten Sommer auf dem Konservatorium in Breslau* bewerben wollte. Es war sehr schwer, dort angenommen zu werden, aber sie würde es schaffen. Vorausgesetzt natürlich, der dumme Krieg war bis zum Sommer endlich beendet, denn zurzeit war auch das Konservatorium geschlossen.

Ihre Mutter sorgte sich aber nicht nur, dass Inge vom Pferd fallen und sich den Arm brechen könnte. »Es ist Krieg«, beschwor sie ihre Tochter immer wieder. »Da kannst du doch nicht einfach ausreiten.« Dabei war die Front weit weg, das hatte ihr Vater den Männern gerade noch erklärt.

Ich würde ja auch ganz verrückt werden, wenn ich auf meine Ausritte verzichten müsste, dachte Inge, als sie den Stall betrat. Früher hatten hier sechzehn Pferde gestanden. Aber vor einem Jahr hatte die Wehrmacht die meisten abtransportiert, nur zwei schwere Ackergäule, den braven Gustav und Jonny hatte man ihnen gelassen – und das auch nur, weil Herr Baken hervorragende Beziehungen zu Kreisleiter* Strunk hatte.

Gustav hob erwartungsvoll den Kopf, als Inge an seinem Verschlag vorbeikam. Im Vorübergehen tätschelte sie seinen Hals. »Heute nicht, Gustav.« Und morgen auch nicht. Armes Pferd.

Die Streu unter Jonnys Hufen war nass und braun von zertretenen Pferdeäpfeln. Früher hätte es so etwas nicht gegeben. Früher hatte ihr Pferdeknecht den Stall jeden Tag ausgemistet, aber nun kämpfte Hans irgendwo vor Warschau, Königsberg oder St. Petersburg, während die Polen Gut Hohenau zerstörten, indem sie einfach alles verkommen ließen. Auf dem Gutshof waren vierzehn Fremdarbeiter untergebracht, fast so viele, wie sie früher Angestellte gehabt hatten. Aber während früher alles reibungslos gelaufen war, funktionierte heute nichts mehr.

»Das ist die slawische Art«, sagte Ortsgruppenleiter* Stenzel, der für Gut Hohenau zuständig war. Herr Baken konnte Stenzel nicht leiden, weil er ihn für falsch und verschlagen hielt. Dennoch widersprach er ihm nie, auch nicht, wenn Stenzel sagte, dass man Lehrer Hofmeister vergasen sollte, weil er früher den Bolschewisten* das Wort geredet habe. Inges Vater war mit dem Lehrer befreundet, aber er verteidigte ihn nicht vor Stenzel, denn der Ortsgruppenleiter gehörte jetzt zu den Mächtigen, und mit den Mächtigen musste man sich als Gutsbesitzer arrangieren, das war schon immer so gewesen und würde auch immer so bleiben.

Während Inge Jonny aufsattelte, schlug die Stalltür auf. Im hellen Rechteck der Tür zeichnete sich eine hohe, kräftige Gestalt ab. Inge duckte sich unwillkürlich hinter Jonnys Rücken. Dann erkannte sie das Polenmädchen.

Ob sie zum Ausmisten kam? Inge überlegte, ob sie sie fragen sollte, aber dann entschied sie sich dagegen. Die Polin würde sie ohnehin nicht verstehen.

Als man sie im Sommer vor einem Jahr nach Hohenau gebracht hatte, hatte Inge versucht sich mit ihr zu unterhalten. Inge beherrschte ein bisschen Wasserpolnisch*, Hans hatte ihr den schlesisch-polnischen Dialekt beigebracht. Heimlich natürlich, denn Inges Eltern fanden Wasserpolnisch furchtbar gewöhnlich.

Inge hatte sich ein paar Begrüßungsworte zurechtgelegt und war in die Scheune gegangen, in der die Fremdarbeiter untergebracht waren. Die Polin glotzte Inge verständnislos an, während sie ihre kleine Rede vortrug.

»Inge«, sagte Inge schließlich und zeigte auf ihre eigene Brust.

Danach zeigte sie auf die Polin. Das war ja nun nicht schwer zu verstehen, dass sie sich nach ihrem Namen erkundigte.

Die Polin verstand sie aber nicht. Sie hatte eine plumpe Figur, krauses Haar und ihr Gesicht wimmelte
von rötlichen Sommersprossen. Wie alt sie wohl sein mochte? Jünger oder sehr viel älter als sie selbst?

Diese breiten slawischen Gesichter waren nicht einzuschätzen.

In jedem Fall schien sie nicht die Hellste zu sein. Als Inge ihre Frage wiederholt hatte, hatte sie nur den Kopf geschüttelt. Vielleicht war sie auch verstockt.

Jetzt trat das Polenmädchen gegen einen Futtereimer, der in der Stallgasse stand. Scheppernd fiel er um. Jonny warf den Kopf hoch und wieherte leise. »Schon gut.« Inge griff nach dem Halfter. Der Kopf der Polin schoss in ihre Richtung. Inge lächelte. Die Polin lächelte nicht zurück.

»Komm, Jonny.« Inge zog das Pferd aus dem Verschlag, aber die Stallgasse war durch den Eimer blockiert. Widerwillig stellte die Polin ihn weg. Wieder begegneten sich ihre Blicke, dann wandte das Polenmädchen die Augen ab.

»Danke«, murmelte Inge. Ihr Vater legte großen Wert darauf, dass sie die Fremdarbeiter höflich behandelte. Dabei verstand die Polin sie ja ohnehin nicht.

Die Luft roch nach Winter, obwohl es gerade einmal Anfang Oktober war.

Die Kronen der Buchen flackerten bereits gelbrot und orange, bald würde der Wald in Flammen stehen. Kurz darauf würden die Blätter von den Zweigen fallen und die kahlen Äste von Schnee bedeckt werden.

Im Winter geht der Krieg zu Ende, dachte Inge. Endlich. Der Feind hatte keine Kraft mehr, er schleppte sich nur noch von einer Schlacht zur anderen, das hatte Reichsminister Goebbels vorhin noch in seiner Rundfunkansprache erklärt. Ein strenger Winter würde den geschwächten Armeen den Rest geben. Die Russen, Amerikaner, Franzosen und Engländer würden kapitulieren.

Deutschland würde siegen.

Spätestens im Sommer wären die Bombenschäden beseitigt, was zerstört war, würde wieder aufgebaut werden. Alles wäre wie früher, nur besser, denn Inge würde im Konservatorium aufgenommen werden und den lieben langen Tag nur noch Klavier spielen. Sie würde heiraten. Ja, dachte Inge, vielleicht würde sie bereits im Sommer heiraten, aus reiner Freude darüber, dass der Krieg vorbei wäre. Allerdings nur, wenn Wolfgang damit einverstanden wäre, dass sie auch als verheiratete Frau ihr Studium beendete.

Ihr Studium. Wie weit das Konservatorium doch entfernt schien in diesen Tagen. Vor über einem Jahr hatten sie Herrn Koschnik, ihren Klavierlehrer, zum Kriegsdienst eingezogen.

»Üben, üben, üben, damit die Finger nicht faul werden«, hatte er Inge noch beschworen. »Der Rest ergibt sich von selbst.«

Am Anfang hatte sie ja auch nicht nachgelassen in ihren Bemühungen. Aber mit der Zeit setzte sie sich immer seltener ans Klavier. Die Sonate in C-Dur von Mozart lag nun schon wochenlang auf dem Flügel in

Hohenau, ohne dass Inge nennenswerte Fortschritte in dem Stück gemacht hätte. Wer hätte auch damit gerechnet, dass Herr Koschnik so lange wegbleiben würde.

Inge lehnte sich nach vorn, sodass ihr Oberkörper den starken Pferderücken berührte. Die seidige schwarze Mähne streichelte ihr Gesicht. Dieser vertraute, warme Geruch. Alles wird gut, sagte dieser Geruch.

Hinter sich hörte sie das Geräusch eines Motors. Sie lenkte Jonny an den Straßenrand, während sie sich gleichzeitig nach dem Automobil umdrehte.

Es war ein dunkelgrüner Opel.

Wolfgangs Wagen.

Aber Wolfgang war weit weg. Wolfgang war bei seiner Fliegerstaffel in Staaken. Wenn er nicht gerade über Land flog und feindliche Flieger jagte. Sieben Abschüsse hatte er bereits erzielt. Nach dem zehnten bekam man das Eiserne Kreuz* verliehen.

Nein, Wolfgang konnte nicht hier sein, dachte Inge. Aber im selben Moment sprang er aus dem Wagen. Er trug seine Uniform, die dunkle Jacke mit den hellen Kragenecken. Auf der Schirmmütze der Adler der Luftwaffe mit dem Hakenkreuz in den Krallen. Wie gut er aussah! Inges Herz begann nervös zu trippeln, wie Jonny, wenn ihn etwas erschreckte.

Wolfgang von Brandt. Sie kannte ihn fast ihr ganzes Leben lang. Dennoch zitterte ihre Stimme, wenn sie mit ihm sprach. Seit sie sich erinnern konnte, hatte sie ihn geliebt. Wolfgang hatte sie dagegen erst vor einem Jahr zur Kenntnis genommen, als er auf Fronturlaub auf Tockenhof gewesen war. Kurz danach hatte er sie zum ersten Mal geküsst. Und in seinem letzten Fronturlaub im Juni hatten sie sich dann verlobt. Heimlich, ohne das Wissen ihrer oder seiner Eltern, hatte Wolfgang Inge einen Ring an den Finger gesteckt.

»Du bist jetzt mein«, hatte er gesagt, bevor er sie geküsst hatte.

Danach war er wieder zurück an die Front gefahren. Er war Leutnant, das war ein hoher Rang, dafür dass er erst dreiundzwanzig Jahre alt war. Seit drei Monaten war er außerdem auch Gruppenkommandeur, weil er sich so hervorragend bewährt hatte. Wolfgang kam aus einer Offiziersfamilie, sein Großvater war General a. D. und zwei seiner Onkel waren hochdekorierte Kriegshelden. Das Kriegerische lag ihm im Blut.

Als der Krieg vor fünf Jahren begonnen hatte, war er gerade achtzehn Jahre alt geworden. Er hatte sich sofort freiwillig gemeldet und war als Offiziersanwärter in die Wehrmacht* aufgenommen worden. »Der Krieg kam zur rechten Zeit«, sagte er immer. »Wenn es keinen Krieg gegeben hätte, dann wäre ich womöglich auf Tockenhof versauert wie mein Vater.«

Denn im Gegensatz zum Großteil seiner Familie

war Herold von Brandt, Wolfgangs Vater, nie im Krieg gewesen.

»Großvater hat ihn im Grunde seines Herzens immer ein bisschen verachtet, weil er nicht gedient hat«, hatte Wolfgang Inge einmal anvertraut.

Aber jetzt erfüllte der Enkel die Träume des alten Herrn.

»Wir werden den Feind kurz und klein schlagen«, schrieb Wolfgang Inge von der Front. »Es dauert nicht mehr lange, bis er am Boden ist. Dann kehre ich endlich heim zu dir, mein Kind.«

Mein Kind. Es gefiel Inge nicht, wenn Wolfgang sie so nannte. Mein Herz oder meine Seele schrieb er auch manchmal, das fand sie schon besser.

Sie band alle seine Briefe mit einem rosaroten Seidenband zusammen und bewahrte sie in der untersten Schublade ihrer Schleiflackkommode auf.

Warum hielt sie die Verlobung vor ihren Eltern geheim? Sie wussten natürlich, dass Wolfgang in seinem Urlaub mit Inge ausritt oder sie zum Tanz ausführte. Aber sie glaubten, dass es nur eine lose Verbindung wäre. Oder jedenfalls hofften sie es.

»Er ist viel zu alt für dich«, sagte Inges Mutter immer.

»Er hat nur den Krieg im Kopf. Im Frieden ist er zu nichts zu gebrauchen«, meinte ihr Vater.

Er mochte Wolfgang von Brandt nicht. Auch zu Herold von Brandt, Wolfgangs Vater, hatte er nur ein sehr distanziertes Verhältnis. Dabei hatten Herr Baken und Herr von Brandt so vieles gemeinsam – sie waren beide Gutsherren, beide hatten nicht gedient, beide waren nicht eingezogen worden –, und dennoch kam Herold von Brandt niemals zum Stammtisch der Übriggebliebenen in die *Goldene Glocke*. Ihre fehlende Freundschaft hatte etwas mit Politik zu tun, so viel wusste Inge, aber mehr wusste sie nicht, denn sie interessierte sich nicht für Politik.

»Noch drei Jahre, dann bist du volljährig«, sagte Wolfgang. »Dann kannst du tun und lassen, was du willst.« Aber drei Jahre lang wollten sie natürlich nicht warten. Sie würden schon einen Weg finden, früher zu heiraten. Wenn der Krieg endlich einmal vorüber wäre.

»Was tust du hier?«, fragte Inge Wolfgang, während sie von Jonnys Rücken sprang.

»Wie gut, dass ich dich treffe!«, rief Wolfgang. Er legte seine Hände auf ihre Schultern und küsste sie. Sie machte sich los und sah sich erschrocken um.

»Wenn uns jemand sieht!«

»Und wenn schon.«

»Warum bist du nach Hause gekommen?«

»Sie haben mich angerufen. Meine Mutter ist schwer krank. Vielleicht stirbt sie.«

»Du liebe Zeit!« Seit Inge Wolfgang liebte, war seine Mutter krank. Also schon immer. Alle paar Wochen wurde der Pfarrer nach Gut Tockenhof geholt, damit er Frau von Brandt aufs Sterben vorbereitete. Nun war es also wieder einmal so weit. Aber vielleicht starb sie diesmal ja wirklich.

»Warst du schon bei ihr?«

»Nein, ich wollte zuerst zu dir.«

Also nahm er die Nachricht auch nicht ernst. Dennoch war er von der Front zurückgekommen. Vielleicht war es ja die Sehnsucht nach Inge, die ihn hierhergebracht hatte.

»Wie lange wirst du bleiben?«

»Das kommt darauf an. Lange kann ich mich bestimmt nicht aufhalten.«

Inge nickte. Erst jetzt stellte sie fest, dass Wolfgang sein Haar anders trug. Statt nach hinten gekämmt hatte er es nun zur Seite gescheitelt. Die neue Frisur ließ sein Gesicht kantiger erscheinen. Noch männlicher.

Er schien ihren Blick zu spüren. Sein Gesicht näherte sich dem ihren, sein Seitenscheitel berührte ihre Stirn. Er küsste sie, und diesmal erwiderte sie seinen Kuss. Sie spürte seine Zunge an ihren Zähnen. Seine Hände wanderten von ihren Schultern nach vorn, nach unten.

Sie machte sich wieder los.

Er grinste. »Du hast ja Recht. Ich muss weiter.«

»Sag deiner Mutter ... ach nein, sag ihr lieber nichts ...«

Er küsste sie ein letztes Mal, aber diesmal nur auf die Wange.

Sie blickte seinem Automobil nach, bis es im Wald verschwunden war.

Als sie wieder aufsaß, sah sie das Fuhrwerk an der Biegung des Weges. Auf dem Bock saß die Polin, wahrscheinlich wollte sie mit dem Wagen aufs Feld, obwohl es schon reichlich spät war. Ob sie gesehen hatte, wie Wolfgang sie geküsst hatte?

Die Entfernung zwischen ihnen war ziemlich groß. Dennoch hatte Inge den Eindruck, dass die Polin sie anstarrte.

Inge starrte zurück. Die Polin hob die Zügel, der Wagen fuhr auf Inge zu, aber kurz bevor er sie erreicht hatte, bog er an einer Abzweigung ab.

»Sie kann nichts gesehen haben«, murmelte Inge.

Und wenn schon.

Kaffeesatzleben

Wenn Wandas Mutter Kaffee gekocht hatte, hatte sie das Kaffeemehl zusammen mit etwas Zimt und Salz in die Kanne gefüllt und dann das kochende Wasser aufgeschüttet. Dieser Duft, wenn sich das Kaffeearoma mit dem Zimtgeruch vermischte. *Swietny*. Köstlich.

Hinterher war nur der Satz in der Kanne zurückgeblieben, kalt und schwarz und ohne Duft. Genau wie dieser Kaffeesatz war jetzt Wandas Leben.

Nichts von dem, was einmal gut gewesen war, war noch da. Ihre Mutter war weg, vielleicht sogar tot. Der Kaffee war ausgetrunken. Was blieb, war der bittere Rest.

Wanda schlief in einer Scheune auf einer dünnen Pferdedecke, darunter feuchte Streu. Ein Leintuch teilte das Quartier der Männer von dem der Frauen ab. Bevor nachts das Licht gelöscht wurde, sah man die Umrisse der Männer hinter dem weißen Stoff wie ein gespenstisches Schattentheater. Ein paar spielten Karten, andere unterhielten sich, einige rauchten, obwohl das Rauchen in der Scheune streng verboten war. Aber der Gutsherr hatte Besseres zu tun, als abends noch nach den Fremdarbeitern zu schauen. Man ging früh schlafen, der Tag begann im Sommer um fünf Uhr morgens, im Winter um sechs.

Neben Wanda schlief Maria, eine Bäuerin aus der Nähe von Warschau. Maria hatte nur noch neun Zähne im Mund, obwohl sie noch keine fünfzig war. Nachts schnarchte sie fürchterlich. Am Anfang hatte Wanda geglaubt, dass sie neben Maria kein Auge zutun könnte. Aber die harte Feldarbeit erschöpfte sie so, dass sie auch im Stehen eingeschlafen wäre. Sie schlief ohnmächtig, totengleich. Kein Schnarchen, keine Unterhaltung, nicht einmal eine Bombenexplosion hätte sie wecken können. Das schaffte nur Maria, die Wanda morgens bei den Schultern packte und schüttelte, bis sie die Augen aufschlug. Das Erste, was Wanda jeden Morgen sah, war Marias offener Mund mit den neun Zahnstummeln.

Wenn Wanda und Maria sich früher kennengelernt hätten, in dem Dorf bei Warschau, aus dem Maria stammte, oder in Krakau, wo Wanda aufgewachsen war, dann hätten sie sich niemals bei den Vornamen genannt. Wanda hätte Maria mit *pani Kolana* angeredet und Maria Wanda mit *panna Masowiecki*. Wenn sie überhaupt miteinander gesprochen hätten. Früher hatten sie in zwei verschiedenen Welten gelebt.

Aber in der Gefangenschaft war alles anders. In der Gefangenschaft verband sich, was getrennt war, und was früher zusammengehörte, trennte sich. In der Gefangenschaft verlor man seinen Besitz, seine Rechte, seine Würde und seinen Nachnamen, weil ihn die Deutschen nicht aussprechen konnten.

»Wie du heißen?«, hatten die Soldaten Wanda damals angebrüllt, als sie sie aufgegriffen hatten.

Wie du heißen. Als ob Wanda nicht fließend Deutsch spräche. Sie hatte es von ihrem Vater gelernt und in der Schule. Sie las Goethe und Kleist auf Deutsch. Ihre Aufsätze hatten ihren Lehrer immer in größte Begeisterung versetzt. »Wenn du nur Deutsch studieren könntest wie dein Vater«, hatte er gesagt.

Das tat sie ja nun auch, gewissermaßen. Seit über einem Jahr lebte Wanda jetzt schon in Deutschland. Sie hörte die Deutschen reden, aber sie gab niemals zu erkennen, dass sie jedes ihrer Worte verstand. Es war gefährlich, wenn man ihnen zeigte, dass man sie verstand.

Der Weg gabelte sich. Nach rechts oder geradeaus? Wanda zog die Zügel an. »Brrr!«

Der Ackergaul vor dem Wagen blieb stehen.

Dann sah Wanda Inge. Inge, die für sie natürlich Fräulein Baken hieß, aber in ihren Gedanken nannte Wanda sie Inge, denn warum sollte nur Wanda ihren Nachnamen verlieren.

Wanda sah Inge, die in ihrem eleganten Reitkostüm mit den eng geschnittenen Hosen einfach bezaubernd aussah. Sie sah den Hannoveraner, das dunkelgrüne Automobil und den jungen Offizier. Jetzt küsste der

Offizier Inge, und während er sie küsste, glitten seine Hände von ihren Schultern auf ihre Brüste und im selben Moment machte Inge sich los.

Ob er sie belästigte?

Nein, nun lächelte Inge ihn an.

Sie wechselten noch ein paar Worte, dann strich der Offizier über Inges seidenweiches hellbraunes Haar, küsste sie auf die Wange und fuhr ab.

Inge hat einen Liebhaber, dachte Wanda.

Sie dachte an Marek, aber nur ganz kurz. Doch es reichte, um die Wunde wieder aufzureißen.

Dann merkte sie, dass Inge zu ihr herübersah, und sie hob die Zügel.

Sie lenkte den Gaul nach rechts in einen Waldweg, obwohl ihr im selben Moment einfiel, dass sie eigentlich geradeaus musste.

Sie fuhr so weit, bis sie außer Sichtweite war. Dann hielt sie an und horchte. Als das Geräusch der Hufe verklungen war, wendete sie das Fuhrwerk und lenkte es zurück auf den Hauptweg. Warum war sie nicht einfach an Inge vorbeigefahren? War es etwa Wandas Schuld, dass sie die beiden gesehen hatte? Nun würde sie zu spät auf die Obstwiese kommen, wo sie die Fallàpfel abholen sollte, die die Frauen am Nachmittag gesammelt hatten. Wanda ließ ihre Peitsche über den breiten Rücken des Gauls tanzen. Lauf, beeil dich, wir haben genug Zeit verloren.

Widerwillig beschleunigte das Tier seine Schritte.

Wanda konnte mit Pferden umgehen. Früher hatten ihre Eltern sie und ihre Schwester Barbara immer zu ihrem Onkel nach Kozlyca geschickt. Sie verdienten sich ein paar Groschen, indem sie ihm bei der Ernte halfen. Damals hatte Wanda gelernt, die Pferde anzuspannen und ein Fuhrwerk zu lenken. Heute kam ihr das zugute, viel mehr als alle deutschen Bücher, die sie gelesen, und alle deutschen Aufsätze, die sie geschrieben hatte.

Nur weil sie ein Pferdefuhrwerk lenken konnte, hatte der Gutsverwalter von Gut Hohenau sie damals ausgewählt. Als sie mitbekommen hatte, dass er einen Pferdeknecht suchte, hatte sie ihren Mut zusammengenommen und war vor ihn hingetreten. »Ich verstehe etwas von Pferden«, hatte sie erklärt.

Denn sie wollte auf keinen Fall in die Fabrik, seit sie von den Frauen im Durchgangslager gehört hatte, wie schlecht man dort behandelt wurde. Am allerbesten hatten es die Mädchen, die als Dienstmädchen unterkamen, hatten die Frauen erzählt. Aber in der Landwirtschaft ging es einem immerhin noch besser als in den Fabriken.

»Du bist ja ein Mädchen«, hatte der Verwalter entgegnet. Wie abfällig er sie dabei gemustert hatte.

»Ich bin stark«, hatte Wanda gesagt.

Und das war sie.

Obwohl sie damals erst siebzehn war, war sie groß

und kräftig wie ein Mann. Schon auf der Volksschule hatte es keiner der Jungen gewagt, sich mit ihr anzulegen. An Ausdauer und Stärke konnte es Wanda mit jedem aufnehmen. Das hatte der Gutsverwalter wohl erkannt, denn er hatte sich für sie entschieden. Auf diese Weise war sie nach Hohenau gekommen.

Die Luft war kühl und feucht. Weißer Nebel hing in den Kronen der Bäume. Der Pferderücken dampfte, der warme Dunst zog nach oben zu Wanda auf den Kutschbock.

Sie hatte es gut getroffen. Sie arbeitete auf dem Feld und im Pferdestall anstatt in einer lauten, staubigen Fabrik. Herr Baken gab seinen Fremdarbeitern genug zu essen, er ließ sie sonntags in die Kirche, wenn einer krank wurde, holte er den Arzt. Vor dem letzten Winter hatte er den Dachstuhl der Scheune erneuern und isolieren lassen, damit es nachts nicht so zog. Es ging ihnen gut.

»Es ist genau wie früher«, sagte Staroj, der schon vor dem Krieg als Fremdarbeiter in Schlesien gearbeitet hatte. Nur dass er damals freiwillig gekommen war und viel Geld verdient hatte, und jetzt bekam er nur noch einen Hungerlohn.

Aber er hatte Recht. Sie konnten sich nicht beklagen. Auf Gut Tockenhof, dessen Ländereien unmittelbar an die Felder von Hohenau angrenzten, wurden die Fremdarbeiter sehr viel schlechter behandelt. Wanda wusste das, weil sie selbst einmal an das Nachbargut ausgeliehen worden war. Auf Tockenhof mussten die Gefangenen bis abends um neun arbeiten, nach der Feldarbeit wurden Gerätschaften repariert, Strümpfe gestopft, Beeren eingekocht. Man arbeitete, bis man umfiel, und danach stand man wieder auf und arbeitete weiter.

Es geht uns gut, sagte sich Wanda immer wieder. Dennoch war es ein erbärmliches Kaffeesatzdasein. Und das würde es immer bleiben.

Als Wanda die Obstwiese endlich erreichte, brach die Abendsonne durch die Baumwipfel. Ihre Strahlen tauchten alles in ein goldenes Licht, die rotgelben Äpfel in den großen Weidenkörben, die verschlissenen Kleider und Kopftücher der Frauen und die rautenförmigen Abzeichen, die auf ihren rechten Brusttaschen aufgenäht waren. Ein violettes P auf gelbem Grund. P wie Pole.

»To byl najwyższy czas!«, sagte Dobromila und blinzelte in die Sonne. Das wurde aber auch Zeit. Sie saß, an einen Baumstamm gelehnt, auf einem alten Sack. Unter ihrem dunkelblauen Kittel ragten ihre geschwollenen Beine hervor. Die anderen drei Frauen hatten sich ebenfalls auf Säcken niedergelassen. Maria und Halina spielten Karten. Keine von ihnen wirkte wirklich ungeduldig. Als Fremdarbeiter wusste man jede Pause zu genießen, die sich einem bot.

»Wo sind die anderen?«, fragte Wanda.

»Kowalski ist mit ihnen zurück auf den Hof«, sagte Halina. Martin Kowalski war einer der beiden deutschen Vorarbeiter, der die Fremdarbeiter beaufsichtigte. »Wo warst du?«

»Ich hab mich im Wald verfahren«, log Wanda. Warum erzählte sie den anderen nicht, dass sie Inge mit dem Offizier beobachtet hatte? Wollte sie Inge schützen? Aber wovor – und vor allem – warum?

»Als ob du die Strecke zum ersten Mal fährst.« Halina erhob sich und hievte den ersten vollen Korb hinten auf den Wagen. Auch die anderen drei Frauen standen jetzt auf und griffen zu den Körben.

»Du nicht«, sagte Dobromila zu Zofia. »Du setzt dich auf die Decke da.«

Sie sagte es in einem strengen, harten Ton, so als habe Zofia etwas falsch gemacht.

Zofia setzte sich widerspruchslos auf die Wolldecke neben den vollen Apfelkörben und begann zu weinen.

»Zoschka! Nicht doch!« Jetzt ließ Halina sich neben ihr nieder und tätschelte Zofia den Rücken, worauf diese nur noch lauter weinte.

»Was hat sie denn?«, fragte Wanda. Ihr war schon seit Längerem aufgefallen, dass sich Zofia komisch verhielt. Auch neulich bei der Rübenernte war sie plötzlich in Tränen ausgebrochen.

»Lass sie. Es ist nichts. Sie wird sich wieder beruhigen«, entgegnete Dobromila, die so etwas wie die Wortführerin der Frauen war. Sie hatte früher einen

Lebensmittelladen in Lodz gehabt, bevor die Deutschen sie bei einer Razzia aufgegriffen und verschleppt hatten.

Wanda nahm die Apfelkörbe an, die ihr die Frauen reichten, und reihte sie auf der Ladefläche auf. Die Äpfel rochen süßlich, einige hatten bereits zu gären begonnen.

Die anderen Frauen wussten genau, was mit Zofia los war. Warum erzählten sie ihr nichts? Trauten sie ihr nicht?

Egal, dachte Wanda. Was interessiert es mich.

Aber es interessierte sie doch.

»Sie ist in der Hoffnung«, flüsterte ihr Maria zu, als sie Wanda kurz darauf ihren vollen Apfelkorb entgegenstemmte. »Das ist los.«

Zofia erwartete ein Kind. Das war natürlich ein Unglück in diesen unsicheren Zeiten. Aber im Gegensatz zu den anderen Frauen war sie immerhin verheiratet. Zofia und ihr Mann Miroslaw hausten auch nicht mit den restlichen Fremdarbeitern in der Scheune, sondern bewohnten eine der Dienstbotenkammern im Gutshaus.

»Vielleicht schickt man sie zurück nach Polen?«, flüsterte Wanda.

Maria schnaubte laut und schüttelte verächtlich den Kopf, aber bevor sie antworten konnte, unterbrach Dobromila ihre Unterhaltung.

»Nun aber mal Platz gemacht da vorn am Wagen«,

rief sie. »Wenn ihr weiter so trödelt, kommen wir unser Lebtag nicht mehr zurück auf den Hof. Schluss mit dem Geschwätz.«

Maria verzog das Gesicht, aber dann trat sie widerspruchslos zur Seite.

Als der Wagen beladen war, bestanden die Frauen darauf, dass Zofia sich neben Wanda auf den Bock setzte. Sie weigerte sich eine ganze Weile lang, und erst als Dobromila wütend wurde, gab sie nach. Sie würde aber absteigen, bevor sie den Gutshof erreicht hätten, erklärte sie.

Also wissen sie auf Hohenau noch nichts von der Schwangerschaft, dachte Wanda. Wie lange Zofia es wohl noch geheim halten konnte? Während der Wagen anrollte, warf Wanda einen verstohlenen Seitenblick zu ihr hinüber. Ihr Bauch wölbte sich bereits verdächtig in ihrem Schoß. Erstaunlich, dass Wanda bisher noch gar nichts aufgefallen war.

Zofia war nur ein paar Jahre älter als Wanda, aber Wanda wusste, dass sie und Miroslaw schon zwei Kinder hatten, die bei Zofias Eltern in Polen geblieben waren. Wenn man Zofia nicht zurückschickte, dann würde ihr drittes Kind auf Hohenau zur Welt kommen. Aber wer würde sich danach um das Kind kümmern, wenn Zofia und Miroslaw bei der Arbeit waren?

Als wollte sie sich gegen Wandas Blick schützen, verschränkte Zofia die Arme vor dem Leib.

Wanda knallte mit der Peitsche und schnalzte mit der Zunge. Der Gaul setzte sich in Bewegung. Erst ganz langsam, aber als Wanda noch einmal mit der Peitsche knallte, beschleunigte er seine Schritte. Er hatte keine Wahl, er war ein Gefangener wie sie.

Sie aßen zusammen mit den beiden deutschen Vorarbeitern, den deutschen Dienstmädchen und der Köchin an dem langen Tisch in der Küche. Es wurde von der deutschen Obrigkeit nicht gern gesehen, dass das deutsche Personal und die Fremdarbeiter gemeinsam speisten. Man befürchtete, dass sich die Deutschen mit den Gefangenen verbrüdern könnten, dabei waren die Deutschen doch die Herrenrasse* und die Polen die Untermenschen*. Als slawisches Volk standen sie noch weit unter den französischen oder englischen Kriegsgefangenen. Das wusste Wanda, weil sie einmal mit angehört hatte, wie sich die Köchin und Kowalski darüber unterhielten.

Sie wusste auch, dass Herr Baken entgegen der ausdrücklichen Anordnung des Ortsgruppenleiters befohlen hatte, das gemeinsame Mahl beizubehalten. »Wer anständig arbeiten soll, muss auch anständig essen«, hatte er gesagt.

»Oh Gott, von dem wir alles haben, wir preisen dich für deine Gaben«, betete die Köchin vor dem Essen. »Du speisest uns, weil du uns liebst. Oh segne auch, was du uns gibst.«

»Amen«, antworteten die anderen, und dann hörte man eine Weile lang nur noch Löffelklappern und Schlürfgeräusche.

Du speisest uns, weil du uns liebst. Ja, hier auf Gut Hohenau liebte und speiste der Herr die Polen. Hier gab es Kartoffelsuppe mit Speck. Dazu Brot, so viel man wollte. Aber nur wenige Kilometer weiter, auf Gut Tockenhof, endete seine Liebe und die Gleichgültigkeit begann. Und an vielen anderen Orten schlug seine Gleichgültigkeit offensichtlich in Hass um. In den Sammellagern, in den Fabriken und Baracken, wo die Gefangenen nichts als Abfälle zu essen bekamen, wo man sie quälte und schlug und tötete, da lachte der Herr über das Elend seiner Kinder.

Wandas Mutter hatte früher immer darauf bestanden, dass ihre beiden Töchter sie sonntags in die katholische Messe in St. Barbara begleiteten. Der Vater war zu Hause geblieben, aber Wanda und Barbara mussten mit. »Wenn es euch einmal schlecht ergeht im Leben, dann wird euch euer Glaube eine Stärkung sein. Ein Gerüst, das euch aufrechterhält«, hatte die Mutter ihnen erklärt.

Aber nun erging es Wanda schlecht, viel schlechter, als sie es sich jemals hätte vorstellen können, doch der Glaube war ihr keine Stütze. Sobald ihr Unglück begonnen hatte, schon damals im Sammellager, war ihr Glaube auseinandergebrochen wie ein Stück morsches Holz. Sie hatte die Überreste weggeworfen.

Nur manchmal, wenn die Verzweiflung in ihr überhandnahm, faltete sie unwillkürlich die Hände. Aber sie betete niemals. Gott hatte sie in ihrem Elend verlassen. Man konnte ihm aber keinen Vorwurf daraus machen, weil es ihn nämlich gar nicht gab.

»Sie kommen näher«, sagte neben ihr Miroslaw auf Polnisch. Polnische Unterhaltungen bei Tisch waren eigentlich verboten. Die Polen waren angewiesen worden, Deutsch zu sprechen, damit man sie verstehen konnte. Aber schon nach den ersten Wochen des Schweigens wurde das Verbot aufgeweicht. Erst waren es nur einzelne Worte: *smacznego* oder na *zdrowie*, wenn einer nieste. Dann flüsterte man sich kurze Sätze zu und inzwischen plauderte man ungeniert, wonach einem der Sinn stand, nur wenn Herr Baken zufällig in den Raum kam, verstummte die ganze Gesellschaft.

»Sie sollen schon in Lodz stehen«, sagte jetzt Andrzej.

Wanda brauchte einen Moment, um zu verstehen, wovon die Männer sprachen.

Sie, das waren die Russen, die Rote Armee*. Ihre Befreier.

»Es kann nicht mehr lange dauern«, meinte auch Walery.

Wanda fragte sich, woher die Männer wissen wollten, dass die Front sich näherte. Sie bekamen ja keine Nachrichten zu lesen, und es gab kaum Austausch mit anderen Gefangenen.

»Ob es ein Glück ist, dass sie kommen? Ich glaube das nicht«, sagte jetzt wieder Andrzej.

»Was glaubst du nicht?«, fragte Walery.

»Ich glaube, dass sie uns nicht befreien, sondern gleich wieder einsperren werden. Als Kollaborateure*.«

»Das sind doch nur die Lügen der Deutschen!«, rief jetzt Maria.

»Wirst es schon sehen«, murmelte Andrzej. »Wenn sie dich kriegen, wirst du es schon sehen.«

Danach legte sich das Klappern der Löffel über ihr Schweigen und die Stimme der Köchin, die sich mit einem der Dienstmädchen unterhielt.

Ob es wohl stimmte, was Andrzej sagte?, überlegte Wanda. Ob es stimmte, was die Deutschen erzählten und was auch ihr eigener Vater immer und immer wieder erklärt hatte? Die Russen sind unsere Feinde. Die Bolschewisten unterdrücken den freien Willen und terrorisieren das ganze Land. Die Rote Armee ist unsere einzige Hoffnung, das hatte Marek immer gesagt. Früher hatten er und Wanda gemeinsam darauf gewartet, dass die Russen sie endlich befreiten. Aber nachdem Marek Wanda im Stich gelassen hatte, war auch ihr Glaube an die Bolschewisten ins Wanken geraten.

»Die Russen sind unsere Rettung«, beharrte Maria.

Und wenn nicht?, fragte sich Wanda. Was dann?

Als sie später auf ihren Strohsäcken lagen, hörte Wanda Maria murmeln. In dem Licht, das vom Männerquartier zu ihnen herüberdrang, sah sie Maria ihren Rosenkranz umklammern. *»Święta Maryjo, matko boża, mòdl sie, za nami grzesnymi.«* Heilige Maria, Muttergottes, bitte für uns Sünder.

»Was ist mit Zofia«, flüsterte Wanda in Marias Gebet hinein. »Warum ist sie so verzweifelt?«

»Teraz i w gdzinie śmierci naszej.« Hatte Maria sie nicht gehört?

»Maria!«, zischte Wanda.

»Nu, nu«, flüsterte Maria zurück.

»Was ist mit Zofia?«, fragte Wanda noch einmal.

»Dafür bist du noch zu jung.«

Das war es also. Zum Arbeiten war Wanda alt genug. »Sie ist stark«, sagten die Frauen und überließen ihr die größten Mühen und die schwersten Lasten. Aber für alle anderen Dinge war sie zu jung.

»Das ist doch lächerlich. Ich bin kein Kind mehr. Was ist mit Zofia?«

»Sie ist schwanger.«

»Das weiß ich. Aber wovor hat sie solche Angst?«

»Früher haben sie die schwangeren Arbeiterinnen immer nach Hause geschickt. Sogar die Zugfahrkarte hat man ihnen noch gegeben, um sie schnell loszuwerden. Aber das kann man sich ja vorstellen, was dann geschehen ist. Ein Mädchen nach dem anderen hat sich ein Kind machen lassen. Ganz egal, ob es verheiratet war oder nicht. Ein Kind musste her, damit man wieder nach Hause konnte.«

Maria schmatzte leise und missbilligend. »Das ließen die Deutschen natürlich nicht lange mit sich machen«, fuhr sie jetzt fort. »Sie verloren ja alle ihre Arbeiterinnen. Und deshalb haben sie einen Schlussstrich gezogen.«

»Und? Was geschieht stattdessen? Wer kümmert sich um das Kind, wenn Zofia arbeitet?«

Bei den Männern wurde das Licht gelöscht. Die Dunkelheit legte sich wie eine Mauer zwischen Wanda und Maria.

»Maria. So antworte doch!«

Maria schwieg so lange, bis Wanda überzeugt war, dass sie eingeschlafen war. Aber dann antwortete sie doch.

»Sie nehmen ihr das Kind weg.«

»Wohin bringen sie es?«, flüsterte Wanda.

»Es gibt mehrere Möglichkeiten«, wisperte Maria, aber wie diese verschiedenen Möglichkeiten aussahen, sagte sie nicht.

Wanda war sich plötzlich auch nicht mehr sicher, ob sie es überhaupt wissen wollte.

Wolfgang von Brandt

Frau von Brandt schwitzte. Sie saß im Morgenmantel in einem Ohrensessel im Salon, eine Wolldecke über den Beinen. Ihre vollen Wangen glühten rot, die Augen glänzten fiebrig, nur die Finger, die sie Inge zur Begrüßung reichte, waren prall und rosig wie Frankfurter Würstchen.

»Wie geht es Ihnen?«, fragte Inge. Sie war überrascht, dass Frau von Brandt sie überhaupt empfing. Obwohl die Güter Tockenhof und Hohenau aneinandergrenzten, gab es kaum Kontakte zwischen den beiden Familien. Wobei sich das in absehbarer Zeit natürlich ändern würde.

Frau von Brandt rieb sich mit der Würstchenhand über die Stirn. »Frag besser nicht. Der Doktor weiß sich auch keinen Rat mehr. Es geht wohl zu Ende.« Ihre Stimme war schwach und brüchig.

»Das tut mir sehr leid«, murmelte Inge betroffen.

»Es ist schön, dass du mich noch einmal besuchst«, flüsterte Frau von Brandt.

Ihre glänzenden Augen glitten neugierig über Inges Gesicht und wanderten dann über ihren Körper. Inge musste plötzlich an Wolfgangs Kuss denken. An seine

Hände auf ihren Schultern. Sie merkte, wie sie rot wurde.

»Meine Mutter sendet Ihnen ein Glas Quittengelee«, sagte sie hastig. Die Marmelade kam aber in Wirklichkeit gar nicht von ihrer Mutter, Inge hatte sie einfach heimlich aus dem Keller geholt.

Frau von Brandt nickte schwach.

»Und die herzlichsten Grüße«, fügte Inge noch hinzu. Auch das war gelogen. Frau Baken wusste ja gar nicht, dass Inge hier war.

»Das ist freundlich«, wisperte Frau von Brandt. »Auch wenn ich das Gelee leider nicht mehr essen kann. Mein Magen. Zwieback und Wasser, etwas anderes kann ich ja gar nicht bei mir behalten.« Sie verdrehte die Augen.

Inge nickte verständnisvoll, während Frau von Brandt die Wolldecke auf ihren massigen Oberschenkeln glatt strich. Ihre üppigen Formen kamen ganz bestimmt nicht allein von Zwieback und Wasser.

»Mein Sohn hat mich besucht«, fuhr Frau von Brandt mit zitternder Stimme fort. »Vom Schlachtfeld ist er angereist, um seine Mutter noch einmal zu sehen, bevor sie der Herrgott zu sich ruft.«

Hat mich besucht. Bedeutete das, dass Wolfgang schon wieder weg war? Aber Inge hatte doch vorhin noch seinen Wagen im Hof gesehen. Ihr Herz sank. Wenn Wolfgang weg war, dann hätte sie sich den Besuch auf Tockenhof auch sparen können. Sie hatte doch auch so viel anderes zu tun. Zu Hause verstaubte der Flügel, die Notenblätter der Sonate in B-Dur begannen langsam zu vergilben. Inge war nie über die schnellen Läufe zu Beginn des ersten Satzes hinausgekommen.

»Ist er denn schon wieder abgereist?«, fragte sie zaghaft.

Dieser glänzende Blick. Dieses leise spöttische Lächeln. Wolfgang hat ihr alles erzählt, dachte Inge. Frau von Brandt wusste von ihrer Liebe, sie wusste von der Verlobung, sie wusste alles. Es versetzte Inge einen Stich, dass Wolfgangs Mutter ihr Geheimnis kannte, aber ihre eigenen Eltern keine Ahnung davon hatten.

»Von mir hat er sich schon verabschiedet.« Frau von Brandt tupfte sich mit einem Spitzentaschentuch über die Stirn.

Ja, was denn nun? War Wolfgang noch da oder war er schon wieder aufgebrochen? Warum antwortete Frau von Brandt ihr nicht? Am liebsten hätte Inge sie an den Schultern gepackt und geschüttelt.

»Vielleicht spricht er noch mit seinem Vater.« Frau von Brandts Lider waren jetzt halb geschlossen, sie beobachtete Inge durch schmale Schlitze. Wie eine Schlange, bevor sie zubiss, wie eine Katze vor dem Sprung. Inge schauderte. Sie gab sich solche Mühe, Frau von Brandt zu mögen, aber sie schaffte es einfach nicht. Dabei wäre sie doch bald ihre Schwiegermutter.

Wenn sie nicht tatsächlich vorher ... aber das war natürlich ein ganz abscheulicher Gedanke.

Inge stand auf. »Nun, ich will Sie nicht länger ... Sie müssen sich ausruhen.«

Aus dem Inneren von Frau von Brandts massigem Körper kam ein meckerndes Geräusch. Es klang wie ein Lachen oder war es ein Stöhnen? Wortlos reichte sie Inge schließlich ihre pralle Würstchenhand. »Auf Wiedersehen.«

Inge schüttelte die Hand, aber das schien Frau von Brandt zu missfallen. Vielleicht hatte sie erwartet, dass sie sie küsste. Jedenfalls entzog sie ihr die Finger sofort wieder und machte eine abwehrende Handbewegung, als ob sie eine Fliege verscheuchte. »Geh jetzt, mein Kind!«

Inge gehorchte nur zu gern. Sie musste sich mit aller Macht beherrschen, um nicht aus dem Zimmer zu rennen. Erst im Flur begann sie zu laufen.

Sie fand ihn in dem schmiedeeisernen Pavillon hinter dem Rosengarten, aber er war nicht allein. Drei Herren saßen mit ihm an dem runden Metalltisch, auf dem sonst immer Wolfgangs und Inges Teetassen standen. Die Tassen, in denen der Tee stets kalt wurde, weil sie Besseres zu tun hatten, als ihn zu trinken.

Inge kannte zwei der Herren. Es waren Wolfgangs Vater, Herr von Brandt, und der NSDAP*-Kreisleiter Strunk, mit dem auch ihr eigener Vater in freundschaftlichem Verhältnis stand. »Strunk ist nicht ganz so verbohrt wie die anderen«, hatte Inge ihren Vater einmal zu ihrer Mutter sagen hören. »Mit dem kann man wenigstens noch vernünftig reden.«

Wolfgang, Herr von Brandt, Strunk und der unbekannte vierte Herr, sie alle starrten Inge jetzt an, als wäre sie eine überirdische Erscheinung. Aber eine der unerfreulichen Art.

»Fräulein Baken«, sagte Herr von Brandt dann, obwohl er sie sonst immer Inge nannte.

»Ist etwas geschehen?«

»Nein«, sagte Inge.

Wolfgang hob die Augenbrauen. Er wirkte alles andere als glücklich darüber, sie hier zu sehen.

»Doch«, korrigierte sie sich schnell. »Frau von Brandt. Es geht ihr … wieder schlechter.«

Wolfgang und sein Vater wechselten einen Blick.

»Sie möchte Wo… ihren Sohn noch einmal sehen«, fügte Inge hinzu.

Wolfgang erhob sich hastig. »Was soll denn das …«

»Wolfgang!« Das war sein Vater. »Sieh nach deiner Mutter.«

Wolfgang nickte. Er reckte flüchtig den rechten Arm in die Höhe. »Heil Hitler!«

Dann eilte er den Weg zwischen den Gemüsebeeten entlang, ohne auf Inge zu warten.

»Wolfgang!« Erst am Stall holte sie ihn ein. »So bleib doch stehen! Ich hab ein bisschen geschwindelt.

Deine Mutter ... es geht ihr gut, jedenfalls gemäß den Umständen. Ich wollte ...« ... dich allein sprechen, wollte Inge eigentlich sagen, aber Wolfgangs Gesichtsausdruck ließ sie plötzlich verstummen.

»Was willst du?« Seine Stimme klang scharf und kalt.

»Nichts. Ich habe dich gesucht. Und dann hab ich die Herren gesehen und deinen Vater. Was hätte ich denn sagen sollen?«

Er hielt sich sehr aufrecht und starrte auf die Brombeerranken, als zählte er die einzelnen Beeren. Er war sehr weit weg, obwohl sie nur wenige Zentimeter voneinander entfernt standen.

»Inge«, sagte er schließlich langsam, »dieses Gespräch ist von größter Wichtigkeit. Du kennst die Herren natürlich nicht ...«

»Doch!«, fiel sie ihm ins Wort. »Ich kenne Kreisleiter Strunk durchaus. Er ist mit meinem Vater ...«

»Schon recht!« So wie jetzt hatte Wolfgang noch nie mit ihr gesprochen. So hatte er sie auch noch nie angesehen. Ungeduldig und unfreundlich. Kein bisschen verliebt.

»Der andere Herr ist Gauleiter* Bracht. Verstehst du? Der Gauleiter persönlich. Und du holst mich da raus, nur weil du mit mir ...« Jetzt unterbrach sich Wolfgang selbst. Er schüttelte den Kopf, schwieg einen Moment lang, dann seufzte er leise. »Du verstehst das nicht, Inge«, fuhr er schließlich in einem sehr viel milderen Ton fort. »Du kannst das gar nicht verstehen. Das sind Angelegenheiten, die von größter Bedeutung für unsere Nation, für unser Land, für unser aller Zukunft sind.«

»Entschuldige«, flüsterte Inge. Einerseits war sie ein bisschen gekränkt, weil er sie wie ein kleines Kind behandelte. Andererseits war sie unendlich erleichtert.

Wolfgang blickte sich um, erst in Richtung Stall und dann in Richtung Laube. Danach beugte er sich zu Inge herunter und küsste sie. »Du bist so unvernünftig«, sagte er, wobei er sie jedoch durchaus liebevoll ansah. »Lauf nun schnell zurück und lass uns Männer nur machen. Du wirst schon sehen, dass alles noch ein gutes Ende nehmen wird.«

Als Inge mit dem Fahrrad nach Hause fuhr, hallten Wolfgangs Worte in ihrem Kopf wider. *Du wirst schon sehen, dass alles ein gutes Ende nehmen wird*. Das gute Ende sah folgendermaßen aus: Der Krieg war gewonnen. Wolfgang kehrte nach Hause zurück. Wolfgang und Inge heirateten.

Aus Inge Baken würde Frau Wolfgang von Brandt.

Sie sah plötzlich wieder Wolfgangs wütendes Gesicht vor sich, als er merkte, dass sie ihn ganz umsonst aus der Herrenrunde herausgeholt hatte. Dieses Gespräch ist von größter Wichtigkeit.

Und ich, fragte sich Inge. Was bin ich für dich? Eine Nebensache? Eine nette Abwechslung?

Natürlich würde alles ein gutes Ende nehmen, dachte Inge.

Wir werden sehr glücklich miteinander werden.

Daran gab es doch überhaupt keinen Zweifel.

Rollo begrüßte Inge mit lautem Gebell. Sie ließ ihr Fahrrad einfach fallen und rannte zu ihm. Der Kettenhund mit seinem riesigen Schädel und dem Wolfsgebiss flößte den meisten Menschen große Angst ein. Und das zu Recht, denn jeden unbefugten Eindringling auf dem Hof hätte Rollo mit Sicherheit getötet, sofern er ihn erreicht hätte. Die Fremdarbeiter machten einen weiten Bogen um ihn, Inges Mutter wagte sich niemals in seine Nähe, und auch Herr Baken sah es sehr ungern, wenn Inge mit dem großen Rüden herumtollte, ihn neckte und liebkoste.

»Er ist kein Schoßhund«, sagte er immer. »Wir haben ihn scharfgemacht, damit er uns beschützt, vergiss das nicht.«

Aber Inge war sich ganz sicher, dass Rollo ihr niemals etwas antun würde.

Als sie ein kleines Kind war, hatte sie ihn am Schwanz und an den Ohren gezogen, er hatte nicht einmal geknurrt. Wenn aber irgendjemand Inge zu nahe trat, wenn ein anderes Kind sie auch nur schubste oder anschrie, dann geriet Rollo außer sich. Er bellte wie von Sinnen und riss so zornig an seiner Kette, als wollte er sich selbst strangulieren.

»Du bist mein großer Beschützer«, flüsterte Inge und kraulte den Wachhund hinter den Ohren. Rollo wedelte, riss das Maul auf und lachte sie an.

»Puh!« Sie wandte das Gesicht ab. »Du solltest dir öfter mal die Zähne putzen, mein Lieber.«

Im kleinen Salon warteten ihre Eltern mit dem Mittagessen.

»Entschuldigung!« Inge nahm hastig neben ihrer Mutter Platz. »Ich hab die Zeit vergessen. Hab gar nicht gemerkt, dass es schon so spät ist.«

Ihre Mutter zog die Augenbrauen hoch. Unpünktlichkeit war ein schlimmes Vergehen auf Hohenau, genauso schlimm wie Schlamperei, Unhöflichkeit, Nachlässigkeit und schmutzige Fingernägel. Jeder Tag gliederte sich in feste Abschnitte, Frühstück gab es um sieben, Mittagessen um eins und das Abendessen wurde um sechs serviert. Jeweils fünf Minuten vorher hatte man sich am Tisch einzufinden, es sei denn, man war verreist, krank oder tot.

Früher hatten die Bakens abends immer mit den Knechten und Mägden in der Küche gegessen. »Der Herr muss wissen, was seine Leute umtreibt«, sagte Herr Baken. Aber seit die Fremdarbeiter auf dem Hof waren, speisten die Bakens ausschließlich im Salon. Man bekam leicht Schwierigkeiten mit der Obrigkeit, wenn man die Distanz zu den Fremdarbeitern nicht wahrte.

Inge war das nur recht, sie ekelte sich vor den schlürfenden, schmatzenden Polen, die noch schlechtere Tischmanieren hatten als die deutschen Landarbeiter. »Wo bist du denn gewesen?«, fragte Frau Baken.

Wo war sie gewesen? Sie merkte erst jetzt, dass sie sich gar keine Ausrede zurechtgelegt hatte. Sie würde auch keine erfinden, beschloss sie plötzlich, sie wollte nicht länger lügen. Sie liebte Wolfgang, Wolfgang liebte sie, seine Mutter wusste es und fand nichts Schlimmes dabei. Ihre eigenen Eltern würden es auch akzeptieren müssen.

»Ich war auf Tockenhof«, sagte Inge. »Frau von Brandt geht es sehr schlecht. Sie stirbt vielleicht.«

»Auf Gut Tockenhof?«, wiederholte ihr Vater ungläubig, so als läge Tockenhof in der Wüste Gobi oder auf dem Zuckerhut.

»Es sind unsere Nachbarn«, sagte Inge trotzig. »Es ist doch wohl nur recht und billig, dass man sie einmal besucht, wenn einer krank ist.«

Ihr Vater schwieg. Ihre Mutter schwieg ebenfalls. Das Küchenmädchen Elsbeth brachte die Hauptspeise, Pellkartoffeln mit Blutwurst. Leise klapperte das Besteck.

Nie werden sie Wolfgang tolerieren, dachte Inge bitter. Nie werden sie es billigen, dass wir heiraten. Vielleicht müssen wir zusammen durchbrennen und sie hinterher vor vollendete Tatsachen stellen. Die Vorstellung gefiel ihr, bei Nacht und Nebel mit Wolfgang auszureißen, ihn heimlich zu heiraten, ohne ihre Eltern und ohne seine. Geschähe ihnen recht, dachte sie.

»Na ja«, sagte Frau Baken nach einer Weile, ohne ihren Mann oder Inge dabei anzusehen. »Wenn sie wirklich nur hingegangen ist, um Frau von Brandt ...«

»Darum geht es doch gar nicht«, unterbrach sie ihr Mann, aber worum es wirklich ging, das sagte er nicht.

»Was habt ihr eigentlich gegen sie?«, fragte Inge, während sie sich vorstellte, wie Wolfgang ihr in einer einsamen Kapelle einen Ring an den Finger steckte.

»Ach!« Mit einer abfälligen Handbewegung wischte ihr Vater die Frage vom Tisch.

»Sie sind eben anders als wir«, erklärte ihre Mutter sanft.

»Von Brandt ist wie vernagelt. Verrennt sich in diesen Schwachsinn ... Am Anfang war es ja noch nachvollziehbar. Aber jetzt. Nach fünf Jahren. Jetzt muss man es doch einfach merken!«

»Was?«, fragte Inge. »Ich verstehe kein Wort.«

»Natürlich nicht«, sagte ihre Mutter schnell. »Das kannst du ja auch nicht verstehen.«

»Das ist auch nichts für ...« Ihr Vater unterbrach sich.

Was meinte er? Für Kinder? Für Mädchen? Was

immer es war, es brachte etwas in Inge zum Brodeln, zum Schäumen und Überkochen.

»Wirfst du ihnen etwa vor, dass sie in der Partei

sind?«, rief Inge so laut, dass man es bestimmt auch drüben in der Küche gehört hatte.

Ihr Vater und ihre Mutter sprangen gleichzeitig auf.

»Bist du von Sinnen?«, zischte Herr Baken. »Sei doch still.«

Ihre Mutter atmete schwer. Ihre Unterlippe zitterte vorwurfsvoll. Willst du uns alle ins Unglück stürzen?, fragte ihre Unterlippe, ohne dass Frau Baken auch nur einen Ton von sich gab.

»Wenn es doch wahr ist«, murmelte Inge trotzig. Nein, sie konnte einfach nicht verstehen, was ihre Eltern gegen die von Brandts hatten. Man konnte Wolfgang und seinem Vater doch nicht zur Last legen, dass sie mit aller Kraft und Überzeugung für die deutsche Sache eintraten. Zweifler und Zögerer und leichtfertige Spötter gab es schließlich genug. Wie Herrn Witschorek, der noch vor ein paar Wochen Hilfslehrer in Bankau gewesen war, und nun saß er im Gefängnis, weil er im Gesangsverein nach dem Unterschied zwischen dem Führer und der Sonne gefragt hatte.

Die Sonne geht im Osten auf. Der Führer geht im Osten unter. Inzwischen fand Herr Witschorek seinen Scherz bestimmt nicht mehr komisch. Er war ja auch nicht komisch. Er war wehrkraftzersetzend.

Und außerdem falsch. Der Führer würde nicht untergehen. Der Krieg würde gewonnen werden. Dank tapferer deutscher Soldaten wie Wolfgang.

Die Zeit ist auf meiner Seite, dachte Inge, während Elsbeth die fast unberührten Teller abräumte und dabei gierig auf die Blutwurst schielte. Bald werden es alle sehen, was für ein wunderbarer Mann Wolfgang ist. Und dann ist er mein Mann.

Jonasz

Zofia wollte nicht reden. Sie wollte auch nicht hören. Seit Wochen beschworen die Frauen sie nun schon, ihre Schwangerschaft nicht länger geheim zu halten.

»Das kann doch nicht angehen, dass du bis zum Schluss so hart arbeitest«, sagte Halina. »Mach endlich den Mund auf, dann wird man dich bestimmt auch schonen.«

»Spätestens bei der Geburt kommt es ja doch ans Licht«, erklärte Dobromila. »Was willst du denn sagen, wenn das Kind da ist? Dass du es auf dem Feld gefunden hast?«

Zofia biss sich auf die Lippen und schüttelte den Kopf.

»Man würde sicherlich eine Hebamme für dich kommen lassen«, argumentierte Bozena.

Aber Zofia wollte auch keine Hebamme. Jedenfalls keine deutsche.

Vielleicht hätte sie es sich doch noch anders überlegt. Aber dann ging es los, bevor sie ihren Entschluss überdenken konnte. In der Nacht zum 29. November kam Miroslaw voller Aufregung aus der Kammer in den Stall gerannt, um Maria zu holen, denn Maria verstand etwas vom Kinderkriegen. Zumindest glaubte sie das selbst und Miroslaw wollte es glauben.

»Es ist so weit«, flüsterte Miroslaw und rüttelte an Wandas Schulter, die er in der Dunkelheit für Maria hielt.

»Matko boża w niebie«, stöhnte Maria, als auch sie endlich wach war. Es ist viel zu früh!

Denn nach ihren Berechnungen hätte das Kind nicht vor dem Heiligen Abend zur Welt kommen dürfen. Sie hastete hinter Miroslaw aus dem Stall, wobei sie einen solchen Lärm veranstaltete, dass auch die anderen Frauen erwachten. Halina schlug vor, dass man einen Rosenkranz für Zofia beten sollte. »Einen schmerzensreichen. Damit die Muttergottes ihr beisteht.«

Aber die Frauen hatten den ganzen Tag lang die große Wäsche gemacht. Ihre Rücken schmerzten, ihre Oberarme brannten, ihre Hände waren rissig und aufgesprungen. Und morgen mussten die halbwegs trockenen Betttücher, Tischdecken und Bezüge gemangelt, die Blusen und Hemden gestärkt und geplättet werden, das bedeutete wieder Arbeit bis tief in die Nacht. Die Frauen waren müde und der schmerzensreiche Rosenkranz war lang.

»Ein Ave-Maria«, sagte Lenka. »Und ein Vaterunser.«

Ihr Vorschlag wurde mit zustimmendem Murmeln

aufgenommen. Im Schein eines Windlichts knieten sich die Frauen auf ihre Strohsäcke und falteten die Hände. Nach dem Vaterunser beteten sie sogar noch ein zweites Ave-Maria. Man wollte schließlich das Beste für Zofia, und die Muttergottes war in diesem Fall ganz bestimmt die richtige Adresse.

Alle beteten, nur Wanda rollte sich wieder auf ihrer Unterlage zusammen und tat, als ob sie schliefe. Sie wollte keinen Gott um seine Hilfe anflehen, der seine Kinder nach Gutdünken errettete oder grausam zugrunde gehen ließ. Sie wusste, dass die anderen Frauen das missbilligten, dass sie Wanda für kalt und grausam hielten.

Vielleicht bin ich kalt und grausam, dachte Wanda. Aber zumindest bin ich nicht dumm. Am liebsten hätte sie sich die Finger in die Ohren gesteckt, um das Gemurmel der Frauen zu ersticken. Aber auch als die anderen ihre Gebete beendet hatten und das Licht wieder gelöscht worden war, fand Wanda keinen Schlaf, obwohl ihr Körper vor Müdigkeit brannte.

Sie dachte an Zofia, an ihren riesigen Bauch, an den Wanda vor einigen Tagen versehentlich gestoßen war. Wie ein Felsblock hatte er sich angefühlt.

Was würde mit ihrem Kind geschehen, wenn es einmal auf der Welt war? Keiner wusste es so recht, auch Maria nicht, obwohl sie immer so tat, als wüsste sie alles. Man munkelte, dass die SS* ein männliches Kind aufziehen und zum Soldaten ausbilden wollte.

Ein Mädchen würde dagegen sofort getötet werden. Anderen Gerüchten zufolge sollte das Kind im Wald ausgesetzt werden, die Nazis* wollten es wilden Hunden zum Fraß vorwerfen, man wollte es einer arischen* Familie geben, dass es ihr als Sklave diente. Halina sagte, dass alle Kinder polnischer Fremdarbeiter mit dem Zug nach Polen gefahren und den nächsten Anverwandten übergeben würden, aber das war natürlich der allergrößte Unsinn, die Polen und die Deutschen waren schließlich verfeindet.

Was immer geschehen wird, es wird furchtbar sein, dachte Wanda. Herrgott, wenn es dich gibt, in all deiner Allmacht und deiner Gnadenlosigkeit, dann lass mich niemals, niemals ein Kind bekommen. Neben ihr wälzte sich Dobromila vom Bauch auf den Rücken und stöhnte leise im Traum. Es war ja ganz sinnlos zu beten, erkannte Wanda, was immer man sich erbat, würde ganz gewiss nicht eintreffen. Sie hatte plötzlich das Gefühl, dass jemand sie beobachtete, ein großes, missgünstiges Wesen, das unter den Dachsparren hing wie eine Fledermaus. Verschwinde, dachte Wanda. Aber Gott oder wer immer dort hing, verschwand nicht, sondern starrte weiterhin auf sie herunter, aus schwarzen, kalten Augen.

Zofias und Miroslaws Sohn war ein winziges, schwächliches Kind mit einem grauen Greisengesicht. Kopf und Rücken waren von dunklen Haaren bedeckt.

»Selbst auf dem Oberschenkel hat er Haare«, berichtete Maria den anderen Frauen. »Wie ein kleiner Affe.«

Das Kind wollte nicht trinken, es starrte aus großen tiefblauen Augen befremdet in die Welt. Manchmal sperrte es den Mund auf, als wollte es weinen, aber es kam kein Ton heraus.

Zofia nannte ihren Sohn Jonasz, auch wenn Miroslaw ihn lieber Jaromir genannt hätte, nach seinem Vater. Aber Zofia ließ nicht mit sich reden, obwohl sie nach der schweren Geburt vollkommen entkräftet war. »Der Herr wird sich seiner annehmen«, erklärte sie Maria und Wanda mit schwacher Stimme, als diese sie zwei Tage später besuchten.

Was erwartet sie?, fragte sich Wanda. Dass Gott ihrem Kind einen Wal schickt wie dem Jonasz in der Bibel? Der ihn verschluckt, damit er nicht ertrinkt?

»Herr Baken hat versprochen, dass er sich für uns einsetzen wird. Dass das Kind doch bleiben kann«, sagte Miroslaw. Er sagte immer nur das Kind, wenn er von Jonasz sprach. Als ob er keinen Namen hätte. Als ob er nicht sein Sohn wäre.

Aber schon am nächsten Tag knatterte ein Wagen auf den Hof. Durch ein schmales Fenster in der Scheune sah Wanda, wie Ortsgruppenleiter Stenzel aus dem Wagen sprang, um das Automobil herumrannte und die Beifahrertür aufriss. Ein dünnes Kerlchen in brauner Uniform kletterte heraus, gemeinsam marschierten sie zu Herrn Baken und dann in die Kammer über dem Stall. »Jetzt holen sie den Wurm«, keuchte Bozena.

Aber sie irrte sich genauso gründlich, wie sich der Ortsgruppenleiter und sein Vorgesetzter irrten. Zofia ließ sich ihr Kind nicht wegnehmen.

Als sie in die Kammer stürmten, lag Jonasz mit blauem Gesicht auf dem schmalen Bett, das sich Zofia und Miroslaw teilten. Er war tot. Und Zofia, die über ihm schwebte, war ebenfalls tot. Sie hatte sich an einem der Deckenbalken erhängt.

»Ob sie ihn selbst …?«, murmelte Halina. »Hat sie etwa ihr eigenes Kind …?«

»Bzdura«, unterbrach Dobromila sie. »Was redest du da. Er war schwach. Er ist gestorben. Und sie wollte danach nicht mehr leben.«

»*Biedne stworzenie*. Er war ja noch nicht einmal getauft«, flüsterte Maria. »Und Zofia. Wie konnte sie nur. Selbstentleibung ist eine Sünde.«

»Der Herr in seiner Güte wird sich ihrer Seelen annehmen«, sagte Dobromila mit großer Bestimmtheit. »Er wird ihnen ihre Sünden vergeben.«

Wanda wandte sich verächtlich ab.

Warum sollte sich Gott ausgerechnet jetzt gnädig erweisen? Warum sollte er seine Geschöpfe nach dem Tode liebevoll und gütig aufnehmen, wenn er sich vorher keinen Deut um sie geschert hatte? Und wofür sollte er Zofia und Jonasz vergeben?

Wenn hier einer etwas zu vergeben hat, dann sind sie es, dachte Wanda.

Nachts hörte man jetzt oft ein leises Grollen. Es klang wie ein hungriger Magen. »Es sind die russischen Panzer«, sagte Slawomir. »Sie rollen an. Lang kann es nicht mehr dauern, bis sie kommen.«

Die anderen legten all ihre Hoffnung und all ihr Sehnen in dieses Geräusch. Nur Wanda war voller Zweifel.

Es war kalt geworden in den letzten Wochen. Anfang Dezember war der erste Schnee gefallen, nun lag er einen guten Meter hoch auf den Feldern und Wegen, die Bäume und Büsche bogen sich unter der kalten Last. Auf den Scheunenfenstern wuchsen Eisblumen dicht an dicht und in Schichten übereinander. Sie tauten niemals ab.

Manchmal hauchte Wanda einen winzigen Kreis in die blühende Eislandschaft und beobachtete, wie er innerhalb von Minuten wieder zuwucherte. Ihr Atem war das einzig Warme an ihr.

Nachts zog sie alle Kleider, die sie besaß, übereinander an. Die vier Paar Socken, von denen zwei nur noch aus Löchern bestanden. Die langen Unterhosen, den Pullover und die beiden Kittel. Sie trug sogar Handschuhe, aber auch die waren so durchlöchert, dass ihre Finger am Morgen taub gefroren waren. Herr Baken hatte jedem von ihnen eine zweite Wolldecke zukommen lassen, aber was nützten Wolldecken, wenn der Holzboden von einer Eisschicht bedeckt war?

Sie hörte das ferne Grollen der russischen Panzer und fror noch mehr.

»Wenn sie doch bloß bald kämen«, sagte Slawomir. »Warum lassen sie sich nur so viel Zeit?« Sie saßen jetzt abends immer noch ein Stündchen in der Küche zusammen, bevor sie in die Scheune mussten. Herr Baken hatte erlaubt, dass der Ofen bis um neun befeuert wurde, das war ein großzügiges Zugeständnis, denn Kohle war so knapp wie Gold in diesen Tagen.

»Sie sind schon ganz nah«, meinte Dobromila. »Das sieht man an den Flüchtlingen.«

Denn das war das sicherste Zeichen, an dem man das Herannahen einer fremden Armee erkannte. Vor den Soldaten kamen alle, die sich vor den heranrückenden Panzern und Soldaten in Sicherheit brachten. Dobromila hatte das in Lodz erlebt, das die Deutschen kurz nach Kriegsausbruch im September 1939 besetzt hatten. »Damals war alles in Bewegung. Aus dem Westen flohen sie vor den Deutschen nach Osten, und aus dem Osten flohen sie vor der Roten Armee nach Westen. In der Mitte trafen sie dann zusammen und merkten, dass das Wegrennen keinen Sinn hatte.«

Und heute geschah es wieder. Aus dem deutschen Generalgouvernement* flüchteten die Frauen, Kinder,

Alten und Kranken vor den plündernden und vergewaltigenden Russen. Es waren keine Flüchtlingsmassen wie damals in Lodz, sondern nur kleine Trecks* aus drei oder vier Wagen. Hinten türmte sich der Hausrat, vorne auf dem Bock drängten sich die verängstigten Gouverneursfrauen und -kinder, die vor Kurzem noch in Saus und Braus gelebt hatten. Jetzt freuten sie sich, wenn man ihnen eine Tasse Hühnerbrühe und ein paar Pellkartoffeln reichte.

»Glaubt bloß nicht, dass die Russen auch nur einen Deut besser sind als die Deutschen«, warnte Andrzej, der aus einem Dorf bei Brest stammte, das zuerst von den Russen besetzt gewesen war, bevor die Deutschen einmarschiert waren und Andrzej nach Oberschlesien gebracht hatten. »Im Gegenteil. Hier ergeht es uns doch gut. Wir werden nicht geschlagen. Wir bekommen genug zu essen. Schaut euch doch nur um. Sie heizen sogar den Ofen für uns. Die Russen hätten uns erfrieren lassen.«

»Es gibt solche und solche«, widersprach Maria. »Bei den Deutschen wie bei den Russen. Musst nur einmal hinüber nach Tockenhof gehen, da herrschen andere Zustände. Oder in die Fabriken, wo sie die Polen vor lauter Plackerei verrecken lassen.«

»Die Russen sind unsere Retter«, erklärte Walery. »Unsere Verbündeten.«

»Sie werden uns vollends vernichten«, beharrte Andrzej. »Für die Russen gehören wir Polen doch zu

Deutschland, auch wenn die Deutschen uns hassen. Glaub mir, ich habe es erlebt.«

»Aber was willst du tun, wenn sie kommen?«, fragte Wanda und blies in ihre tauben Finger.

»Ich geh mit den Deutschen«, sagte Andrzej, ohne zu zögern. »Ich lass mich nicht ein zweites Mal von den Russen einsperren.«

Wanda dachte an ihren Vater, was sie meist vermied, weil die Erinnerung an ihn so wehtat. »Deutschland und Russland, das sind zwei Gegensätze«, hatte er früher immer gesagt. »Man kann nur einen von beiden lieben. Man muss sich entscheiden.« Und er hatte sich entschieden, er liebte die Deutschen. Oder jedenfalls hatte er sie geliebt.

Bartiomiej Masowiecki. Der Geburt und dem Namen nach war Wandas Vater Pole, aber in seinem Herzen war er Deutscher. Er hatte in Berlin studiert und viele Jahre als Privatdozent in Deutschland gelehrt. 1917 war er in sein Heimatland zurückgekehrt, kurz nachdem das Königreich Polen von Deutschland und Österreich gegründet worden war. Schuld an seiner Rückkehr war allerdings nicht das Heimweh, sondern die Jagiellonen-Universität in Krakau. Sie bot Bartiomiej endlich die Professur, auf die er so lange gewartet hatte.

1924 verliebte sich Bartiomiej in eine junge Deutschstudentin, die seine Vorlesungen besuchte. Der Altersunterschied war enorm, Bartiomiej war siebenundvierzig, Alina Koschnicka gerade einmal zwanzig. Sie bewunderte seine Klugheit, er bewunderte ihren großen, athletischen Körper, die langen Beine und die dicken blonden Zöpfe. Sie sah deutsch aus. Dabei gab es weit und breit keinen deutschen Vorfahren in Alinas Familie, aber das erfuhr Bartiomiej erst nach der Hochzeit.

Zwei Jahre später kam Wanda auf die Welt und wieder ein Jahr darauf Barbara. Vom ersten Tag an sprach Bartiomiej Deutsch mit seinen Töchtern. Er heuerte sogar ein deutsches Kindermädchen an, weil er Angst hatte, dass seine Kinder seinen polnischen Akzent annehmen könnten. »Wozu soll das gut sein?«, fragte Alina. »Wir leben in Polen, nicht in Deutschland.«

»Ich fühle mich den Deutschen aber zutiefst verpflichtet«, gab Bartiomiej zurück. »Ich verdanke Deutschland so viel.«

Alina rümpfte die Nase. Deutschland. Sie verabscheute die Sprache, die sie nie richtig gelernt hatte, nachdem sie ihr Studium wegen der Heirat abgebrochen hatte.

Sie kam auch nie mit, wenn Bartiomiej mit seinen Töchtern nach Deutschland fuhr. Einmal im Monat reisten sie mit dem Zug in die Grenzstadt Gleiwitz, auch wenn die einfache Fahrt über zwei Stunden dauerte.

Bartıomiej atmete tief ein, wenn sie in Gleiwitz aus dem Hauptbahnhof traten. »Was für eine Luft«, sagte er. »So eine Luft gibt es nur hier.«

Dabei roch es in Gleiwitz genau wie in Krakau, fand Wanda. Es roch nach Dampflokomotiven, Pferdeäpfeln und im Winter nach den gerösteten Kastanien, die der Maronimann auf dem Bahnhofsplatz anbot. Es sah auch fast genauso aus wie in Krakau. Die Häuser am Marktplatz, bucklig vor Altersschwäche, die dicken Marktfrauen, die Straßenbahn, die durch die engen Straßen zockelte, die prachtvollen Gründerzeitvillen am Stadtrand, in denen die Industriellen wohnten – das gab es hier wie dort. Nur dass man in Gleiwitz Deutsch sprach und mit Reichsmark und Pfennig zahlte.

Nach ihrer Ankunft gingen sie immer zuerst zu Herrn Silbermann, der ganz in der Nähe des Bahnhofs ein großes Antiquariat betrieb. Wenn Bartıomiej den Laden betrat, wurde sein Gesicht so andächtig wie das der Mutter in der Kirche. Stundenlang versenkte er sich in den schimmelig riechenden Wälzern, während Wanda und Barbara in alten Illustrierten blätterten und dabei die sauren Drops lutschten, die Herr Silbermann ihnen schenkte. Nach dem Bücherkauf gingen sie ins Café Wiener und aßen Windbeutel mit Schlagsahne.

»Was für ein Kuchen«, sagte ihr Vater. »So einen Kuchen gibt es nur hier.«

Und damit hatte er Recht. Der Kuchen in Gleiwitz schmeckte tatsächlich besser als jeder Kuchen, den Wanda jemals in Krakau gegessen hatte.

Manchmal besuchten sie nach dem Kaffee noch ein Konzert oder gingen ins Theater. Sie sahen *Wilhelm Tell, Die Räuber* und *Minna von Barnhelm*.

»Was für eine Wortgewalt«, sagte Bartiomiej nach der Vorstellung. »So etwas gibt es nur in Deutschland. Hört ihr die Kraft dieser Sprache? Begreift ihr das?«

Aber Wanda und Barbara begriffen zu diesem Zeitpunkt gar nichts mehr. Sie waren todmüde. Im Nachtzug nach Krakau legte sich Wanda auf die eine Bank im Abteil und Barbara auf die andere, wobei sie ihren Kopf in Vaters Schoß bettete. Am Bahnhof nahmen sie eine Droschke nach Hause, aber daran erinnerten sie sich am nächsten Morgen kaum noch.

Der Geruch von Dampflokomotiven und altem Papier, der Geschmack von sauren Drops und Windbeuteln, Schiller und Lessing, Beethoven, Schumann und Schubert, das war Deutschland für Wanda. Bis zum 1. September 1939. Als die Deutschen in Polen einmarschierten.

»*Święta Maryjo, matko boża*«, jammerte Alina, als sie im Radio von der Invasion der Deutschen hörte. Angeblich hatte zuvor ein Kommando polnischer Rebellen den Radiosender von Gleiwitz besetzt und den Deutschen den Krieg erklärt. »Was soll nur aus uns werden?«

»Ganz ruhig«, sagte Bartiomiej. »Wir haben nichts zu befürchten. Ich spreche die deutsche Sprache wie meine eigene. Die Deutschen sind mir wie Brüder. Vergiss das nicht.«

Im November 1939 bezog Hans Frank*, der deutsche Generalgouverneur für die besetzten polnischen Gebiete, seine Residenz auf Burg Wawel in Krakau. Einen Tag nach seiner Ankunft ließ er die bedeutendsten Kunstwerke aus den Kirchen der Stadt entfernen und auf die Burg bringen. Am zweiten Tag wurden die Jagiellonen-Universität und sämtliche Oberschulen geschlossen.

»Das kann nicht angehen«, sagte Bartiomiej. »Ich werde entschieden gegen das Vorgehen protestieren. Zumindest das deutsche Institut darf nicht geschlossen werden. Immerhin ist das Erlernen der deutschen Sprache im Sinne der Besatzungsmacht. Für morgen ist eine Versammlung in der Universität anberaumt. Ich werde mein Missfallen deutlich zum Ausdruck bringen.«

Er kam auch durchaus zuversichtlich von der Versammlung zurück. »Der Generalgouverneur hatte ein offenes Ohr für meine Bedenken«, erklärte er seiner Frau und den Töchtern stolz. »Wir haben uns prächtig unterhalten. Er lobte übrigens meine ausgezeichnete Aussprache.«

Am Morgen des nächsten Tages wurden hundertdreiundachtzig Krakauer Professoren und Dozenten in ihren Wohnungen verhaftet und in das Konzentrationslager* Sachsenhausen deportiert. Nur Bartiomiej Masowiecki durfte in Krakau bei Frau und Kindern bleiben, auch wenn die Universität weiterhin geschlossen blieb. Bartiomiej Masowiecki wurde als Einziger verschont – seiner hervorragenden Aussprache wegen oder aufgrund seiner braunen Augen oder weil Frank ihn amüsant fand. Er würde es nie erfahren.

Es interessierte ihn auch nicht. Seit seine Kollegen abtransportiert worden waren, interessierte Bartiomiej gar nichts mehr.

Weihnachten 1944

Links und rechts neben dem Altar standen zwei große Tannen, die Frauen hatten sie mit Strohsternen geschmückt, aber statt der Lichterpracht früherer Jahre brannten diesmal nur fünf oder sechs Kerzen in den Zweigen.

Es gab kaum noch Männer in der Kirche. Sie waren an der Front oder tot. Die meisten Frauen trugen Schwarz, auch Frau Baken, obwohl sie nur zwei Brüder und drei Neffen im Krieg verloren hatte und nicht ihren Mann oder einen Sohn.

Inge trug ihren roten Wollmantel mit dem Nerzkragen, den ihr die Eltern im letzten Jahr geschenkt hatten. Sie hatte ihn angezogen, obwohl sie genau wusste, dass die Farbe viel zu leuchtend war. Aber der Mantel hob ihre Stimmung. Sie brauchte ihn nur anzuziehen und hatte sofort bessere Laune. Und alles, was heutzutage für gute Laune sorgte, war gut.

Zumindest hatte sie das gedacht, als sie in Hohenau losgefahren waren. Aber jetzt in der Kirche spürte sie, dass der Mantel fehl am Platze war. Diese Farbe. Blutrot. Und das in Anbetracht der vielen Toten.

Im sechsten Kriegswinter.

Im letzten Kriegswinter. Denn die Entscheidung war jetzt ganz nahe. Das spürten alle, die schwarzen Frauen, die ihre Männer und Söhne und Brüder verloren hatten, die Kinder, die halb verhungerten Alten. Und auch Pastor Krupka, der schon seit über zehn Jahren im Ruhestand war und nun wieder ranmusste, nachdem Pastor Bramsemann eingezogen worden war. »Lange wird unsere Ungewissheit nicht mehr dauern«, rief er mit zitternder Altmännerstimme von der Kanzel. »Die Zeit der Angst ist bald zu Ende.«

Inges Angst war jetzt schon zu Ende. Seit sie am Vortag mit Wolfgang gesprochen hatte, war sie wieder voller Zuversicht. Sie wusste etwas, was die anderen nicht wussten.

Es brannte in ihr, dieses Wissen, wie Hunderte von Kerzen. Am liebsten hätte sie es allen zugerufen. Das hätte die Menschen gewiss stärker aufgerichtet als die salbungsvollen Worte des Pfarrers. »Die Rettung ist nah«, hätte sie ihnen versichern können. »Glaubt mir. Alles wird gut in Deutschland.«

Aber natürlich sagte sie nichts. Keiner hätte ihr geglaubt. Sie konnte es ja selbst kaum glauben.

Wolfgang war am Heiligen Abend nach Tockenhof gekommen, weil es seiner Mutter wieder schlechter ging. Er hatte nur eine Nacht bleiben können, jetzt war er schon wieder zurück an der Front.

Am gestrigen Nachmittag hatte sie ihn noch gesehen. Als das Schneetreiben eine Pause gemacht hatte, war sie nach Tockenhof geritten.

Wolfgang hatte sie im Salon empfangen. Er trug das Eiserne Kreuz auf der Brust, das er im November verliehen bekommen hatte. Sie hatte es noch nie an ihm gesehen. »Meine Liebste«, sagte Wolfgang und küsste sie. Seine Lippen fühlten sich fremd an. Kalt und trocken.

Er sah auch fremd aus. Diese Falten in den Augenwinkeln waren neu. Die geplatzten Äderchen auf den Wangen. Ein dunkler Schatten auf seinen Wangen, über der Oberlippe. Hatte er vergessen, sich zu rasieren?

»Wie geht es dir?«, fragte sie.

Er lächelte geistesabwesend. Wie über die dumme Frage eines Kindes.

»Wann ist dieser schreckliche Krieg nur endlich zu Ende?« Jetzt klang Inge wirklich wie ein quengeliges Kind.

Sein Lächeln verschwand. »Bald.«

»Es sieht aber ganz und gar nicht gut aus. Die Deutschen werden von der Roten Armee immer weiter zurückgedrängt. Die Front kommt näher. Sie sollen schon in Litzmannstadt stehen.«

»Unsinn. Wer hat dir denn das erzählt?«

Nahm er sie etwa nicht ernst? Jeder wusste doch, dass die Russen nicht mehr weit entfernt waren. Der genaue Frontverlauf war unklar, aber es konnte sich nur noch um Wochen handeln, bis die Russen Oberschlesien erreicht hatten.

»Die Leute haben Angst«, sagte Inge. Die Leute. Als ob sie selbst keine Angst hätte.

Jetzt war sein Lächeln wieder da. »Du musst keine Angst haben.«

»Sie wollen fliehen«, rief Inge. »Sie wollen alle weg, lieber heute als morgen. Die Bauern haben ihre Sachen schon seit Wochen gepackt. Wenn ihr sie endlich ließet, wären sie schon längst über alle Berge. Worauf wartet ihr noch? Wollt ihr, dass wir alle in die Hände des Feindes geraten?«

Denn der schlesischen Bevölkerung war es unter Androhung der Todesstrafe verboten, ihre Wohnsitze zu verlassen. »Jeder Deutsche bleibt an seinem Ort und hält die Stellung«, befahlen die Lautsprecherwagen, die jetzt morgens immer durch die Dörfer fuhren. Zeitungen erschienen seit Wochen nicht mehr und auch der Rundfunk hatte seinen Dienst eingestellt.

Man munkelte, dass ein Großbauer aus Pitschen trotzdem versucht habe zu fliehen. Dass er einen Planwagen mit Kleidern, Schmuck, Fotoalben und dem Silberbesteck bepackt habe und bei Nacht und Nebel mit Weib und Kind und Gesinde aufgebrochen sei. Aber schon nach wenigen Kilometern habe man ihn gestellt und …

Nein, das waren Gerüchte, nichts als Gerüchte. Man musste nichts aufs Gerede der Leute geben.

»Die Leute sind dumm«, sagte Wolfgang, als könnte er Gedanken lesen. »Glauben die denn wirklich, wir beließen sie hier, damit sie dem Feind in die Hände fallen? Glauben die, wir würden unser eigenes Volk opfern? Unsere Frauen, Schwestern, Kinder? Glaubst du das etwa?«

»Nein«, sagte Inge, obwohl sie sich nicht sicher war, was sie glaubte und was nicht.

Wolfgangs Gesicht war jetzt ganz dicht vor ihrem. »Der Durchbruch steht unmittelbar bevor«, flüsterte er. »Es kann sich nur noch um Tage handeln.«

»Was meinst du?«

»Die neue Waffe. Sie arbeiten seit Kriegsbeginn an nichts anderem. Die klügsten Ingenieure und Wissenschaftler des Reiches haben all ihr Können und Streben darauf gerichtet. Und jetzt ist es fast vollbracht. Göring* will schon binnen Tagen mit dem Einsatz beginnen.«

»Göring? Also ist es eine Sache der Luftwaffe?«

Wolfgangs Finger tasteten über das Eiserne Kreuz an seinem Kragen, als fühlten sie es zum ersten Mal. »Das wird die Zweifler lehren«, murmelte er, wobei Inge unwillkürlich wieder an den Pitschener Großbauern denken musste.

»Erzähl doch einmal! Was ist es für eine Waffe?« Es war nicht das erste Mal, dass sie davon hörte. Auch die Übriggebliebenen hatten vor Kurzem davon gesprochen, als sie sich wieder einmal auf Hohenau getroffen hatten. Diese neue Bombe wird die Feinde nur so wegputzen, hatte Herr von Tschoschwitz gesagt. Sie greift ihre Knochen an und zerschmilzt sie förmlich.

»Pssst!« Wolfgang legte seinen Finger auf die Lippen. »Das alles sind Sachen, die dich nicht bekümmern müssen.«

»Weil du es selbst nicht weißt.«

»Na höre mal. Wo kämen wir denn da hin, wenn ich die Kriegsgeheimnisse einfach überall herumerzählen würde?«

»Überall? Du erzählst es doch nur mir.«

»Eben.« Er grinste, während er mit dem Zeigefinger ihre Lippen berührte. »Frauen können doch den Mund nicht halten. Das weiß doch ein jeder.«

Sie beschloss, das Thema zu wechseln.

»Wie geht es deiner Mutter?«

Er zuckte unbehaglich mit den Schultern. »Immer das Gleiche.«

Sie will einfach nicht sterben, dachte Inge und schämte sich sofort danach für ihren Gedanken.

Wie blass Wolfgang war. An seiner Schläfe pochte eine feine blaue Ader, das verlieh seinem Gesicht etwas ungeheuer Verletzliches. Inge trat nah an ihn heran und ergriff seine Hand. »Lass uns von erfreulicheren Dingen sprechen. Bald bist du mein Mann.«

Sie hob ihr Gesicht zu seinem. Er küsste sie und sie wartete darauf, dass seine Arme sie umfassten und seine Hände über ihren Körper wanderten, und dieses Mal würde sie es zulassen, dieses eine Mal würde sie alles zulassen. Er musste ja wieder zurück in diesen furchtbaren Krieg, da konnte man ihm doch nichts versagen.

Aber Wolfgang küsste sie nur kurz und ließ sie dann wieder los. »Gutes Kind«, sagte er und strich ihr übers Haar. Aber mit seinen Gedanken war er ganz woanders. Weit, weit weg. An der Front oder in ferner Zukunft.

Auf dem Altar hob der Pastor Krupka jetzt den Abendmahlkelch. »Das ist mein Blut, das für euch vergossen wird zur Vergebung der Sünden.«

Inges Gesicht wurde heiß und rot wie ihr Mantel. Das ist mein Blut. So wie Jesus sich selbst am Kreuz geopfert hatte, so war auch Wolfgang bereit, sein Blut zu vergießen. Für den Fortbestand des Deutschen Reiches. Zum Heil der ganzen Nation.

Und sie war ihm so nahe gewesen und hatte ihm doch nicht beigestanden. Anstatt ihn aufzurichten und zu stärken in seiner schwersten Stunde, hatte sie über nichtige körperliche Dinge nachgedacht.

Wie sehr wünschte sie sich, dass er jetzt hier wäre. Dass er neben ihr stünde, ihr Verlobter, ihr zukünftiger Ehemann.

Aber selbst wenn Wolfgang noch auf Tockenhof wäre, wäre er jetzt vermutlich nicht in der Kirche. Er und sein Vater gaben nicht viel auf Religion und Kirche. »Sie halten Adolf Hitler* für ihren Messias«, hatte Herr Baken einmal zu seiner Frau gesagt, als er glaubte, dass Inge nicht zuhörte.

An die Kirche werde ich Wolfgang wohl erst sachte heranführen müssen, wenn wir einmal verheiratet sind, dachte Inge. Dann wurde ihr bewusst, dass sie vielleicht gar keine Zeit mehr haben könnte, Wolfgang an irgendetwas heranzuführen. Dass er vielleicht bald tot wäre, wie so viele andere auch. Und sie würde statt ihres roten Mantels ebenfalls Schwarz tragen.

Lieber Gott, betete Inge, während sie die Hände faltete, errette meinen Bräutigam. Sorge dafür, dass ihm kein Haar gekrümmt wird, verhilf uns zu dieser Wunderwaffe, dass wir unsere Feinde endlich besiegen können.

Zu Hause empfing sie der Duft von frischem Gänsebraten. Die Köchin Sibylle servierte das Essen. Sieben Gänse waren für das Weihnachtsmahl geschlachtet worden. Sieben Gänse, die den ganzen Sommer auf der Wiese am Bach geweidet und nichts mitbekommen hatten vom Krieg, von den Bomben, vom wachsenden Elend im Deutschen Reich. Auch nichts davon, dass Ortsgruppenleiter Stenzel sie hatte beschlagnahmen wollen, aber Kreisleiter Strunk dafür gesorgt hatte, dass sie auf Hohenau blieben.

Nun waren alle sieben tot. »Immer noch besser,

dass wir sie essen, als dass sie dem Russen zum Fraß fallen«, sagte Inges Mutter.

Sie war furchtbar nervös in der letzten Zeit. Wenn vor dem Fenster eine Krähe krächzte, fing sie an zu zittern. Wenn eine Tür knallte, brach sie in Tränen aus und war stundenlang nicht wieder zu beruhigen.

Im großen Salon standen die Weihnachtsbäume. Zwei hohe Fichten, die Herr Baken selbst geschlagen hatte. Sie waren mit Äpfeln, Strohsternen und vergoldeten Nüssen geschmückt. Ein paar echte Wachskerzen brannten auf den Zweigen und in silbernen Leuchtern auf dem Tisch und brachten so die Kristallgläser auf der festlich gedeckten Tafel zum Glitzern und Funkeln.

»Nun denn.« Baken rieb sich die Hände, während er neben seiner Frau Platz nahm. Ihnen gegenüber setzte sich Inge, dann folgte Kowalski, der als einziger Vorarbeiter noch auf dem Hof war, die deutschen Dienstmädchen und die polnischen Fremdarbeiter. Heute war Weihnachten, da sollten alle gemeinsam essen, hatte Herr Baken bestimmt.

»Frohe Weihnachten«, sagte Herr Baken.

»Frohe Weihnachten. *Wesołych świat.*« Die Arbeiter wiederholten die Worte in ihrer eigenen Sprache. Vielleicht sagten sie auch etwas ganz anderes, man konnte sie ja nicht verstehen.

»Auf dieses Weihnachtsfest und alles, was das neue Jahr uns bringen wird.« Herr Baken hob sein Weinglas.

Die anderen taten es ihm nach.

»Prosit!«

»Na zdrowie!«

Die Gläser klirrten. Alle aßen schweigend und schnell, als hätten sie Angst, dass man ihnen das Essen wieder wegnehmen könnte.

Oben am Tisch griff das große Polenmädchen nach der Soßenkanne, dabei stieß sie an das Weinglas ihrer Nachbarin. Es geriet ins Kippen, sie versuchte es noch aufzufangen, aber es war schon zu spät. Klirrend zerbrach das Glas auf dem Parkett. Das Polenmädchen hob die Hände. *»Do cholery!«*

Von ihren Fingern tropfte der Wein wie Blut.

»Takie dobre wino!«, riefen die anderen Frauen durcheinander. *»Taki kadny kieliszek.«*

Die Köchin sprang auf, um einen Lappen zu holen. In der roten Lache auf dem Eichenholz glitzerten die Glasscherben wie Diamanten.

Dahin, dachte Inge, alles ist dahin.

Frau Baken schien das Gleiche zu denken, jedenfalls begann sie plötzlich zu weinen. Zuerst lautlos, aber nach ein paar Minuten schluchzte sie hemmungslos.

Das Polenmädchen und alle Übrigen starrten betreten auf die abgenagten Gänseknochen auf ihren Tellern.

»Nun beruhige dich doch, meine Liebe.« Herr Baken erhob sich, legte einen Arm um seine Frau und führte sie aus dem Raum wie eine Schwerkranke.

Inge sah ihnen nach und spürte plötzlich das fast unwiderstehliche Bedürfnis, laut zu lachen.

Es war gemein, ihre Mutter war mit den Nerven am Ende. An der Front starben die Soldaten, der Russe kam immer näher und vielleicht war das mit Görings Wunderwaffe nichts als ein Traum.

So wie die Dinge standen, gab es wirklich nichts zu lachen – und trotzdem. Das Ganze war so absurd, es war zum Schreien. Deutschland lag in den letzten Zügen und auf Hohenau schmückten sie den Weihnachtsbaum mit vergoldeten Nüssen und aßen Gänsebraten.

Inge schob ihren Stuhl zurück und stand ebenfalls auf. Während sie zur Tür ging, spürte sie die Blicke der Polen in ihrem Rücken.

Das Lachen saß in ihrer Kehle wie ein Luftbläschen am Boden eines Champagnerglases, jeden Moment konnte es sich lösen. Im letzten Moment erreichte sie die Tür und floh in den Flur. Sie lehnte sich an die Wand und wartete darauf, dass sie losplatzte, aber es war vorbei.

Sie konnte sich nicht einmal mehr daran erinnern, was sie gerade eben noch so unheimlich lustig gefunden hatte.

Neben dem Diwan im kleinen Salon lagen noch immer die Wanderjahre von Goethe. Inge nahm das Buch auf und blätterte lustlos darin.

Dann betraten ihr Vater und Herr Direktor Klose den Raum. Klose war in letzter Zeit oft auf Hohenau. Als Lehrer hatte er so gut wie kein Einkommen mehr, seit die Schulen geschlossen waren. Wenn ihn die Leute und vor allem die Bakens nicht mit Eiern, Wurst und Käse unterstützt hätten, wäre er vermutlich glatt verhungert. Ihr Vater ließ seinen Blick durch den Salon wandern, aber Inge saß ganz am Rand des Sofas, im Schatten einer hohen Zimmerlinde, er sah sie nicht.

»Vielleicht gibt es bald doch eine Wendung zum Guten«, hörte sie Direktor Klose sagen, als die beiden Männer vor dem Kamin Platz nahmen.

Sprach er von Görings Wunderwaffe?

»Aber wenn es nicht schnell geschieht, ist es zu spät«, erwiderte Herr Baken, wobei er wieder über seine Schulter in den Raum blickte. Inge duckte sich unwillkürlich. »Von der Stein hat den Stellungsbefehl zum Volkssturm* bekommen, von Tschoschwitz desgleichen. Es wundert mich, dass sie mich noch nicht rekrutiert haben. Lang kann es nicht mehr dauern. Sei froh, dass du nur noch ein Auge hast. Obwohl ich mir nicht allzu sicher wäre, dass sie dich deswegen verschonen.«

»Es gibt angeblich Gespräche mit den Amerikanern«, sagte Klose.

»Wegen der Kapitulation?«

»Es geht um ein Bündnis. Die Amerikaner und die

Deutschen, gemeinsam gegen die Russen. Das hätte gute Aussichten, meiner Meinung nach.«

»Gute Aussichten! Ja, das hätte es wohl. Aber warum sollte sich der Ami mit uns verbünden, ausgerechnet mit uns! Immerhin hat er uns schon fast am Boden.«

»Weil der eigentliche Feind nicht wir Deutschen sind, sondern die Bolschewisten in Moskau und Leningrad. Wenn alle sich zusammentun, hat die Rote Armee keine Chance mehr. Wenn die Amerikaner Seite an Seite mit uns stehen, dann ziehen auch die Engländer und die Franzosen mit.«

Seite an Seite mit uns ... Was redete der Direktor denn da? Erst ließ man die Amerikaner den Großteil der deutschen Großstädte in Schutt und Asche bomben und dann schloss man sich mit ihnen zusammen und ging gemeinsam auf die Russen los?

»So viel Schaden ist schon geschehen«, murmelte Herr Baken, der offensichtlich das Gleiche dachte.

»Aber nun kommt die Wendung. Du wirst schon sehen. Sie werfen das Steuer wieder herum.«

Die Deutschen und die Amerikaner. Erst Todfeinde, dann Verbündete. Aber andererseits, wenn man genauer darüber nachdachte. Die Amerikaner hassten die Bolschewisten. Es war erstaunlich, dass sie sich überhaupt jemals auf eine Waffenbrüderschaft mit ihnen eingelassen hatten. Denn die Unterschiede zwischen den Vereinigten Staaten und Russland waren sehr viel größer als das, was die Deutschen von den Amerikanern trennte.

»Inge«, rief ihr Vater.

Sie zuckte zusammen. Nun hatte er sie also doch gesehen.

»Was machst du denn hier?«

»Ich lese. Es ist der einzige warme Raum im Haus«, verteidigte sich Inge.

Ihr Vater und Klose wechselten einen raschen Blick.

»Sag Sibylle, dass sie uns Kaffee aufsetzt«, sagte Herr Baken. »Aber echten Bohnenkaffee, keinen Ersatz, heute ist schließlich Weihnachten. Wir trinken ihn hier im Salon.«

Sie erhob sich widerwillig.

Die Männer schwiegen so lange, bis sie den Raum verlassen hatte. Vielleicht kommt es ja zu einem Bündnis, dachte sie, während sie den Flur zur Küche entlanglief. Und wenn das nicht geschieht …

Das deutsche Volk wird sich niemals vor irgendjemandem beugen, hatte Wolfgang neulich noch gesagt. Wir marschieren hoch erhobenen Hauptes zum Sieg.

Oder in den Untergang, dachte Inge, dabei wollte sie das gar nicht denken.

Es ließ sich aber nicht verhindern.

ABSCHIED

Nach Weihnachten begann es langsam, ganz langsam, wieder heller zu werden. Hoffnung regte sich, allen Zweiflern zum Trotz, die Oberschlesien schon im Herbst verloren gegeben hatten. Im Januar 1945 kam ein Brief von Inges Schule. Das Schreiben war an Herrn Baken gerichtet, Inge riss den Umschlag dennoch sofort auf.

»Der Unterricht fängt wieder an«, verkündete sie ihrem Vater. »Am nächsten Montag sollen wir uns in Kreuzburg einfinden.«

»Wie bitte? Was?« Ihr Vater erhob sich von seinem Schreibtisch und nahm Inge den Brief aus der Hand.

»Wenn sie die Schule wieder öffnen, dann bedeutet das, dass die Front zurückgeschlagen wurde!«, rief Inge.

Ihr Vater starrte ausdruckslos auf das Blatt Papier. »Du gehst nicht nach Kreuzburg«, sagte er nach einer Weile.

»Aber ich muss!«

»Es ist zu gefährlich. Wenn wir hier fortmüssen und du bist in Kreuzburg …«

Wenn wir hier fortmüssen. Es war das erste Mal,

dass Herr Baken Inge gegenüber von Flucht redete. Und wie er davon redete, ganz ruhig, fast beiläufig, als spräche er von einer Sache, mit der er sich schon längst abgefunden hatte.

Das war das Schlimmste. Dass er das Ganze anscheinend schon akzeptiert hatte.

»Ich kann aber nicht einfach wegbleiben«, sagte Inge. »Wie soll ich denn mein Abitur machen, wenn ich nicht zurückgehe? Ich habe doch ohnehin schon viel zu viel verpasst.«

Ihr Vater starrte immer noch auf den Brief, als suchte er zwischen den Zeilen eine verborgene Botschaft.

»Hörst du, Vater? Ich muss zurück in die Schule«, beharrte Inge. Sie nahm ihm das Schreiben wieder aus der Hand. »Hier steht es doch: Alle Schülerinnen haben sich um acht Uhr im Schulgebäude einzufinden. Und wenn … falls wir wirklich …« Nein, sie brachte es einfach nicht über die Lippen. »Also, Kreuzburg liegt im Westen von Hohenau. Im Zweifel findet ihr mich dort.«

Ihr Vater zögerte noch eine Weile, dann nickte er langsam. Auf der Flucht in den Westen würde man Kreuzburg ohnehin passieren, also machte es nichts aus, wenn Inge vorausreiste.

Hinterher ärgerte sich Inge über sich selbst, dass sie ihm nicht klar und deutlich widersprochen hatte. Wir werden siegen, hätte Wolfgang an ihrer Stelle gesagt. Und jeder, der daran zweifelt, ist ein Volksverräter.

Am Mittwoch erhielt ihr Vater den Bescheid, dass er zum Volkssturm einberufen worden war. Es war zu erwarten gewesen, alle anderen Übriggebliebenen waren ja längst weg, sofern sie nicht verkrüppelt waren. Am Sonntagabend sollte er sich in Kreuzburg melden, sodass Inge und er den Weg in die Stadt gemeinsam machen konnten. Denn in der Schulzeit fuhr Inge nur am Wochenende nach Hause. Unter der Woche wohnte sie bei Fräulein Stoletzky, einer ledigen Schwägerin ihres Klavierlehrers.

Ihre Mutter hatte am Sonnabend zu weinen begonnen und die ganze Nacht nicht damit aufgehört, sie weinte vom Frühstück bis zum Mittagessen und danach bis zum Nachmittagstee. Aber als Kowalski die Pferde anspannte und Inge und ihr Vater in den Schlitten stiegen, versiegten ihre Tränen ganz plötzlich. Vielleicht hatte sie endlich eingesehen, dass es ja doch nichts nützte. Vielleicht war sie ganz einfach ausgetrocknet. Schwarz und starr stand sie unter dem Tor und sah ihrem Mann und ihrer Tochter nach. Sie winkte nicht. Ihre Hände umklammerten einander, so als hielte eine die andere fest.

Inge blickte zu ihr zurück, bis der Schlitten in den

Wald eintauchte. Hinterher sah sie ihr Gesicht noch lange vor sich, ein bleiches Nachbild, das vor dem Dunkel der Nacht schwebte.

Auf der Fahrt nach Kreuzburg redeten Inge und ihr Vater kein Wort. Sie saßen auf der Rückbank des Schlittens, in Felle und Decken gehüllt. Der Himmel über ihnen war schwarz und sternenlos, ein riesiges Loch über der Erde.

»Begleitest du mich noch nach oben?«, fragte Inge, als sie in der Oppelner Straße angekommen waren. Der Vater warf einen Blick auf seine Taschenuhr und schüttelte den Kopf.

Also dann. »Auf Wiedersehen, Vater«, sagte Inge und versuchte alle Zuversicht, die sie jemals empfunden hatte, in ihre Stimme zu legen. »Es wird schon alles gut gehen. Wir werden siegen.«

Seine Augen waren glänzende Seen im Mondlicht. Sein Daumen verrieb eine Träne auf ihrer Wange, dabei hatte sie gar nicht gemerkt, dass sie weinte.

Inge suchte nach Worten, die ihn trösteten, aber ihr Mut und ihre Hoffnung waren auf einmal weggeschmolzen wie die vereinzelten Schneeflocken, die während der Fahrt in den Schlitten gewirbelt waren.

Als sie schon auf der Straße stand, beugte er sich noch einmal zu ihr hinaus. »Inge«, sagte er mit einer leisen, aber sehr eindringlichen Stimme. »Trau, schau, wem.«

Sie hätte ihn gerne gefragt, was er ihr damit sagen wollte, wem sie trauen sollte, auf was sie schauen sollte. Aber sie wusste, dass seine Antwort viel zu lange gedauert hätte. Und dass sie keine Zeit mehr hatten.

Außer Inge erschienen nur noch fünf Mädchen aus der Oberprima zum Unterricht. Inge war die einzige Externe, die übrigen vier kamen alle aus der unmittelbaren Nähe der Schule.

»Bist du verrückt?«, fragte Fräulein König, als sie Inge in der Pause auf dem Schulhof sah. »Was willst du denn noch hier?«

»Aber es ist doch meine Pflicht, zur Schule zu kommen«, erwiderte Inge verunsichert. »Das ist das Wenigste, was ich tun kann.«

»Inge«, sagte Fräulein König, aber dann sagte sie nichts mehr. Ihr fehlten ganz offensichtlich die Worte.

Es gab auch nichts mehr zu sagen, denn am Dienstag wurde die Schule wieder geschlossen. »Kreuzburg steht kurz vor der Räumung«, sagte Hilde Kammerer, während sie ihre Schulsachen zusammenpackte. »Aus den Dörfern und Gütern im Osten sind schon alle unterwegs.«

Inge hastete in die Oppelner Straße, wo Fräulein Stoletzky gerade die letzten Kartoffeln und ein paar Zwiebeln in einen Reisekorb räumte. »Gut, wenn man nicht mehr viel besitzt, dann muss man auch nicht viel mitnehmen.«

»Ich muss nach Hohenau«, keuchte Inge.

»Das liegt im Osten«, erklärte Fräulein Stoletzky, als ob Inge das nicht wüsste.

»Ich muss zu meiner Mutter.«

»Es gibt keine Züge mehr in Richtung Osten.«

Inge rannte in ihre Kammer, riss die Kleider aus der Kommode und stopfte sie in den Koffer.

»Nach Westen darf man auch nicht. Wer aus der Stadt flieht, wird standrechtlich erschossen«, rief Fräulein Stoletzky ihr nach, aber da war Inge schon auf der Treppe.

Der Bahnhof wimmelte vor Leuten, obwohl das Verlassen der Stadt ja angeblich verboten war. Mit klopfendem Herzen trat Inge an den Schalter. »Ein Billett nach Bankau.«

Sie erwartete, dass man ihr die Fahrkarte nicht mehr verkaufen würde, aber der Mann hinter dem Schalter riss einen Schein von der Rolle und reichte ihn Inge zusammen mit der Bahnsteigkarte. Sein Gesicht war unbeweglich.

Auf den Bahnsteigen war es viel leerer als in der Bahnhofshalle. Während Inge an Gleis 7 auf ihren Zug wartete, fuhr am gegenüberliegenden Gleis ein Zug aus Teichwalde ein. Hinter den Fensterscheiben drängten sich die Leute dicht an dicht. Sie standen nicht nur auf den Gängen, sondern auch zwischen den Bankreihen in den Abteilen. Die Gepäcknetze brachen unter der Last der Koffer und Taschen fast zusammen.

Auf dem Weg von Teichwalde nach Kreuzburg passierte man Bankau, fiel Inge ein, vielleicht war ja ein Bekannter im Zug. Unter Umständen sogar jemand aus Hohenau? Sie rannte über den Bahnsteig und sprang vor dem Zug auf und ab. »Bankau?«, schrie sie den Leuten zu, die jetzt die Fenster aufschoben, um frische Luft in die Waggons zu lassen.

»Weiter hinten sind welche aus Bankau eingestiegen.« Ein alter Mann mit einer Pelzmütze wies mit dem Kopf auf die letzten Wagen. »Wir sind aus Rosenberg.«

Rosenberg, du meine Güte, das war ja auch nur ein paar Kilometer von Hohenau entfernt. Wenn die Rosenberger auf der Flucht waren, dann hatte Hohenau den Marschbefehl bestimmt ebenfalls erhalten.

Inge riss ihren Koffer hoch und rannte am Zug entlang. »Bankau, Bankau!«, schrie sie dabei wie von Sinnen, aber keiner beachtete sie. Plötzlich sah sie ihre Mutter an einem der Zugfenster stehen, bleich und regungslos blickte sie zu ihrer Tochter herunter. »Mutter!«, schrie Inge und erkannte im gleichen Moment, dass es gar nicht ihre Mutter war.

Weiter hinten lehnte sich eine junge Frau weit nach draußen und suchte mit ihren Augen den Bahnsteig ab. »Wissen Sie, ob jemand aus Bankau im Zug ist?«, fragte Inge.

»Haben Sie einen kleinen Jungen gesehen? Er trägt eine blaue Schiebermütze«, fragte die Frau genauso angsterfüllt zurück.

Ihre Fragen prallten gegeneinander und fielen zu Boden.

Inge hastete weiter. »Bankau?«, schrie sie unaufhörlich, obwohl sie ganz genau wusste, dass sie nichts erreichen würde.

Kurz darauf saß sie im Zug nach Bankau, der entgegen ihren Erwartungen pünktlich um elf Uhr zweiunddreißig am Bahnsteig 7 eingelaufen war. Er war fast leer. In einem der Abteile saß ein altes Mütterchen und strickte. In einem anderen schlief eine Bäuerin.

Inge lehnte ihren Kopf gegen die Fensterscheibe und versuchte ebenfalls zu schlafen, aber es ging nicht.

Ihre Gedanken ratterten wie die Räder des Zuges auf den Gleisen.

Zwischen den Bäumen im Wald lag eine unberührte Schneedecke, nur hier und da sah man die zarten Spuren von Vogelkrallen auf der weißen Oberfläche oder die tieferen Abdrücke eines Rehs. Durch die Baumwipfel schien die Sonne, ihre Strahlen malten gleißend helle Sonnenflecken auf den Schnee.

Wie still es war. Einzig ihre Stiefel knirschten im Schnee. Kein Vogel schrie, nicht einmal der Eichelhäher, der doch sonst immer zu hören war. Als ob alles fortgeflogen wäre. Oder tot.

Inge beschleunigte ihre Schritte. Die Stiefel knirschten lauter.

Bis sie das Ende des Waldes erreicht hatte, rannte sie fast.

Dann sah sie Hohenau. Der kleine Turm auf dem

Dach des Herrenhauses leuchtete schneeweiß in der Sonne, darunter strahlte das Gelb der Fassade. Der Anblick von Hohenau verlieh ihr neue Kräfte, sie eilte in großen Schritten auf den Gutshof zu. Als sie durch das Tor bog, sah sie die Wäsche auf der Leine. Ein paar große Handtücher, weiße Unterröcke und ein Bettlaken wehten Inge entgegen, als wollten sie sie begrüßen. Vor Erleichterung begann sie zu weinen.

Sie sind da, dachte sie. Wenn sie geflohen wären, hätten sie die Wäsche abgenommen. Wenn sie geflohen wären, hätten sie auch Vaters Gummistiefel eingepackt, die neben dem Stall standen. Und die Hennen im Hühnerstall hätten sie ebenfalls nicht vergessen.

Die Tränen brannten auf ihren kalten Wangen, als sie Rollo sah. Er lag vor seiner Hundehütte, den massigen Schädel auf die Vorderpfoten gelegt, und schlief.

»Was ist los, Rollo?«, schluchzte sie glücklich. »Wirst du alt? Merkst du es nun schon nicht mehr, wenn ich komme?«

Rollo reagierte nicht. Auch als sie nur noch wenige Meter von ihm entfernt war, auch als sie sich vor ihm niederkniete, auch als sie ihn streichelte, rührte er sich nicht.

»Rollo.« Sie riss die Hand mit einem entsetzten Aufschrei wieder zurück.

Blut! Rollos Stirn war blutbedeckt. Zwischen seinen Augen klaffte ein kreisrundes Loch. Eine Schusswunde.

Die Russen! Die Russen hatten ihren geliebten Rollo erschossen.

Wo steckten sie? Beobachteten sie Inge vielleicht von irgendeinem Schlupfloch aus?

Und wenn die Russen auf dem Hof waren, was war dann mit ihrer Mutter geschehen?

Hatten sie sie auch …?

Bevor sie den Gedanken zu Ende denken konnte, hörte sie hinter sich ein Schnauben. Sie schnellte herum, obwohl es ganz sinnlos war. Zu spät, zu spät.

Unter dem Torbogen stand ihr Pferd Gustav und neben ihm stand das große Polenmädchen. Es starrte Inge an, als habe es sie noch nie gesehen.

»Die Russen sind hier!«, schrie Inge. »Wir müssen weg! Schnell!«

Erst dann fiel ihr ein, dass das Polenmädchen kein Deutsch verstand, nicht einmal Wasserpolnisch. Ganz offensichtlich hatten ihr die Russen auch kein Haar gekrümmt. Natürlich nicht, dachte Inge. Russland und Polen waren ja Verbündete.

»Was ist mit meiner Mutter geschehen?«, fragte sie, obwohl sie genau wusste, dass es sinnlos war.

»Sie sind weg. Alle«, antwortete die Polin in makellosem Deutsch. »Sie sind alle geflohen.«

Gottes Hand

Man kann nicht tiefer fallen als in Gottes Hand, hatte Wandas Mutter früher immer gesagt. Und das stimmte, erkannte Wanda jetzt. Wenn man einmal so tief gesunken war, dass man in Gottes Hand lag, dann war man am Boden des Abgrunds angekommen.

Dann war man fertig.

Wanda lag nun in Gottes Hand. Wie war sie hier hineingeraten? Vermutlich lag es daran, dass sie sich über ihr Schicksal beklagt hatte, als sie noch auf Hohenau gewesen war. Obwohl sie doch genau gewusst hatte, dass sie es gut getroffen hatte, dass es anderen tausendmal schlechter ging als ihr.

Sie hatte Gott kein einziges Mal gedankt für seine Gnade. Und weil ihm Undankbarkeit missfiel, hatte er Wanda aus dem Wohlergehen, das sie nicht zu schätzen wusste, herausgeholt und tief ins Verderben geschleudert. Von Hohenau nach Gut Tockenhof.

Der Fremdarbeiter, der sich hier bisher um die Pferde gekümmert hatte, war an einer Lungenentzündung gestorben, also brauchte man Ersatz. Und was lag näher, als dass man sich dafür einen Polen aus Hohenau holte? Denn während auf Gut Tockenhof die

Arbeit liegen blieb, weil ein Fremdarbeiter nach dem anderen erkrankte und verendete, gediehen die Polen auf Hohenau prächtig. Sie wurden fett und faul, weil es gerade jetzt im Winter kaum etwas zu tun gab.

Wanda war nicht fett, aber sie war kräftig und stark und konnte mit Pferden umgehen. Aus diesem Grund war sie nach Hohenau gekommen, aus diesem Grund musste sie auch wieder weg. Herr Baken wollte sie zwar nicht gehen lassen, er telefonierte ihretwegen sogar mit Kreisleiter Strunk, aber über Kreisleiter Strunk saß Gauleiter Bracht und der hielt zu Tockenhof.

Einen Tag nach Weihnachten erschien Ortsgruppenleiter Stenzel auf Hohenau und holte Wanda ab. Er war mit dem Fahrrad gekommen, und während sie noch darüber nachdachte, ob er sie auf dem Gepäckträger befördern wollte, legte er ihr auch schon Handschellen an. Die eine Schelle kam um ihr rechtes Handgelenk, die andere befestigte er am Gepäckträger. Während Herr Baken noch protestierte, trat Stenzel in die Pedale und Wanda begann zu laufen. Hohenau war Vergangenheit.

Auch in Tockenhof schliefen die Fremdarbeiter oben auf dem Scheunenboden, aber hier war das Dach nicht abgedichtet worden. Die Streu, auf der sie lagen, war nass und stank faulig. Statt Wolldecken hatten sie Rupfensäcke, die mit ebenso fauligem Stroh gefüllt waren. Männer und Frauen schliefen durcheinander, die eine hier, der andere dort, es war völlig egal. Jeder versuchte sich einen Schlafplatz zu sichern, an dem es einem wenigstens nicht ins Gesicht regnete.

Die Nächte waren schlimm. Aber die Tage waren noch viel schlimmer.

Dank der guten Beziehungen zum Gauleiter gab es auf Tockenhof immerhin noch zehn Pferde und einen Esel. Jeden Tag fütterte und striegelte Wanda die Tiere, sie mistete den Stall aus, wichste Stiefel und rieb die Sättel mit Fett ein, spannte Kutschen an und wieder ab, fegte den Hof. Wenn sie mit der letzten Arbeit fertig war, fing sie mit der ersten wieder an. Sie schuftete jetzt härter, viel härter als auf Hohenau, weil auch der Antrieb viel größer war. Der Antrieb war die Angst, dass sie wie die anderen in der Näherei landen könnte, die Herr von Brandt unten in der Scheune eingerichtet hatte.

Denn wenn ihr Tageswerk erledigt war, mussten die Polen auf Gut Tockenhof Patronentaschen für die Soldaten an der Front anfertigen. Die Taschen aus Drill wurden mit dicken Nadeln und festem Zwirn zusammengenäht. Nach kurzer Zeit waren die Finger blutig. Man musste aber darauf achten, dass man den Stoff nicht verschmutzte, also wickelten die Arbeiter Stofflappen um die blutenden Finger und nähten weiter. Sie nähten bis tief in die Nacht hinein und redeten dabei kein Wort, denn Polnisch zu sprechen war auf Tockenhof verboten. Und anders als auf Hohenau wurden die Verbote hier eingehalten.

Die Arbeit war viel härter, dafür gab es weniger zu essen. Mittags bekam jeder Pole einen Teller Kartoffelsuppe, in der oft Kartoffelschalen und Möhrenstrünke schwammen, aber niemals ein Stück Fleisch. Abends gab es zwei Scheiben Brot mit Margarine. »Seid froh«, sagte die fette Köchin, die die Schlimmste von allen war. »Eure Leute in Polen fressen schon Tapetenkleister und Gras, dagegen geht es euch doch hervorragend.«

Wanda biss die Lippen zusammen und dachte an Andrzej.

Andrzej, der es richtig gemacht hatte. Der geflohen war, als sich ihm die Gelegenheit dazu geboten hatte. Wanda hatte keine Sekunde geglaubt, dass er sich auf dem Rückweg von der Weihnachtsmesse im Wald verlaufen hatte.

Nein, er war abgehauen, um den Russen nicht in die Hände zu fallen.

Und nun war er frei.

Wie hatte er es angestellt? Wo hatte er sich verborgen, als die Polizei, die übrigen Männer und die Gutsleute nach ihm gesucht hatten?

Vielleicht hatte er jemanden kennengelernt, der ihn aufgenommen und versteckt hatte.

Vielleicht sollte ich auch fliehen, dachte Wanda. Aber wohin?

Du bist von Sinnen, wenn du zurück nach Krakau kommst, hörte sie manchmal die Stimme ihres Vaters.

Die Stadt ist am Boden und die Russen richten sie ganz gewiss nicht wieder auf.

Ihr Vater. Ob er wirklich noch immer so schlecht von den Russen dachte wie früher? Nach allem, was geschehen war? In Wandas letzten Monaten in Krakau hatten sie nur sehr wenig miteinander gesprochen. Und nachdem die Deutschen Wanda verschleppt hatten, hatte sie gar nichts mehr von ihrer Familie gehört. Sie hatte unzählige Briefe geschrieben, an ihre Eltern, an Nachbarn, an den Onkel in Kozlyca. Aber keiner von ihnen hatte je geantwortet.

Auch von ihrer Schwester Barbara hatte sie nie mehr etwas gehört. Vielleicht arbeitete sie ja inzwischen ebenfalls auf einem Gutshof oder in einer Fabrik in Schlesien.

Sie waren Vergangenheit, genau wie Marek.

Man kann nicht tiefer fallen als in Gottes Hand, hatte ihre Mutter früher immer gesagt. Wanda war tief gefallen und nun lag sie in Gottes Hand.

Es war nur eine Frage der Zeit, bis er sie schloss und sie dabei vollends zerdrückte.

Wenn sie wenigstens mit irgendjemandem hätte reden können. Aber die anderen Polen sprachen nur gebrochenes Deutsch, es reichte gerade, um über die Kälte zu schimpfen oder über die entzündeten Finger. Und auf Polnisch durfte man sich auf Tockenhof nicht unterhalten, wenn man nicht verprügelt werden wollte.

Auf Tockenhof war jeder allein mit seinen Hoffnungen und seinem Leid. Dadurch schwand die Hoffnung und das Leid wuchs ins Unermessliche.

In der dritten Januarwoche kam der junge Offizier zu Besuch, den Wanda vor einigen Monaten mit Inge im Wald gesehen hatte. Sie wusste inzwischen, dass er der Sohn des Hauses war, Wolfgang von Brandt.

Im selben Moment, als sie seinen Wagen auf den Hof fahren sah, erkannte sie ihre Chance. Wenn jemand etwas über den Frontverlauf wusste, dann war er es. Und natürlich würde er mit seinem Vater darüber sprechen. Wanda schnappte sich einen Eimer mit Wasser und einen Putzlappen und folgte dem Offizier ins Haus. Als sie in den Flur trat, sah sie ihn im Salon verschwinden, wo das Krankenlager von Frau von Brandt aufgeschlagen war.

Wanda legte ihr Ohr an die Tür und lauschte angestrengt, aber im Raum war alles still. Dann kam er plötzlich wieder zurück, im letzten Moment hörte sie seine Schritte und sprang zur Seite. Wolfgang von Brandt ging an ihr vorbei, ohne sie zu beachten, und trat in ein anderes Zimmer. Diesmal blieb die Tür zum Flur einen Spalt offen.

»Ihr müsst sofort weg«, hörte Wanda ihn sagen. »Der Feind kann jeden Tag hier eintreffen.«

»Ach Unsinn«, gab sein Vater unwirsch zurück,
woraufhin Wolfgang von Brandt spöttisch lachte.

»Wenn du es nicht glauben willst, dann lass dich

eben überraschen. Mich werden sie jedenfalls nicht hier kriegen.«

»Aber wir dürfen nicht weg«, sagte Herr von Brandt. »Keiner darf seinen Wohnort verlassen.«

»Ich habe euch eine Sondererlaubnis besorgt«, sagte sein Sohn. »Nehmt nur das Nötigste mit. Papiere, Wertsachen, Schmuck. Essen.«

»Und die Polen?«

»Bleiben hier. Was willst du dich mit denen belasten. Sie nützen dir jetzt nichts mehr.«

Mehr hörte Wanda nicht. Mehr brauchte sie nicht zu hören. Sie ließ ihren Wischlappen in den Eimer fallen und hastete aus dem Haus. In der Abstellkammer hinter dem Pferdestall zog sie ihren Kittel aus und schlüpfte in den schmutzigen Anzug, den irgendein Pferdeknecht hinterlassen hatte, bevor er in den Krieg gezogen war. Die Sachen passten, der Mann war wohl nicht sehr groß gewesen.

Dann packte sie eine Tasche voll mit altem Brot, füllte eine Feldflasche mit Wasser und schlich sich vom Gut.

Auf der Straße nach Hohenau kam ihr Inges polnisches Halbblut entgegen. Offensichtlich war es ausgerissen. Vielleicht war Hohenau ja schon evakuiert* worden. Dann lag das Gut jetzt verlassen da. Wanda

dachte an die gut gefüllte Speisekammer, die Schinken im Kamin, die Hühner und Gänse auf dem Hof. Heu für das Pferd. Vieles hatten die Gutsleute bestimmt mitgenommen, aber mit Sicherheit nicht alles. Wanda packte das Pferd am Halfter und führte es zurück zum Gutshof.

Hier war keiner mehr. Man erkannte es an den geschlossenen Fensterläden des Haupthauses, an der Stalltür, die in den Angeln schlug, an der seltsamen Stille, die über dem Hof lag und alles einschloss wie eine Glasglocke. Nur Inge war noch da. Sie kniete vor dem Hund, den wohl einer der Männer erschossen hatte, bevor sie aufgebrochen waren. Was wollte man auch mit einem Kettenhund auf der Flucht?

Als das Pferd schnaubte, fuhr sie herum und erkannte Wanda.

»Was ist mit meiner Mutter geschehen?«, schrie Inge. Dieser Ton. Fordernd und scharf, als wäre alles beim Alten. Du wirst deine Lektion auch noch lernen müssen, dachte Wanda und zum ersten Mal seit langer, sehr langer Zeit fühlte sie eine bittere Freude.

»Sie sind weg«, entgegnete sie dann mit lauter klarer Stimme. »Sie sind alle geflohen.«

Inge riss die Augen auf, als habe Wanda sich den Kopf abgerissen und verkehrt herum wieder aufgesetzt. »Du sprichst unsere Sprache?«, fragte sie entgeistert.

Wanda antwortete nicht. Sie suchte mit ihren Blicken den Hof ab. Vor dem Hühnerstall scharrten noch ein paar Hennen, die würde sie auf jeden Fall mitnehmen. Sie hatte ein paarmal dabei zugesehen, wenn Maria ein Huhn geschlachtet, gerupft und ausgenommen hatte, so schwer konnte das nicht sein. Vielleicht konnte Inge derweil im Haus nach Lebensmitteln suchen.

»Wir müssen hier weg«, sagte Wanda. »Die Russen können jeden Moment eintreffen.«

Inges Augen flogen zu dem polnischen Kaltblut, wahrscheinlich wäre sie am liebsten aufgesessen und davongeritten, aber nichts da! Das Pferd gehörte jetzt Wanda.

»Geh ins Haus und sammle so viele Lebensmittel zusammen, wie du finden kannst. Pack einen Koffer mit warmer Kleidung, wenn noch etwas da ist. Und was sonst noch nötig ist«, fügte sie noch hinzu, aber ganz offensichtlich hatte Inge keine Ahnung, was sonst noch nötig war. Ihre Augen wurden nur immer größer und größer, wenn sie sie noch weiter aufriss, würden sie ihr aus dem Kopf kullern.

»Geh!«, rief Wanda, aber Inge ging nicht. Sie blieb stehen und starrte Wanda an. Wanda starrte zurück und merkte, wie sie auf einmal unsicher wurde. Sie hatte plötzlich das Gefühl, dass Inges Eltern hinter einem der Fenster standen und mit wachsender Empörung dabei zusahen, wie Wanda ihre Tochter behandelte. Wandas Blick wanderte an der Hauswand entlang, über die Fenster, in denen sich die Sonne spiegelte.

Unsinn. Sie waren alle weg. Wanda gab sich einen Ruck und ging zu dem kleinen Schuppen neben dem Stall. Als sie mit dem Beil wieder herauskam, fuhr Inge zusammen und rannte ins Haus.

Es hatte immer so einfach ausgesehen, wenn die Köchin oder Maria ein Huhn geschlachtet hatte. Man griff das Tier bei den Füßen, nahm die Flügel fest in eine Hand und betäubte es dann durch einen Schlag mit dem Stiel des Beils. »Ein zu kräftiger Hieb tötet das Huhn, und das ist nachteilig für das Ausbluten«, hatte Maria Wanda einmal erklärt. Nach der Betäubung war das Huhn ruhig und steif und konnte in aller Ruhe geköpft werden.

Das Huhn, das Wanda gefangen hatte, spielte das Spiel aber nicht mit. Es zappelte mit den Beinen, hackte mit dem Schnabel und flatterte so wild, dass sie die Flügel nicht zu fassen bekam. Durch sein Geschrei gerieten die anderen Hühner ebenfalls in große Aufregung und rannten in Todesangst über den Hof. Wanda konnte die Henne nur mit höchster Mühe auf dem Hauklotz halten. Zweimal schlug sie zu, ohne zu treffen, beim dritten Mal traf der Beilstiel jedoch mit voller Wucht auf den Kopf des Huhns. Das Tier stieß einen letzten Schrei aus und verendete.

Wandas Finger zitterten so, dass sie zwei Beilhiebe brauchte, um den Kopf vom Körper zu trennen. Danach begann das Huhn wild zu zucken. Wanda hatte gewusst, dass das passieren würde, sie hatte es schon so oft gesehen, dennoch sprang sie jetzt mit einem Aufschrei des Entsetzens zurück. Der Hühnerkörper fiel vom Block auf den Boden, ruckte und zuckte weiter, bis er irgendwann regungslos liegen blieb.

Hinter sich hörte sie ein lautes Schluchzen. Inge. Ihre blaugrauen Augen schwammen vor Tränen. Mit bebender Unterlippe starrte sie auf das tote Huhn, als wäre es ihr Ein und Alles gewesen, und nun hatte Wanda es umgebracht.

Wanda lief zum Hackblock und wollte das blutende Huhn bei den Füßen packen, doch plötzlich stieg eine Welle von Übelkeit in ihr hoch. Würgend blieb sie stehen. Aber dann schluchzte Inge noch einmal und der Würgereiz verschwand genauso schnell wieder, wie er aufgekommen war.

Die restlichen Hühner gackerten immer noch laut und aufgeregt.

Sie würden leben. Jedenfalls noch ein paar Tage.

Sie zogen eine feine Blutspur hinter sich her, als sie Hohenau verließen. Das geschlachtete Huhn hing hinten am Wagen und blutete langsam aus. Wanda blutete ebenfalls, ihre Hände waren von zahlreichen Kratzern überzogen, die sie erst jetzt zu spüren begann.

Sie saß oben auf dem Kutschbock, während Inge nebenherging. Sie würden sich mit dem Fahren abwechseln, hatte Wanda ihr erklärt, damit das Pferd nicht so schnell ermüdete. Sie hatte erwartet, dass Inge ihr widersprechen würde – ich fahre, du läufst –, aber sie hatte ihre Anweisungen anstandslos hingenommen. Vielleicht hatte sie Angst, dass Wanda das Beil auch gegen sie erheben würde.

Als sie Hohenau verließen, wandte Inge mehrmals den Kopf und blickte zurück. Zu Wandas Überraschung weinte sie nicht, ihr Gesicht schien ganz ruhig, fast gefühllos.

Wanda blickte nicht zurück. Hohenau war Vergangenheit. Vorbei. Es kann nur besser werden, dachte sie, aber sie wusste natürlich, dass das nicht stimmte.

Die Landstraße, auf der sie jetzt in Richtung Breslau fuhren, war inzwischen frei. Die Trecks, die Wanda noch am Morgen gesehen hatte, waren ihnen weit voraus. Es machte Wanda nervös, dass weit und breit keiner mehr unterwegs war. Hatten sie sich zu lange in Hohenau aufgehalten? Die russische Armee, die ihnen folgte, rückte mit Panzern und Wagen an, sie kam viel schneller voran als Wanda und Inge.

Ich muss mir keine Sorgen machen, dachte Wanda. Als Polin habe ich von den Russen nichts zu befürchten. Aber dann fiel ihr etwas ein, was Andrzej einmal zu ihr gesagt hatte.

»Warum hast du solche Angst vor den Russen?«, hatte sie ihn gefragt,

»Weil ich sie kenne«, gab er ruhig zurück. »Ich hab

erlebt, wie sie unser Dorf besetzt haben. Ich hatte eine Frau. Sie erwartete ein Kind.« Mehr sagte er nicht. Es genügte ja auch.

»Meinst du etwa, dass sie schlimmer sind als die Deutschen?«, fragte Wanda.

Keine Antwort.

»Ich hab die Deutschen erlebt«, erklärte Wanda. »Sie sind nicht alle so wie die auf Hohenau. In Krakau haben sie einem jungen Mädchen bei lebendigem Leib die Fingernägel ausgerissen. Sie haben auf offener Straße Kinder erschossen und in Auschwitz* …«

»Schon gut«, unterbrach sie Andrzej. »Nein, ich weiß, dass die Deutschen genauso schlimm sind. Aber die Russen sind die Sieger und die Deutschen die Verlierer. Hüte dich vor dem Triumph der Sieger.«

Es war dieser letzte Satz gewesen, der Wanda letztendlich überzeugt hatte. Hüte dich vor dem Triumph der Sieger. Es stimmte, die Russen waren niemals großzügige Sieger gewesen. Im Laufe der Geschichte waren sie so oft in polnisches Gebiet eingefallen und jedes Mal hatten sie das Land ausgebeutet und in Grund und Boden gewirtschaftet, bis sie endlich wieder abzogen.

Hüte dich vor dem Triumph der Sieger, dachte sie jetzt, als sie auf dem Kutschbock saß und Inge mit gesenktem Kopf neben dem Wagen herlief. Sie spürte einen winzigen Anflug von Mitleid, der aber sofort weggeschwemmt wurde von einem anderen, viel stärkeren Gefühl. War es Schadenfreude? Hass? Oder Scham darüber, dass sie alles, was sie durch die Deutschen erlitten hatte, nun an Inge ausließ?

Was immer es war, ließ sie die Zügel anziehen. »Du kannst einstweilen aufsitzen«, sagte Wanda. »Ich gehe nebenher.«

Inge kletterte auf den Bock und ergriff die Zügel, ohne Wanda eines Blickes zu würdigen.

Wanda hatte an alles Mögliche gedacht, Kleider, Zwirn und Nähgarn, einen Sack Heu für das Pferd und Melkfett für die Hände, aber eine Landkarte hatte sie vergessen. Zuerst geht es nach Breslau, versuchte sie, sich selbst zu beruhigen. Und dann ziehen wir einfach den anderen Trecks hinterher. Sie war noch niemals in Breslau gewesen. Sie fragte sich, wie lange sie dorthin brauchen würden. Ob sie vor der Nacht dort wären?

»Wo sollen wir übernachten?«, fragte sie Inge und hoffte wider besseres Wissen, dass Inge eine Antwort hätte. Ich habe Verwandtschaft in der Stadt. Aber Inge schwieg. Vielleicht hatte sie Wandas Frage gar nicht gehört.

Wandas Körper war kalt, aber ihre Füße hatten sich in rot glühende Kohlen verwandelt, die bei jedem Schritt aufloderten. Auf Hohenau hatte sie ihre durchlöcherten Schuhe durch ein Paar Männerstiefel ersetzt, die sie im Haupthaus gefunden hatte. Die Stiefel waren zu groß, sodass Wandas Füße darin hin und her rutschten, obwohl sie zwei Paar Wollsocken trug. Dadurch hatten sich Blasen gebildet und die brannten nun bei jedem Schritt. Wie lange ging sie schon zu Fuß, wie lange saß Inge auf dem Bock? War es schon wieder Zeit für einen Wechsel oder bildete sie sich das nur ein, weil ihre Füße so wehtaten?

Wanda versuchte, eine Zeit lang nur auf den Zehenspitzen zu gehen, dann auf den Hacken. Sie versuchte die brennenden Blasen zu vergessen, sie versuchte den Schmerz zu lindern, indem sie sich ganz bewusst darauf konzentrierte. Es half alles nichts. Die Schmerzen wurden immer schlimmer.

Es war unerträglich.

»*Zmiana*«, keuchte Wanda. Obwohl sie Polnisch sprach, verstand Inge sie sofort. Sie zog die Zügel an und rutschte vom Bock. Sie hasst mich, dachte Wanda, während sie wieder auf den Wagen stieg. Dabei sollte sie mir dankbar sein, dass ich sie nicht allein in Hohenau zurückgelassen habe.

Wie lächerlich Inge aussah, in ihrem eleganten roten Mantel, dem Rock und den hübschen Stiefeln. Auf Hohenau hatte Wanda versucht sie davon zu überzeugen, ihre Kleider zu wechseln. Männerhosen und ein Hemd anzuziehen, anstatt des lächerlichen Rockes.

Und sich vor allem die Haare abzuschneiden. Aber Inge hatte sich hartnäckig geweigert. Am Schluss hatte sie nur eine Schiebermütze aufgesetzt und ihr langes

Haar darunter versteckt. »Das wird den Läusen gefallen«, hatte Wanda gesagt, die ihr eigenes Haar vor dem Aufbruch ganz kurz geschnitten hatte. »Und den Russen.«

Inge hatte die Lippen zusammengepresst und geschwiegen.

Vielleicht sollte ich sie einfach zurücklassen, dachte Wanda jetzt. Sie findet bestimmt irgendeinen Treck, der sie mitnimmt. Aber dann verwarf sie den Gedanken wieder. Sie brauchte Inge, genau wie Inge sie selbst brauchte. »Wenn wir Deutschen begegnen, redest du«, hatte Wanda ihr befohlen. »Und bei den Russen machen wir es genau andersrum. Obwohl sie dir natürlich sofort ansehen werden, dass du eine Deutsche bist.«

Es war, wie es war. Fürs Erste kamen sie nicht voneinander los.

Marek

Wenn man neben dem Wagen herging, brannten die Füße wie Feuer. Wenn man auf dem Bock saß, gefroren sie zu Eisblöcken. Das eine war genauso scheußlich wie das andere. Wanda und Inge wechselten sich jetzt im viertelstündlichen Abstand ab. Dennoch zog sich die Zeit ins Unermessliche, wie der Teig für die *Szarlotka**, den Wandas Mutter früher immer ausgewellt hatte, bis er dünn wie Papier war.

Sie trafen jetzt immer öfter auf andere Flüchtlinge. Einmal sahen sie ein paar Frauen, die mit einem Esel unterwegs waren. Das Tier war mit Decken, Kleidern und allen möglichen Gerätschaften beladen, sodass es aussah wie ein wandelndes Haus.

Von den Rädern und Kufen der Trecks, die vor ihnen in Richtung Breslau gezogen waren, war der Schnee auf der Straße platt gedrückt, an einigen Stellen war er ganz weggeschmolzen. Bis jetzt hatte es nicht geschneit, vielleicht hatten sie Glück, vielleicht würde der Himmel auch in den nächsten Tagen klar bleiben.

Wie viele Kilometer konnte man an einem Tag mit dem Pferdewagen zurücklegen?, überlegte Wanda. Wie lange würde es dauern, bis sie in Sicherheit waren? Nein, es war unmöglich, so weit in die Zukunft zu denken. Bis zum Abend, das ging gerade noch. Alles was danach kam, war unvorstellbar.

Immer wenn sie durch eine Ortschaft kamen, blickte Wanda auf die Kirchturmuhr. Halb vier war es jetzt. In einer Stunde würde die Sonne untergehen. Und sie hatten noch immer keine Ahnung, wo sie die Nacht verbringen sollten.

Inge schien sich überhaupt keine Sorgen zu machen. Sie stapfte mit gesenktem Kopf neben dem Wagen her, die Augenbrauen leicht zusammengezogen, den Blick zu Boden gerichtet. Vielleicht hofft sie, dass ihr Offizier plötzlich erscheint und sie hier wegholt, dachte Wanda. Aber Inges Offizier würde nicht auftauchen, er war im Feld, genau wie Marek. Vielleicht erschoss in diesem Moment einer den anderen.

Marek. Wanda versuchte, sich sein Gesicht vorzustellen. Die hohen Wangenknochen, darüber die schmalen dunklen Augen. Der breite Mund. Aber die einzelnen Gesichtszüge fügten sich nicht zu einem Ganzen zusammen, sie blieben Stückwerk. Auch seine Stimme konnte sie sich nicht mehr ins Gedächtnis rufen.

Nur seine Hände. Die schwieligen, harten Fingerspitzen, die sich anfühlten wie die Hände eines viel älteren Mannes. Arbeiterhände, hatte Marek immer voller Stolz gesagt.

Er arbeitete als Drucker und sprach immer davon, wie stolz er darauf sei, dass er kein Intellektueller sei. Dass er seinen Lebensunterhalt mit seiner Hände Arbeit verdiene. Aber Wanda wusste, dass er nur zu gerne auf eine höhere Schule und auf die Universität gegangen wäre. Seit der Machtübernahme der Deutschen gab es jedoch keine Schulen mehr und auch keine Universitäten. Kein Pole sollte weiter als bis fünfhundert zählen lernen, hatte SS-Führer Himmler beschlossen.

Es war typisch für Marek, dass er sich niemals darüber beklagte. Er wollte kein Mitleid. Er wollte die Dinge verändern.

Marek war Kommunist*. Er träumte von einer klassenlosen Gesellschaft, in der es kein Privateigentum gab und sämtliche Güter und Leistungen allen Menschen gleichermaßen zur Verfügung standen. So wie Wandas Vater alles Deutsche verehrte, verklärte Marek die Russen. Er wäre lieber heute als morgen mit den Bolschewisten in den Krieg gegen die Nazis gezogen.

Eine kommunistische Gesinnung war 1942 in Krakau lebensgefährlich. Nach dem Einmarsch der Deutschen waren sämtliche Parteimitglieder verhaftet und ins Konzentrationslager überführt worden, selbst der Wirt von der *Zlata Roza*, obwohl der den Kommunisten nur sein Hinterzimmer für ihre Sitzungen zur Verfügung gestellt hatte.

Kurz nachdem Marek und Wanda sich kennengelernt hatten, zeigte Marek ihr seine gesammelte kommunistische Literatur, die Flugblätter und Plakate, die er in einem Kellerraum versteckt hatte. Unter seinen Schätzen war sogar eine Flagge der Roten Armee, rot mit gelbem Stern. »Du bist verrückt«, sagte Wanda. »Wenn die Nazis das entdecken, erschießen sie dich sofort.«

»Wie sollten sie es denn erfahren?«, entgegnete er gleichmütig. »Niemand weiß davon. Außer dir.«

Außer dir. Marek legte sein Leben in Wandas Hände. Das bereitete ihr große Angst. Aber gleichzeitig machte es sie auch ungeheuer stolz.

Neben den Büchern hatte er eine alte Matratze in den Keller geschleppt, ein paar Decken, Kissen und einen Kerzenleuchter. Nach der Arbeit saß er hier unten, rauchte und las, las und rauchte.

Jede andere Mutter hätte sich natürlich gefragt, was ihr siebzehnjähriger Sohn mit einem sechzehnjährigen Mädchen im Keller machte. Aber Mareks Mutter war in ihrer eigenen, verwirrenden Welt verloren. Seitdem Mareks Vater zu Beginn des Krieges gefallen war, bereiteten ihr die alltäglichsten Dinge die größten Schwierigkeiten. Sie verwendete Schmierseife zum Braten und würzte ihren *Barszcz** mit Kamillenblüten statt mit Majoran. Sie vergaß die Namen ihrer Nachbarn und verwechselte ihren Vermieter mit Josef Stalin*. Und jeden Abend schrieb sie ihrem Mann einen glühenden Liebesbrief an die Front, den sie Marek gab, damit er ihn zur Post brachte, aber stattdessen sammelte er die Briefe in einer Kiste in seinem Keller. Mehr als sechshundert Briefe hatte er bereits zusammen und jeden Tag kam ein neuer dazu. Kein einziger würde jemals gelesen werden.

Wanda und Marek lernten sich im Stary Teat kennen, dem ältesten und schönsten Theaterhaus Krakaus. Seit der Machtübernahme der Deutschen war das Stary Teat den Besatzern vorbehalten, für die polnische Bevölkerung waren Theaterstücke genauso verboten wie Kinofilme oder Konzertveranstaltungen. Aber wenn man Verbindungen hatte, gab es Ausnahmen. Und Wanda hatte Verbindungen.

Weil alle öffentlichen Schulen geschlossen worden waren, wurden Barbara und sie heimlich von einem emeritierten Kollegen ihres Vaters unterrichtet. Professor Lengler übernahm den Unterricht aus Mitleid und wegen des hervorragenden Rufs ihres Vaters. Er war zwar in Krakau geboren und aufgewachsen, aber er war deutscher Abstammung und das kam ihm jetzt zugute. Denn er konnte ohne Probleme Karten für kulturelle Veranstaltungen erwerben und zu besonderen Anlässen ließ er seine Freunde daran teilhaben. Obwohl es natürlich streng verboten war, schenkte er Wanda und Barbara zwei Theaterkarten für den *Wilhelm Tell*.

Es gibt kein Glück ohne einen Pferdefuß, dachte Wanda. Der Pferdefuß war in diesem Fall Barbara. Wanda wäre lieber ganz allein ins Theater gegangen als ausgerechnet mit ihrer Schwester.

Sie wird es mir verderben, dachte sie, und ihre Befürchtungen bestätigten sich. Direkt nachdem sich der Vorhang gehoben hatte, begann Barbara zu gähnen. Kurz danach schwankte sie bedrohlich auf ihrem Stuhl, dann fielen ihr die Augen zu, sodass Wanda sie in die Seite stoßen musste, damit sie nicht umkippte.

Barbara war damals fünfzehn, nur ein Jahr jünger als Wanda, aber die beiden Schwestern hätten kaum unterschiedlicher sein können. Wanda hatte die rotbraunen Locken, die Gesichtszüge und die Sommersprossen ihres Vaters. Wie er interessierte sie sich für Literatur, Kunst und Musik. Barbara war blond und blauäugig wie die Mutter. Im Gegensatz zu Wanda mochte sie nicht lesen, stattdessen traf sie sich mit den anderen Kindern auf der Straße. Wanda spielte Klavier und Schach, Barbara spielte Ball und Verstecken. Wanda nahm das Leben furchtbar schwer. Barbara lachte darüber.

»Du benimmst dich unmöglich«, fuhr Wanda ihre Schwester an, als sie nach dem Pausengong ins Foyer traten. Sie sprachen Deutsch, damit die anderen Besucher nicht merkten, dass sie Polen waren.

»Was hast du denn?«, fragte Barbara zurück. »Dieses Stück ist schrecklich langweilig. Und ich kann auch nichts sehen.« Damit hatte sie natürlich Recht. Sie war ein ganzes Stück kleiner als Wanda und sie saßen ganz hinten auf den billigsten Plätzen.

Trotzdem.

Wanda ärgerte sich, dass sie die zweite Karte nicht vor der Vorstellung zurückgegeben hatte. Vielleicht hätte man ihr das Geld erstattet. Nun war es zu spät.

»Ich habe Durst«, jammerte Barbara. »Da hinten gibt es Trinkhonig*.«

Aber ein Getränk zu kaufen, war natürlich undenkbar, das wusste Barbara so gut wie Wanda. Seit Bartiomiej seine Arbeit verloren hatte, hatten sie fast kein Geld mehr. Dennoch jammerte Barbara weiter, wie durstig sie sei. Wanda war kurz davor, sie nach Hause zu schicken, als Marek zu ihnen trat.

Er reichte jeder von ihnen ein Glas Trinkhonig.

»Was soll das?«, fragte Wanda erschrocken.

»Ich möchte Sie gerne einladen.« Auch Marek sprach Deutsch, er hatte aber einen starken polnischen Akzent. Wanda fühlte sich plötzlich schwindlig, so als habe sie sich ein paarmal schnell im Kreis gedreht.

»Das geht aber nicht.« Sie versuchte, ruhig zu sprechen, aber das war schwer, weil ihr Herz so laut klopfte.

Dieser breite Mund. Er gab Mareks Gesicht etwas Lustiges, obwohl er eigentlich eher ernsthaft war. Er machte Wanda schwach und willenlos, vom ersten Moment an.

»*Prosze,* Wanda«, sagte Barbara mit weinerlicher Stimme.

»Nun sei doch still«, fuhr Wanda sie an.

»Ist schon gut«, beruhigte sie Marek. *»Ja jestem też polakiem.«*

Später erfuhr Wanda, dass Marek die Plakate und Eintrittskarten für das Theater druckte und für gute Arbeit hin und wieder mit einer Karte belohnt wurde.

Aber damals wusste sie noch nichts von Marek. Sie merkte nur, dass sich auf einmal alles um sie herum drehte, sodass sie sich setzen musste. Es war Marek, der sie schwindlig machte, aber auch das verstand sie damals noch nicht.

Nach der Vorstellung bat Marek Wanda um ihre Adresse und sie gab sie ihm, obwohl sie das vorher für unmöglich gehalten hätte. Schließlich kannte sie ihn doch gar nicht.

Er wird sich ohnehin nicht blicken lassen, redete sie sich hinterher ein, aber als sie am nächsten Tag von der Schule nach Hause kam, lag ein Blumenstrauß vor der Wohnungstür. Weiße Astern, bestimmt ein Dutzend. Und das mitten im Krieg. Sie wusste sofort, dass Marek die Blumen gebracht hatte.

Es war pures Glück, dass Wanda die Blumen fand und nicht ihre Eltern oder Barbara. Oder war es kein Glück und genau geplant? Bevor sie den Strauß aufnahm, sah sie sich misstrauisch um, ob er sich irgendwo verbarg und sie beobachtete. Aber da war niemand.

»Liebe Wanda«, las sie auf der Karte, die an den Astern hing, »ich möchte dich gerne wiedersehen. Marek.« Darunter standen seine Adresse und eine Uhrzeit. »Ab fünf Uhr abends.«

Das war alles. Ich möchte dich gerne wiedersehen, schrieb er und erwartete wohl, dass sie schon am selben Abend zu ihm lief.

»Da hast du dich aber getäuscht«, murmelte Wanda, während sie die Blumen hinter dem Haus auf den Mist warf. Es war natürlich schade um den schönen Strauß. Aber was hätte sie ihren Eltern sagen sollen, woher die Blumen kamen?

»Da hast du dich gründlich getäuscht«, flüsterte sie, als sie die Treppe wieder hochging. »So leicht bin ich nicht zu kriegen.«

Ein paar Blüten hatte sie abgeknipst, die legte sie jetzt zusammen mit dem Brief in ein Buch. Erst viel später merkte sie, dass es ein Buch mit Liebesgedichten von Puschkin war.

An diesem Abend ging sie nicht zu Marek und am folgenden Abend auch nicht. Auch am übernächsten Abend schaffte sie es noch, sich zu beherrschen. Aber am vierten Abend war ihre Kraft am Ende. Sie dachte ja den ganzen Tag und die halbe Nacht an ihn, morgens beim Frühstück, tagsüber in der Schule, beim Zähneputzen, beim Geschirrspülen, beim Klavierspielen. Ab fünf war es am schlimmsten. In Gedanken sah sie ihn vor sich, wie er in einer kleinen Dachkammer saß, den Kopf grüblerisch auf seine Hand gestützt. Über ihm fiel der Schnee auf das schräge Fenster. Sie stellte sich vor, dass er genauso sehnsüchtig an sie dachte wie sie an ihn.

Warum bekam sie diesen Jungen nicht aus dem Kopf?

Wanda fand keine Antwort auf diese Frage, weil sie noch nie zuvor verliebt gewesen war. Sie hatte auch keine Freundin, die sie hätte fragen können. Sie hatte nur Barbara, die jünger war und so unvernünftig, dass von ihr bestimmt kein Rat zu erwarten war.

Drei Abende blieb Wanda hart. Am vierten Abend merkte sie, dass sie keine Wahl hatte. Sie musste ihn sehen. Ein Mal, nur ein einziges Mal, dachte sie.

Ihren Eltern erzählte sie etwas von einem kranken Schulkameraden, dem sie die Hausaufgaben bringen müsse, dann hastete sie durch den Schneeregen nach Kleparz*, wo Marek in einem schmalen Jugendstilgebäude wohnte. Seine Mutter führte Wanda durch ein düsteres Treppenhaus, in dem es nach Sauerkraut und Hering roch, zu Mareks Kellerzimmer. »Besuch«, rief sie, nachdem sie angeklopft hatte, dann ließ sie Wanda einfach stehen und stieg die Treppe wieder hoch nach oben.

Wanda musste eine ganze Weile lang warten, bis Marek die Tür öffnete, weil er erst noch alle kommunistischen Bücher und Schriften verstecken musste, aber das wusste sie damals natürlich noch nicht. Sie stand in dem dunklen Treppenhaus, schlotterte vor Kälte und wollte sich gerade abwenden, als die Tür endlich aufging.

»Guten Abend«, sagte Marek. Zu Wandas Erstaunen schien er kein bisschen überrascht, sie zu sehen.

Er hatte einen kleinen Gaskocher, darauf bereitete er Wanda eine Tasse Tee, an der sie sich dankbar festhielt. In einer Woche würden sie zusammen auf seiner Matratze sitzen, in eine Decke eingehüllt. Aber dieses erste Mal saß Wanda auf dem einzigen Stuhl und Marek kauerte im Schneidersitz vor ihr auf der Matratze, auf der er gerade eben noch gelegen hatte, das erkannte man deutlich an dem Abdruck seines Körpers auf der Überdecke.

»Wie hat dir der *Tell* gefallen«, fragte er sie, nachdem sie sich an dem ersten Schluck Tee die Zunge verbrannt hatte.

Sie brauchte ein paar Sekunden, bevor sie verstand, dass er über das Theaterstück sprach. »Gut«, sagte sie, obwohl sie sich kaum daran erinnern konnte. Vor der Pause hatte Barbara sie mit ihrer Unaufmerksamkeit gequält, nach der Pause hatte sie die ganze Zeit an Marek denken müssen.

»Nicht übel, was?«, stimmte Marek ihr zu. »Dass

die Deutschen es noch nicht verboten haben, wundert mich allerdings.«

Sie zuckte mit den Schultern, weil sie keine Ahnung hatte, was er meinte. Warum sollten die Nazis Schiller verbieten? Er war doch ebenfalls ein Deutscher.

»Schiller ruft doch ganz klar und deutlich zum Widerstand gegen die deutsche Besatzung auf«, erklärte Marek. »Der Landvogt Gessler, das ist Hitler. Der Hut ist das Hakenkreuz und der deutsche Gruß, zu dem sie uns zwingen. Wilhelm Tell ist der tapfere Mann, der Gessler – also Hitler – aus dem Weg räumen wird und Polen schließlich befreit.«

»Aber Schiller war doch schon lange tot, als Hitler an die Macht kam«, wandte Wanda ein. Wusste Marek das denn nicht? Natürlich wusste er es. Er verdrehte die Augen und im selben Moment verstand sie, was er gemeint hatte, und kam sich dumm vor.

Er wusste so viel mehr als sie selbst, obwohl er keinen Privatunterricht bekam und von morgens bis abends in einer Druckerei arbeitete. Er hatte *Das Kapital* von Karl Marx gelesen, die Briefe von Friedrich Engels, er kannte die Schriften Lenins und Leo Trotzkis und Stalins Reden. Er erzählte Wanda von der Französischen Revolution, dem Aufstand der schlesischen Weber und der Oktoberrevolution in Russland. Durch Marek lernte Wanda Hegel kennen, den er für den größten Philosophen aller Zeiten hielt. »Seit Hegel ist Gott endgültig tot«, sagte er. »Wer etwas anderes behauptet, hat seine Lehre nicht richtig verstanden.«

Das alles war unendlich faszinierend für Wanda, die immer noch jeden Sonntag mit ihrer Mutter und ihrer Schwester zur Messe in St. Barbara musste. Für Marek waren die Rituale und Gebete, die heilige Kommunion und die Rosenkränze nichts weiter als leerer Hokuspokus. »Wenn es einen Gott gäbe, dann müsste es ein böser Gott sein, der seinen Kindern so viel Unrecht und Leid antut«, sagte Marek. »Aber ich weiß es besser. Es gibt ihn nicht.«

Wanda war sich sicher, dass auch ihr eigener Vater längst zu diesem Schluss gekommen war. Im Gegensatz zu Marek sprach Bartiomiej seine Ansichten aber nicht aus, weil Alina keinerlei Kritik an ihrer Kirche ertrug. Vielleicht aber war es ihm auch einfach zu anstrengend, seine Gedanken zu formulieren.

Zu Hause sprachen sie niemals über Religion. Ihre Fragen und Zweifel musste Wanda für sich behalten. Doch jetzt endlich konnte sie mit Marek reden.

Es war, als ob er lauter Fenster für Wanda öffnete, durch die sie die Welt ganz neu entdeckte.

Von November 1942 bis zum Januar 1943 sahen sich Wanda und Marek fast jeden Tag. Es war der Höhepunkt ihrer Liebe, auch wenn Wanda überzeugt war, dass ihr wahres Glück noch vor ihnen lag. Aber dann trat Ivana in ihr Leben und veränderte alles.

Vor ihren Eltern hielt Wanda ihre Liebe geheim. Am Anfang diente der kranke Schulkamerad als Vorwand, abends das Haus zu verlassen, nach kurzer Zeit bekam der Schüler eine wissensdurstige Schwester, Marijke, die gelähmt war und im Rollstuhl saß. Deshalb musste Wanda sie jeden Tag besuchen, um mit ihr zu lesen, zu schreiben und zu rechnen. Das Mädchen machte beträchtliche Fortschritte.

»Aber sie braucht mich mehr denn je«, erklärte Wanda.

»Ich würde diese Marijke zu gerne einmal kennenlernen«, sagte ihre Mutter.

»Das geht aber nicht. Wie sollte sie mit dem Rollstuhl zu uns in den dritten Stock gelangen?«

Alina nickte bedauernd und ließ das Thema wieder fallen. Sie hatte keine Zeit, allzu viel über Marijke oder ihre eigenen Töchter nachzudenken. Sie verdiente das Geld für die Familie jetzt als Zugehfrau in einer deutschen Gouverneursfamilie. Aber obwohl sie von morgens um acht bis um halb sieben Uhr abends für die Deutschen putzte, kochte, bügelte und wusch, reichte das Geld kaum zum Überleben. Und von den spärlichen Lebensmittelmarken*, die ihnen zugeteilt wurden, wurde keiner satt.

Im Gegensatz zu Alina war Bartiomiej den ganzen Tag zu Hause. Seit seiner Entlassung und der Deportation* seiner Kollegen hatte er jedoch das Interesse an der Welt verloren. Von morgens bis abends saß er in ihrem einzigen Sessel am kalten Kamin und starrte in ein Buch, aber oftmals blätterte er eine ganze Stunde lang kein einziges Mal um.

Wandas Mutter arbeitete sich fast zu Tode, ihr Vater ertrank in Trübsal und Wanda war so glücklich wie noch nie zuvor in ihrem ganzen Leben.

Gefrorene Tränen

Es war alles nur ein böser Traum. Inge musste nur ein paar Schritte weitergehen, bis zu der Bank am Straßenrand, bis zu dem Baum mit dem gespaltenen Stamm, bis zu dem kleinen Haus, dann würde sie aufwachen. Sie würde in ihrem Bett in Hohenau liegen und dann käme ihre Mutter …

Nein, sobald sie versuchte, sich die Szenerie vorzustellen, sah sie Rollo vor sich. Rollo, wie er erschossen im Hof lag. Sie sah das Polenmädchen über dem Hackklotz das Beil heben. Es war furchtbar, es war zu schlimm, um wahr zu sein. Sie musste träumen. Inge kniff sich in die Arme, die gefühllos vor Kälte waren. Das ist der Beweis, dachte sie.

Aber natürlich wusste sie ganz genau, dass es kein Traum war. Es war die Wirklichkeit, das richtige Leben, die Welt, die sie früher immer nur durch einen dichten Schleier gesehen hatte. Jetzt war der Schleier weggerissen.

Sie war auf der Flucht. Hinter ihr lag Hohenau, vor ihr die endlose Straße. Schritt für Schritt quälten sie sich darauf voran und traten doch auf der Stelle. Es war, als ob sich jeder Meter, den sie in Richtung Westen zurücklegten, hinten wieder an die Strecke anfügte. Sie würden niemals irgendwo ankommen.

Ihr war nichts geblieben als die Sachen, die sie auf dem Leib trug und die hinten auf dem Wagen lagen. Ein paar Kleider und Lebensmittel, ein totes Huhn, ein paar Töpfe und Tassen, zwei Fotoalben, ihre Kennkarte*, ein bisschen Geld, ihre Lebensmittelmarken aus Kreuzburg und ihr Pferd. Die Goldkette mit den Rubinen, die ihre Urgroßmutter Inges Großmutter geschenkt hatte und diese Inges Mutter, die sie wiederum in ihrer Panik auf Hohenau vergessen hatte.

Wo war ihre Mutter, wo waren die Köchin, die Vorarbeiter, die Dienstboten und der Rest der Polen? Warum hatten sie nicht auf Inge gewartet, warum waren sie ohne sie losgezogen? Ob ihre Mutter sie in Kreuzburg gesucht hatte?

Wie lange würde es wohl dauern, bis sie nach Hohenau zurückkehren konnten? Und wo sollten sie in der Zwischenzeit bleiben, wo doch halb Deutschland zerbombt war?

Es war ein böser Traum. Und das Schlimmste an diesem Traum war die Polin. Dass Inge ausgerechnet auf sie angewiesen war. Dabei kannte sie nicht einmal ihren Namen. Jedenfalls konnte sie sich nicht daran erinnern.

 Von allen Fremdarbeitern war ihr das Polenmädchen am unsympathischsten. Dieses grobe Gesicht, die hässlichen Sommersprossen, die ihre Nase sprenkelten wie Fliegendreck. Und ihre riesigen Hände. Mit diesen Händen hatte sie das Huhn geköpft. Und vorher hatte sie bestimmt auch Rollo erschossen, auch wenn sie es jetzt nicht zugeben wollte.

Wahrscheinlich wird sie auch mich umbringen, dachte Inge. Am Anfang erschreckte sie dieser Gedanke, aber mit jedem Schritt, den sie auf der endlosen Straße zurücklegte, wurde er ihr gleichgültiger.

»In einer halben Stunde ist es stockfinster«, sagte die Polin. Wie gut ihr Deutsch war. Man hörte so gut wie keinen Akzent. Das R rollte sie ein bisschen stärker als Inge und die Umlaute sprach sie falsch aus, das Ü klang bei ihr wie ein I, das Ä fast wie ein E. Aber das taten die Leute im Dorf auch. Man hätte sie für eine Deutsche halten können.

»Wir müssen eine Unterkunft für die Nacht finden«, fügte sie jetzt noch hinzu.

Eine Unterkunft für die Nacht. Als ob das so einfach wäre. Sie hatte ja keine Ahnung, wo sie sich befanden. Irgendwo kurz vor Breslau, ihrem Gefühl nach.

»Noldau«, sagte die Polin, als sie wenig später ein Ortsschild passierten. »Kennst du irgendjemanden in Noldau?«

Noldau! Das war ja ganz unmöglich! Noldau befand sich nur ein paar Kilometer hinter Kreuzburg. Inge war vor ein paar Jahren einmal hier gewesen. Damals war ihr die Strecke nicht halb so weit vorgekommen wie die Entfernung, die sie heute zu Fuß zurückgelegt hatten.

»Nein. Niemanden.«

»Dann müssen wir in einem der Häuser fragen, ob sie uns aufnehmen.« Die Polin brachte den Wagen zum Stehen. »Da drüben.« Sie wies auf eines der Häuser am Ortsrand. »Da fängst du an.«

»Ich kann doch nicht einfach bei wildfremden Leuten …«

Die dicke Bäuerin, die die Tür öffnete, seufzte. »Noch welche. Das Haus ist eigentlich schon voll. Aber sei's drum, irgendwie wird's schon gehen.«

Sie brachten Gustav im Stall unter, wo er erleichtert über sein Heu herfiel, danach breiteten sie ihr Bettzeug in einer Dachkammer aus, bevor sie hinunter in die Küche gingen.

Sechs Frauen und fünf Kinder drängten sich bereits an dem runden Tisch.

»Mehr als einen Schemel kann ich Ihnen nicht anbieten«, sagte ihre dicke Gastgeberin, während sie Inge und der Polin eine Tasse Tee reichte.

Sie hatte aber auch einen Teller Suppe und ein Stück Brot für alle.

»Woher kommen Sie denn?«, erkundigte sie sich bei Inge, während sie die Bohnen mit Speck löffelten.

»Hohenau. Bei Bankau«, sagte Inge. Vielleicht kannte einer der anderen ja ihr Gut. Aber keine der Frauen zeigte irgendeine Reaktion. Ihr ganzes Interesse galt der Suppe, sie aßen und aßen, auch als der Teller längst schon leer war, löffelten sie noch weiter.

»Sind Sie Schwestern?«, fragte die Bäuerin.

Inge schnappte nach Luft. Wie konnte diese Frau sie für Schwestern halten – die hässliche plumpe Polin und sie selbst, die doch so schlank und hübsch war! Hatte sie denn keine Augen im Kopf?

Sie öffnete den Mund, um zu widersprechen, aber Wanda war schneller. »Ja«, sagte sie, »Inge ist meine kleine Schwester.«

Meine kleine Schwester. Das war ja wohl der Gipfel der Unverschämtheit.

»Inge«, wiederholte die Bäuerin. »Und wie heißen Sie?«

»Wa…«, machte die Polin, dann verschluckte sie sich und begann zu husten.

»Wie?«, fragte die Frau und wandte sich an Inge, weil Wanda ja voll und ganz mit Husten beschäftigt war.

»Waltraud«, sagte Inge, woraufhin die Polin noch heftiger hustete.

»Inge und Waltraud«, wiederholte die Bäuerin zufrieden. »Was für schöne Namen.«

Lieber Gott, bitte, errette mich aus diesem Elend, betete Inge, als sie später auf dem harten Holzboden in der Dachkammer lag. Über dem Dach heulte der Wind, der gegen Abend aufgekommen war.

Mach, dass alles wieder gut wird, betete Inge. Vielleicht kommen wir fürs Erste bei dieser Frau unter, bis wir wieder zurück nach Hohenau können. Bis ich wieder zurück nach Hohenau kann, verbesserte sie sich dann schnell.

Neben ihr raschelte etwas. Die Polin drehte sich auf ihrem Strohsack um. Ob sie ebenfalls betete?

»Wie heißt du denn wirklich?«, fragte Inge. Um die anderen Frauen und Kinder nicht zu wecken, sprach sie jedoch so leise, dass die Polin sie nicht hörte. Vielleicht wollte sie sie auch nicht hören.

Ich werde morgen einen Brief an Wolfgang schreiben, beschloss Inge. Wenn er erfährt, was mir zugestoßen ist, kommt er sofort. Warum war sie nicht gleich darauf gekommen? Auf Wolfgang war im Zweifel viel mehr Verlass als auf Gott, der ja ständig mit unzähligen anderen Dingen beschäftigt war.

Neben ihr raschelte es wieder.

»Wanda«, sagte das Polenmädchen.

Als Inge die Augen öffnete, starrte sie gegen eine Schneewand. Das Dachfenster über ihrem Kopf war vollkommen zugeschneit. Grau sickerte das Tageslicht in den Raum wie in das Innere eines Iglus. Inges Knochen schmerzten. Trotz ihrer Erschöpfung hatte sie lange nicht einschlafen können. Vielleicht waren es die vielen schnarchenden Leute im Raum, die sie wach gehalten hatten, oder die Kälte oder ihr hartes Lager.

Ein mit Stroh gefüllter Rupfensack, das war ihre Matratze.

Schlaflos hatte sie sich hin und her gewälzt. Erst gegen Morgen war sie in einen tiefen, traumlosen Schlaf gefallen.

Jetzt setzte sie sich auf und streckte sich.

Der Dachboden war leer. Die anderen Flüchtlinge hatten ihre Decken zusammengerollt und waren weg. Sie mussten lautlos aufgebrochen sein, auch die Kinder. Nur das Polenmädchen schnarchte noch neben ihr.

»He! Du da! Wanda!« Inge berührte sie an der Schulter. Keine Reaktion.

»Co? Słucham?« Jetzt fuhr das Polenmädchen hoch, als habe es jemand getreten. Es rieb sich die Augen. Vor seinem Gesicht ballte sich der Atem zu einer Rauchwolke zusammen.

»Wie spät ist es?«, fragte Wanda.

»Woher soll ich das wissen!«

»Cholera! Przeklęta Cholera!« Wanda sprang auf und begann sofort ihr Bettzeug zusammenzurollen. »Wir müssen los. Beeil dich.«

Die Polin fuhr sich bloß mit den Fingern durch die Haare, das war ihre ganze Morgentoilette. Dabei hatte die Bäuerin einen Waschtisch für die Flüchtlinge aufgestellt, mit einer emaillierten Waschschüssel und einem Wasserkrug, daneben ein Stapel Handtücher, das war recht primitiv, aber besser als nichts. Die anderen Flüchtlinge hatten die Waschgelegenheit offensichtlich ebenfalls ignoriert, der Wasserkrug war noch randvoll. Aber Inge würde sich waschen. Auch wenn man auf der Flucht war, hieß das noch lange nicht, dass man sich gehen lassen musste.

Der Krug war sehr schwer. Das lag daran, dass das Wasser darin zu einem massiven Eisblock gefroren war.

Einen Moment lang war sie den Tränen nahe, aber dann weinte sie doch nicht. Vielleicht waren auch ihre Tränen eingefroren wie das Wasser im Krug.

Als sie Noldau verließen, begann es zu schneien. Winzige Schneeflocken, die dicht an dicht vom Himmel rasten, als wären auch sie auf der Flucht. Der Schnee bedeckte schon nach kurzer Zeit ihre Kleider, Wandas Hut, Inges Mütze. Er verwandelte Gustav in einen Schimmel und das eisige Grau der Straße in strahlendes Weiß. Mit jedem Meter, den sie zurücklegten, wurde das Schneetreiben stärker, es war, als ob sie immer tiefer in einen Schneesturm fuhren.

»Es sind noch fast siebzig Kilometer von hier nach Breslau«, hatte ihnen die Bäuerin noch erklärt. »Das schaffen Sie nicht an einem Tag.«

Wir sind zu langsam. Wo immer wir hinkommen, ist alles schon besetzt, dachte Inge. Wenn sie irgendwo eine Unterkunft finden wollten, dann mussten sie die anderen Flüchtlinge überholen. Aber mit einem voll beladenen Einspänner ließ sich das nicht machen.

»Ich will zum Bahnhof«, sagte sie.

Die Polin wandte noch nicht einmal den Kopf zu ihr.

»Hast du nicht gehört?« Jetzt klang Inges Stimme schrill und hysterisch.

»Was willst du am Bahnhof? Züge fahren ganz bestimmt nicht mehr.«

»Warum sollten keine Züge mehr fahren? Weit und breit ist kein Russe in Sicht.«

»Und was geschieht hiermit?« Die Polin deutete mit dem Kopf hinter sich auf den vollgepackten Wagen.

»Ich nehme nur meine Sachen. Also das, was ich tragen kann. Den Rest …« … kannst du behalten, wollte Inge sagen, aber sie brachte keinen Ton heraus. Sie hasste die Polin so, sie hasste sie, wie sie noch nie zuvor einen Menschen gehasst hatte.

Es widerstrebte ihr zutiefst, ihr Gustav zu überlassen, den Wagen und alles andere. Aber es gab keine andere Lösung. Sobald Recht und Ordnung in Deutschland wiederhergestellt sind, werde ich sie für diese Dinge zur Verantwortung ziehen, dachte Inge. Der Gedanke erfüllte sie mit einer tiefen Befriedigung.

»Wenn du meinst.« Die Polin zuckte mit den Schultern.

Schweigend legten sie den Weg nach Namslau zurück. Gegen Mittag trafen sie in der Stadt ein und folgten den Straßenschildern bis zum Bahnhof.

»Da willst du rein?«, fragte Wanda skeptisch.

Vor dem Gebäude drängten sich Frauen und Kinder mit Koffern, Truhen, Taschen und Kinderwagen. Eine Frau trug einen Käfig, in dem ein gackerndes Huhn saß. Eine andere führte eine Ziege an einem Strick hinter sich her. Wenn es schon hier draußen so aussah, wie mochte es dann auf den Bahnsteigen zugehen? Nein, in diesem Getümmel wollte sich Inge ganz gewiss nicht aufhalten, aber noch weniger wollte sie bei der Polin bleiben.

Ihre Füße waren taub vor Kälte. Als sie vom Bock sprang, wäre sie fast gestürzt.

Sie zerrte den Koffer mit ihren Kleidern aus dem Wagen. Was sollte sie sonst noch mitnehmen? Die Tasche mit ihrer Kennkarte, dem Geld und den Marken. Proviant. Feuer, Kerzen. Ihr Bettzeug. Mehr war nicht zu schleppen.

Sie schnallte sich ihr Federbett auf den Rücken, nahm den Koffer in die eine, die Tasche in die andere Hand. Wandas Blick folgte jeder ihrer Bewegungen. Was sie wohl dachte?

»Also dann«, sagte Inge und hob kurz ihre Hand zum Gruß.

Wanda war inzwischen auf den Bock geklettert und starrte auf Inge herab. Ihre Augen glitzerten wie hartes, schwarzes Eis.

Inge nahm ihr Gepäck auf und wandte sich ab. Geh zum Teufel, dachte sie und erschrak selbst darüber, wie heiß und wild ihre Wut war.

Zum ersten Mal seit ihrer Flucht war ihr wieder warm. Sie schwitzte sogar. Ihr wollenes Leibchen, die gestrickten Strümpfe, der Schal klebten ihr am Körper. Wenn sie den Kopf senkte, roch sie ihren Körper. Sie stank genau wie die anderen in der Bahnhofshalle, die Frauen und Kinder und Alten. Sie stank wie die Polenweiber, die früher immer auf Hohenau aufgetaucht waren, um Ramsch und Plunder zu verkaufen. Es war der Gestank von Armut, Heimatlosigkeit, Verzweiflung und Angst.

Inges Arme schmerzten von dem schweren Gepäck. Aber es half nichts, sie musste durch die Menschenmassen zum Schalter und ihr Gepäck musste mit, es war ja alles, was ihr noch geblieben war.

Wohin wollte sie denn eigentlich? Breslau? Das war zu nahe, wenn es stimmte, dass die Russen sie fast schon erreicht hatten.

Hamburg. In Hamburg lebte ein unverheirateter Bruder ihres Vaters, aber vermutlich war er jetzt auch an der Front. Außerdem war Hamburg völlig zerstört.

Vor ihr aß ein Junge ein belegtes Brot. Inges Magen knurrte. Ob sie ihre eigenen Vorräte anbrechen sollte? Lieber nicht, sie hatte noch so einen weiten Weg vor sich.

Einen Weg wohin? Dresden, fiel Inge plötzlich ein. Ihre Mutter hatte eine Schwester in Dresden, mit der sie früher sogar zusammengelebt hatte. Tante Magdalena. Inge hatte sie noch nie gesehen, aber das machte nichts, eine Weile lang würde sie sie sicherlich aufnehmen. Bestimmt würde auch ihre Mutter versuchen Dresden zu erreichen. Die Stadt hatte den Krieg bisher fast unbeschadet überstanden. Und nicht einmal die barbarischen Russen würden es wagen, Dresden und seine Kunstschätze zu bombardieren.

Da hinten mussten die Fahrkartenschalter sein. Inge quetschte sich zwischen zwei Frauen mit Kinderwagen hindurch, reckte den Kopf und blieb plötzlich überrascht stehen. Die Rollläden vor den Schaltern waren heruntergelassen.

»Wissen Sie, wo man Billetts kaufen kann?«, fragte sie eine Frau, die mitten im Gewühl auf einem großen Koffer saß, einen Pudel auf dem Arm.

»Gibt keine mehr. Haben Sie die Durchsage nicht gehört?«

»Welche Durchsage?«

»Die Züge Richtung Westen passieren Namslau ohne Aufenthalt. Man kann nicht zusteigen.«

»Wie bitte?«, stammelte Inge. »Aber das geht nicht. Ich muss noch heute nach Dresden. Ich wurde von meiner Familie getrennt!«

Die Frau kraulte ihren Pudel und zuckte mit den Schultern. »Wir müssen alle irgendwohin.«

»Wann geht es denn weiter?«, jammerte Inge.

»Keiner weiß das«, sagte die Frau und lachte bitter. »Vielleicht sitzen wir so lange hier fest, bis der Russe kommt.«

Sie holte irgendetwas aus der Tasche und steckte es dem Hund ins Maul. Der Pudel wedelte mit dem kupierten Schwanz und kaute.

Ganz in der Nähe begann ein kleines Mädchen zu weinen.

Eine Frau versuchte es zu beruhigen, ohne Erfolg. Am Ende fing sie selbst an zu weinen.

»Wer weiß, wie das noch ausgeht«, sagte die Frau.

Inge drehte sich wortlos um und hastete in Richtung Ausgang.

Warum beeilte sie sich so, warum rannte sie, als käme es auf jede Sekunde an? Es war die Hoffnung, die irrige, unsinnige, dumme Hoffnung, dass Wanda mit dem Wagen und allem Gepäck auf dem Platz vor dem Bahnhof warten könnte. Dass sie noch da wäre, weil … Nein, es gab keinen einzigen vernünftigen Grund dafür. Trotzdem hoffte es ein Teil von Inge, sie konnte es gar nicht verhindern.

Aber natürlich war die Polin weg. Sie war abgehauen, kaum dass Inge ihr den Rücken zugedreht hatte. Das Pferd, der Wagen, die restlichen Kleider, ein Großteil des Essens, sämtliche Gerätschaften.

Alles war weg.

Verloren.

Genau wie Inge.

Sie ließ sich in die Hocke sinken und legte ihr Gesicht in die Hände. Menschen strömten an ihr vorbei, sie hasteten nach links, nach rechts, nach vorne und hinten. Sie alle schienen eine Richtung zu haben, ein Ziel, das sie anstrebten, und sei es auch noch so fern.

Inge hatte nichts. Ihren Koffer konnte sie keinen halben Kilometer schleppen.

Aber hier in Namslau konnte sie auch nicht bleiben.

»Nun bist du ganz am Ende«, hörte sie plötzlich die Polin höhnen. Inge vernahm die Stimme so klar und deutlich, dass sie hochfuhr und sich nach Wanda umschaute, aber sie war nirgends zu sehen.

Sie hatte sich ihre Stimme nur eingebildet. Dennoch war Inges Verzweiflung auf einmal weg. Stattdessen spürte sie eine große Wut.

Na warte, dachte sie. Ich bin noch lange nicht am Ende. Wir werden uns wiedersehen und dann kannst du was erleben.

»Bitte, können Sie mich und mein Gepäck ein Stück weit mitnehmen? Ich bin auf der Flucht und habe meine Leute verloren.«

Mit letzter Kraft hatte Inge sich und den Koffer zur Hauptstraße geschleppt. Jeden einzelnen, der vorüberkam, sprach sie an. Am Anfang fiel es ihr entsetzlich schwer, aber je gleichgültiger und kälter die Menschen reagierten, desto gleichgültiger und kälter wurde auch sie. »Bitte, können Sie mir helfen. Wenigstens ein kurzes Stück.«

»Wie stellst du dir das vor?«, keifte eine Frau, die mit einem Leiterwagen an ihr vorbeiging. »Soll ich dich im Wagen ziehen?«

Aber Inge war schon beim nächsten Fahrzeug.

»Nehmen Sie mich mit? Nur ein Stückchen?«

»Steig schon ein«, sagte eine vertraute Stimme.

Dauerwürste

Wanda hatte einen Liter Milch gegen eine Karte von Schlesien eingetauscht. Während sie weiterfuhr, breitete sie sie auf ihrem Schoß aus. Am linken Rand der Karte begann Sachsen, hinter Dresden endete die Karte. Wandas Vater war früher oft in Dresden gewesen. Die Frauenkirche, der Zwinger, die Semperoper. Bartiomiej hatte Wanda alles so genau beschrieben, dass sie das Gefühl hatte, sie wäre selbst schon dort gewesen.

Ich werde nach Dresden gehen, beschloss sie.

Auf der Karte sah es ganz nah aus. Breslau, Liegnitz, Görlitz, schon war man da. Aber das täuschte natürlich. Sie hatte es ja noch nicht einmal bis Breslau geschafft.

Wobei sie natürlich schon viel weiter sein könnte. An ihrer Langsamkeit war nur Inge schuld, die jammernde, verwöhnte Inge, aber die war sie ja nun los.

Alles war besser, seit Wanda sie am Bahnhof in Namslau abgesetzt hatte. Heute überholte Wanda die Flüchtlinge, die am Vortag an ihnen vorbeigezogen waren. Sie spürte die befremdeten Blicke der Leute, wenn sie an ihnen vorüberfuhr. Ein junges Mädchen allein unterwegs. Vielleicht hielten sie sie ja auch gar nicht für ein junges Mädchen, sondern für einen Mann. Das war allerdings noch erstaunlicher in diesen Zeiten.

Seit Wanda Inge los war, ging es ihr gut. Sie kam schneller voran. Sie hatte ein Ziel und eine Perspektive. Sie würde in Dresden das Ende des Kriegs abwarten und dann zurück nach Krakau gehen. Oder vielleicht auch nicht. Vielleicht würde sie sogar in Dresden bleiben.

Sie würde sich in der Nähe des Zwingers ein Zimmer mieten und so lange als Zimmermädchen oder Bedienung arbeiten, bis sie genügend Geld hatte, um sich ein altes Klavier zu kaufen. Danach würde sie Klavierunterricht geben und mit dem Geld, das sie damit verdiente, könnte sie sich irgendwann ein Haus mit Garten leisten. Und an ihren freien Tagen würde sie in den Zwinger gehen und die Gemäldegalerie besichtigen.

Sie versuchte sich ihre Eltern in Dresden vorzustellen. Sie setzte sie vor ihr Haus in den Garten und stellte Teetassen vor sie auf den Gartentisch. Ihr Vater, ihre Mutter, Barbara. Es ging nicht, ihre Familie hatte keinen Platz in dieser Fantasie. Und Marek schon gar nicht.

Denn Wanda war jetzt eine Deutsche. Sie sprach nicht nur fließend Deutsch, sie konnte sich auch ausweisen. Bevor Wanda Inge am Bahnhof in Namslau abgesetzt hatte, hatte sie Inges Kennkarte aus ihrer Tasche geholt und in ihrer eigenen Jackentasche verschwinden lassen. Das Bild sah ihr natürlich nicht sehr ähnlich, aber wer wollte das beurteilen. Auf dem Foto hatte Inge langes, weiches Haar, Wanda trug ihre Haare dagegen sehr kurz, allein das veränderte eine Person ja schon gewaltig. Außer Inges Ausweis hatte Wanda auch Inges Goldkette mit den Rubinen gestohlen, die meisten Lebensmittelkarten und den Großteil des Geldes.

Wanda war jetzt Inge. Inge Baken.

Es war Diebstahl, aber wen kümmerte das in diesen Zeiten. Die Deutschen hatten Wanda so vieles gestohlen, ihre Freiheit, ihre Liebe, ihre Lebensfreude. Aber daran wollte Wanda nicht denken. Sie wollte nach vorn schauen, nur noch nach vorn. In eine wunderbare Zukunft.

Kurz vor dem nächsten Dorf verkaufte eine Frau am Straßenrand Dauerwürste.

»Was verlangen Sie dafür?«, rief Wanda vom Bock zu ihr hinunter.

»Was haben Sie zu bieten?«

Wanda holte Inges Goldkette aus der Tasche.

Die Frau zog abschätzig die Augen zusammen. »Ich geb Ihnen zwei Würste dafür.«

»Sind Sie von Sinnen? Das ist echtes Gold. Und lupenreine Rubine«, behauptete Wanda, obwohl sie keine Ahnung hatte, woraus die Kette gefertigt war. Aber billig war sie bestimmt nicht, schließlich hatte sie Inge gehört. »Ich will acht Würste dafür oder aus dem Handel wird nichts.«

Die Frau griff nach der Kette und betrachtete sie eine Weile lang aus zusammengekniffenen Augen. »Also gut!«, meinte sie schließlich widerwillig.

»An Ihrer Stelle würde ich mich beeilen«, sagte sie, nachdem Wanda die Würste im Wagen verstaut hatte. »Wenn die Züge auch weiterhin nicht mehr fahren, wird es noch schlimmer auf den Straßen.«

»Die Züge fahren nicht mehr?«, fragte Wanda, obwohl sie es doch gar nicht wissen wollte. Sie wollte nur weiter.

»Die wenigen Eisenbahnen, die noch hier durchkommen, sind so voll, dass keiner mehr reinkommt. Wer sich jetzt auf den Zug verlässt, ist arm dran.«

Wenn das stimmte, dann wartete Inge vergeblich am Bahnhof. Kein Zug würde kommen. Heute nicht. Und morgen nicht und übermorgen vielleicht auch nicht. Inge war allein und hatte keine Papiere, kaum Geld, denn bis auf fünf Reichsmark hatte Wanda ihr Portmonee geleert.

Nicht mein Problem, dachte Wanda. Sie muss selbst sehen, wie sie zurechtkommt. Mir hilft ja auch keiner.

Sie verabschiedete sich von der Frau und trieb das Pferd an. Lauf schneller, nichts wie weg hier.

Aber sie wurde den Gedanken an Inge nicht los. Sie

sah sie in ihrem roten Mantel am Bahnhof stehen, wie sie frierend von einem Fuß auf den anderen trat. Sie hat es nicht anders verdient, versuchte sich Wanda einzureden. Früher hat sie sich nicht um mich gekümmert, nun kümmere ich mich nicht um sie. Aber es half nichts.

Sie musste plötzlich daran denken, wie Inge damals in die Scheune gekommen war, kurz nachdem man Wanda nach Hohenau gebracht hatte. Inge hatte in irgendeinem Kauderwelsch mit Wanda gesprochen, aber Wanda hatte kein Wort verstanden. Sie sprach Polnisch und Deutsch, aber diesen seltsamen schlesischen Dialekt beherrschte sie nicht. Inge war danach beleidigt abgezogen und nie mehr wieder in der Scheune erschienen. Aber sie hat es gut gemeint, dachte Wanda jetzt.

Egal. Damals war Inge obenauf gewesen, nun war es eben Wanda. So änderten sich die Zeiten.

Wanda schlug mit den Zügeln gegen den Hals des Pferdes. Lauf, beeil dich, damit meine dummen Gedanken mich nicht einholen.

Dabei wusste sie, lange bevor sie den Wagen schließlich wendete, dass sie keine Wahl hatte. Sie musste noch einmal zurück.

Inge verzog keine Miene, als Wanda sie am Ortsende von Namslau aufgabelte. Wortlos stieg sie auf den Bock, wortlos nahm sie die Zügel in die Hand und ließ den Wagen anfahren. Es war natürlich zu erwarten gewesen, dass sie Wanda nicht die Füße küssen würde, nur weil sie zurückgekommen war. Und dennoch.

Zum Teufel mit ihr, dachte Wanda. Warum bin ich nicht weitergefahren.

Aber im selben Moment wandte Inge den Kopf und sah Wanda an.

»Was ist?«, fragte Wanda laut und unfreundlich.

»Danke«, flüsterte Inge.

Auf der Landkarte lagen die Ortschaften eng nebeneinander wie Stecknadelköpfe in einem Nadelkissen. Namslau, Bernstadt, Groß Zöllnig, Oels. Aber in Wirklichkeit wand sich die Straße zwischen den Dörfern ins Unendliche. Hügelauf, hügelab, nach links, nach rechts und wieder nach links. Von oben fiel der Schnee. Von unten zog die Kälte durch ihre Schuhsohlen. »Fünfzehn Grad unter null«, hörte Wanda eine Frau sagen, als sie eine kurze Rast machten, um eine Scheibe Brot zu essen.

Zumindest schmerzten ihre Füße jetzt nicht mehr ganz so schlimm wie am Anfang. In Noldau hatte Wanda den Hohlraum in ihren Schuhen mit Zeitungspapier ausgestopft, sodass die Blasen nicht mehr aufgescheuert wurden.

Am Abend waren sie gerade einmal bis nach Oels gekommen. Wenn wir uns bloß nicht so lange in Namslau aufgehalten hätten, wären wir schon viel weiter, dachte Wanda. Aber es war sinnlos, über die verpatzte Vergangenheit nachzudenken. Die Zukunft, das war das Einzige, was zählte.

Sie mussten nicht lange nach einer Unterkunft suchen. Alle Flüchtlinge waren in einer Turnhalle am Ortsrand untergebracht. Wanda und Inge bekamen einen Schlafplatz gleich neben der Tür angewiesen. »Da zieht's«, sagte eine hagere Frau, die neben ihnen auf einer Pritsche hockte und rauchte. »Aber die besten Plätze sind natürlich schon weg.«

Wandas Magen knurrte. Sie dachte an die Dauerwürste, die sie in ihrem Koffer verborgen hatte. Nein, die würde sie noch dringender brauchen. Außerdem musste Inge nicht wissen, dass es sie gab. »Komm mit«, sagte Wanda. »Vielleicht kriegen wir irgendwo etwas zu essen.«

Sie stießen zuerst auf die Tafel mit den Suchmeldungen neben dem Eingang. Auf einem Brett steckten zahllose Zettel mit Anfragen.

»Gesucht wird Marlene Horlacher, 1 J. Langes dunkles Haar, zu Zöpfen geflochten. Zuletzt gesehen am 27. Januar in Landsberg. Familie zieht weiter nach Leitmeritz.«

»Ilse Vierling, bitte melden bei Mutter in Bautzen. 29.1.1945.«

Inge suchte vergeblich nach einer Nachricht von ihrer Mutter. Dann hinterließ sie selbst eine Notiz. »Inge Baken war hier, Weiterreise Rtg. Dresden.«

Im Hof verteilten ein paar Frauen Suppe. Wanda und Inge trugen die Teller zurück an ihren Schlafplatz in der Turnhalle. Es gab ja keinen Tisch, an den sie sich hätten setzen können. Danach streckte sich Wanda auf der Pritsche aus. Ihre Knochen schmerzten. Ihr Kopf dröhnte vom Lärm und von der schlechten Luft in der Turnhalle.

Als sie wach wurde, war es dunkel. Ein Wispern und Schnarchen erfüllte die Turnhalle, ein Rascheln und Seufzen und hin und wieder das Wimmern eines Kindes.

Ganz aus der Nähe kam ein leises Schluchzen. Wanda machte die Augen auf und sah Inges schwarze Gestalt vor dem Grau der Wand. Sie kauerte auf ihrer Pritsche und weinte.

Wanda setzte sich ebenfalls.

»Ich kann das alles nicht mehr ertragen«, flüsterte Inge, mehr zu sich selbst als zu Wanda.

»Natürlich kannst du das«, sagte Wanda und wieder klang ihre Stimme kälter und härter, als sie es beabsichtigt hatte. »Leg dich hin und schlaf. Morgen brauchst du deine Kräfte.«

Inge ließ sich widerspruchslos auf die Pritsche sinken. Auch Wanda legte sich wieder hin. Aber nun war sie es, die keinen Schlaf fand. Sie versuchte sich vorzustellen, dass sie in ihrem Garten in Dresden in einer Hängematte lag. Aber immer wenn sie fast eingedämmert war, zerriss irgendein Geräusch die Stille.

Ob Inge schlief? Oder weinte sie lautlos weiter?

Wanda drehte den Kopf zu ihr, aber sie sah nur den Umriss ihres Körpers, ein schwarzer Hügel in der Dunkelheit. Weit über ein Jahr hatten sie zusammen auf Hohenau verbracht, sie hatten sich täglich gesehen. Weihnachten, Ostern und Pfingsten hatten sie miteinander gefeiert und dennoch waren sie sich vollkommen fremd.

»Warum bist du zurückgekommen?«

Einen Moment lang dachte sie, dass sie sich die Frage nur eingebildet hatte, aber dann sah sie, dass Inge sich wieder aufgesetzt hatte.

Warum war sie zurückgekommen?

»Ich weiß es nicht«, flüsterte Wanda wahrheitsgemäß.

»Ich hätte das nicht von dir erwartet.«

Ich auch nicht, dachte Wanda.

Inge räusperte sich. »Du sprichst sehr gut ...« Sie brach mitten im Satz ab, aber Wanda wusste natürlich, was sie sagen wollte. Du sprichst sehr gut Deutsch. Aber der Raum war voller Flüchtlinge, wenn sie jemand hörte und erfuhr, dass Wanda Polin war ... Eine entlaufene Fremdarbeiterin.

»Mein Vater hat in Berlin gelebt. Er war Professor für deutsche Literatur«, gab sie leise zurück.

»Professor«, wiederholte Inge überrascht.

»Wir hatten ein Kindermädchen aus Wanne-Eickel«, fuhr Wanda fort. »Elisabeth. Keine Ahnung, was sie in unsere Stadt verschlagen hat. Auf jeden Fall sprach sie mit Dialekt. *Wat* und *dat* anstatt *was* und *das*. Das gefiel meinem Vater nicht. Aber es war ihr nicht abzugewöhnen.«

»Ich bin verlobt«, flüsterte Inge nach einer ganzen Weile.

»Ich weiß. Mit dem jungen von Brandt.«

»Woher weißt du das?«

»Schschsch!«, machte die Frau neben Wanda. »Nun seid doch endlich still!«

Ich weiß noch viel mehr über dich, dachte Wanda. Und du weißt nichts. Nicht einmal, dass ich deine Kennkarte habe.

»Lass uns morgen weiterreden«, wisperte sie. »Schlaf jetzt.«

Als sie erwachten, war alles in Bewegung. Im Schein von Windlichtern rollten die Flüchtlinge ihre Decken zusammen, stopften Kleider und Habseligkeiten in Körbe und Taschen.

Draußen war es noch dunkel. Grau und dick wie Graupensuppe floss das Morgenlicht durch die schmalen Oberlichter unter der Decke.

Zum Frühstück gab es eine trockene Scheibe Brot und ein fingernagelgroßes Stück Margarine.

»Woher kommt ihr denn?«, fragte die hagere Frau auf der Pritsche neben ihnen, die schon wieder eine Zigarette rauchte.

»Gut Hohenau« sagte Inge. »Bei Bankau.«

»Bankau? Ist das nicht hinter Kreuzburg? Die Kreuzburger sind doch schon viel weiter«, sagte die Frau, während sie ihre Zigarette an ihrer Schuhsohle ausdrückte und dann sorgsam zu den anderen Zigarettenkippen neben ihrer Pritsche legte. Ihr Haar war von grauen Strähnen durchzogen, es ließ sie auf den ersten Blick alt erscheinen, aber ihr Gesicht war glatt und faltenlos. »Wir sind aus Grambschütz.«

»Seid ihr verwandt?« Die Frau zündete sich eine neue Zigarette an.

»Wir sind Schwestern«, sagte Inge, bevor Wanda antworten konnte.

Sie erklärte das mit der größten Selbstverständlichkeit, obwohl sie vorgestern in Noldau vor Empörung nach Luft geschnappt hatte, als Wanda das Gleiche behauptet hatte. Sie sagte es natürlich nur aus Eigennutz, weil sie erkannt hatte, dass sie allein verloren war, dachte Wanda. Und trotzdem. Wir sind Schwestern. Inges Worte erfüllten sie mit einer großen Zufriedenheit.

»Und der Rest von euch? Eure Eltern? Wo stecken die?«, fragte die Frau.

»Wir sind getrennt worden.«

»Wohin wollt ihr denn? Wir sind unterwegs nach Dresden. Kein Treck, nur eine kleine Gruppe. Meine Tochter, meine Mutter, ein Nachbar und ich.«

»Wir wollen auch nach Dresden«, rief Inge aufgeregt, denn das hatten sie und Wanda am Vortag vereinbart. »Ich habe eine Tante in Dresden. Also wir«, verbesserte sie sich dann hastig.

»Aha«, sagte die Frau gleichgültig.

»Vielleicht können wir zusammen weiterziehen«, schlug Inge vor.

Sie kennt die Frau doch gar nicht, dachte Wanda. Sie kann doch nicht einfach … Aber bevor sie selbst irgendetwas sagen konnte, nickte die Fremde schon.

»Meinetwegen, schließt euch uns an. Aber erwartet nicht, dass wir euch durchfüttern. Wir haben selbst kaum was zu essen.«

»Nein, natürlich nicht«, rief Inge.

»Also gut«, sagte die Frau.

»Ich weiß nicht …«, begann Wanda zögerlich. Es gefiel ihr auch nicht, dass die Frau sie und Inge immer duzte, als wären sie kleine Kinder.

Die Frau blies einen Rauchkringel zur Decke. Einen Moment lang schwebte er über ihrem grauschwarzen Haar wie ein Heiligenschein, dann löste er sich in Luft auf. »Wie ihr wollt. Aber ich an eurer Stelle … also, zwei junge Mädchen allein unterwegs, wenn ich eure Mutter wäre, würde mir das nicht gefallen. Es ist aber ganz bestimmt nicht so, dass ich mich darum reiße, euch aufzunehmen. Hab schließlich ein eigenes Kind zu versorgen.« Sie wies mit dem Kopf auf ein stämmiges Mädchen, das zu ihrer Rechten saß und Suppe löffelte. »Nicht wahr, Ursel?«, sagte die

Frau, aber Ursel reagierte nicht, sondern aß nur noch schneller.

»Vielen Dank«, sagte Inge hastig.

Die Frau zog an ihrer Zigarette, die inzwischen nur noch ein winziger Stummel war, und schwieg.

Am sichersten ist es, wenn man sich auf sich selbst verlässt, dachte Wanda. Aber andererseits. Wenn alle Stricke reißen sollten, konnte Wanda Inge bei diesen Leuten lassen. Ich habe ihren Pass, die Marken, das Geld und die acht Würste, dachte sie, fürs Erste sollte das genügen.

»Also gut«, sagte sie laut.

»Ich bin Frau Gendner«, sagte die Frau und streckte Inge ihre Linke hin. Mit der Rechten hielt sie ja die Zigarette.

Ivana

Frau Gendner, die alte Frau Trautwein, die dicke Ursel und Herr Kolewa, ein Nachbar aus Grambschütz, der im letzten Krieg ein Bein verloren hatte. Das war die kleine Gruppe, mit der Wanda und Inge nun weiterzogen. Die vier hatten ein Fuhrwerk mit zwei Ochsen, auf dem sie ihr Hab und Gut transportierten. »Meinetwegen könnt ihr eure Sachen auch noch auf unseren Wagen laden«, schlug Frau Gendner vor. »Dann könnten zwei Personen im Einspänner mitfahren.«

Frau Gendners Mutter und Herr Kolewa sahen voller Missbilligung dabei zu, wie Inge und Wanda Taschen und Koffer, die Töpfe, Pfannen, Vorräte, das Heu für das Pferd und sogar ein Fotoalbum auf den Ochsenkarren luden. »Da wird der Wagen ja noch schwerer«, schimpfte Frau Trautwein.

»Nun lass sie«, wies Frau Gendner sie zurecht. »Dafür kann Urselchen dann drüben mitfahren.«

Kaum dass alles verladen war, saß die dicke Ursel auch schon auf dem Bock des Einspänners und rückte unwillig zur Seite, als auch Wanda aufstieg.

Auf dem Ochsenkarren fuhren die alte Frau Trautwein und Herr Kolewa. Frau Gendner und Inge gingen zu Fuß neben dem Einspänner her.

»Was ist mit deinem Vater?«, fragte Wanda Ursel.

»An der Front«, gab sie einsilbig zurück. »Verschollen.«

Während des Gehens rauchte Frau Gendner ohne Unterlass, manchmal zündete sie sich eine Zigarette an der anderen an.

Es waren keine richtigen Zigaretten, das wussten sie inzwischen. Sie drehte sie aus getrockneten Rosenblättern, Farn und ein paar Tabakbröseln. Jede Kippe wurde sorgsam gesammelt, geöffnet, der Inhalt wurde in die Tabakdose geleert und dann wieder neu verarbeitet.

Nach einer halben Stunde stieg Wanda vom Wagen und ließ Inge fahren. Ursel machte dagegen keinerlei Anstalten, ihren Platz aufzugeben.

Frau Gendner ging jetzt neben Wanda her und rauchte und schwieg.

Als Inge nach einer halben Stunde den Wagen wieder anhielt, erwartete Wanda, dass Ursel nun absteigen würde, aber das Mädchen blieb einfach sitzen. Mit ausdruckslosem Gesicht starrte es in die Luft, bis schließlich Inge wieder abstieg, um Wanda Platz zu machen.

»Kann sie nicht auch einmal zu Fuß gehen?«, fragte Wanda, als es erneut Zeit für einen Wechsel war.

Frau Gendner machte den Mund auf und dann

wieder zu wie ein Fisch an Land. »Ich gehe und Urselchen fährt«, erklärte sie schließlich. »Und ihr wechselt euch miteinander ab. Das ist ja wohl gerecht.«

Inge kletterte vom Bock. Wanda stieg hoch. Ursels Gesicht zeigte keinerlei Regung.

Herr Kolewa war wegen seines Holzbeins nicht eingezogen worden. »Hab im letzten Krieg schon meinen Teil fürs Vaterland gegeben«, erklärte er, als sie gegen Mittag am Wegrand Rast machten, und klopfte gegen seine Prothese.

Frau Trautwein lachte, als wäre das ein gelungener Scherz. »Ja, ja«, meinte sie. »Sie haben Glück gehabt, das muss man wirklich sagen.«

Sie aßen das Brot und tranken die Milch, die Wanda in Oels gegen eine Wolldecke eingetauscht hatte. »Kann ich noch einen Becher?«, fragte Ursel und streckte ihre leere Blechtasse in Inges Richtung, ohne sie dabei anzusehen.

Der Rest ist für später, wollte Wanda sagen, da hatte Inge schon nachgefüllt.

Frau Gendner zündete sich eine ihrer Kräuterzigaretten an. Sie hatte so gut wie gar nichts gegessen, jetzt saugte sie an ihrem Glimmstängel, als zöge sie daraus ihre Lebenskraft.

Um vier Uhr nachmittags erreichten sie Breslau. Inge hatte den anderen von ihrer alten Großtante erzählt, die hier wohnte, sie konnte sich sogar noch an den Straßennamen erinnern.

»Da versuchen wir unser Glück«, hatte Frau Gendner sofort erklärt. »Eine Privatunterkunft ist allemal besser als die Sammellager.«

Sie kamen aber kaum in die Stadt hinein. Flüchtlingsmassen drangen ihnen entgegen, Frauen mit Handkarren und Kinderwagen, alte Männer, die schwer beladene Schlitten hinter sich herzogen, kleine Kinder, die noch kleinere Kinder auf dem Rücken schleppten. Die Bürger flohen aus der Stadt. »Breslau ist geräumt«, verkündete ein Junge in HJ*-Uniform, der am Straßenrand Tee ausschenkte. »Und der Bahnhof ist dicht. Völlig überlastet.« Er war höchstens sechzehn Jahre alt, aber über seinem rechten Ellenbogen trug er die Armbinde des Volkssturms.

»An Ihrer Stelle würde ich direkt wieder umkehren«, ergänzte sein Kamerad, der genauso jung aussah. »Machen Sie einen Bogen um Breslau.«

Aber es war schon fast dunkel, und sie waren erschöpft.

Man konnte sich nur auf den großen Durchgangsstraßen bewegen, die schmalen Gassen und Straßen waren meist unpassierbar. Sie brauchten mehr als zwei Stunden, bis sie endlich in der Taschenstraße ankamen.

Der Mond warf ein fahles, totes Licht auf die Straße. Keine Laterne brannte, kein Schaufenster war erleuchtet. Die großen, breiten Häuser starrten sie aus schwarzen Fensteraugen an. »Mode für die Dame« verkündete ein geschwungener Schriftzug auf einer Fassade. Hinter der Scheibe reckte sich im kalten Dämmerlicht eine einsame Kleiderpuppe, ein erstarrtes Lächeln auf dem künstlichen Gesicht.

»Ich glaube, es war dieses Haus«, sagte Inge, nachdem sie die Straße einmal auf und ab gegangen waren.

»Baken heißt deine Tante?« Frau Gendner reckte den Hals. »Da haben wir sie ja.«

Bevor Inge reagieren konnte, hatte sie den Klingelknopf gedrückt.

»Was machen wir, wenn sie nicht mehr da ist?«, rief Herr Kolewa vom Bock des Fuhrwerks herunter. »Sollen wir die Tür aufbrechen?«

Aber die Tante war da. Sie öffnete sogar persönlich das kleine Fenster in der Haustür und betrachtete die fremde Gesellschaft irritiert.

Hedwig Baken hatte ein schmales, langes Gesicht, das in der Dunkelheit hart und unfreundlich wirkte.

»Inge«, wiederholte sie ratlos, nachdem Inge sich vorgestellt hatte. Ihre Stimme knarrte wie schwere Schuhe auf gefrorenem Schnee.

»Von den Bakens aus Hohenau«, ergänzte Inge.

Der kühle Blick der alten Dame streifte Wanda einen kurzen Moment lang. »Und die anderen?«

»Wir haben uns auf der Flucht getroffen«, sagte Inge. »Vater ist im Volkssturm. Und Mutter … wir haben uns verloren.« Ihre Stimme zitterte, aber die Miene der alten Frau blieb starr und ungerührt.

»Und was wollt ihr von mir?«

»Obdach für eine Nacht«, sagte Frau Gendner an Inges Stelle. »Morgen ziehen wir weiter.«

»Und wir können dich dann mitnehmen«, sagte Inge.

»Mich wollt ihr mitnehmen?« Tante Hedwig lachte spöttisch. »Mich bringt keiner hier weg. Sollen die Russen doch kommen. Lieber sterbe ich, als dass ich mich in meinem Alter noch auf den Weg in die Fremde mache.«

»Was ist mit den Wagen?«, fragte Wanda, nachdem Tante Hedwig endlich die Tür aufgemacht hatte.

»Im Hof gibt es eine Remise*«, erwiderte die alte Dame. »Da könnt ihr die Ochsen und das Pferd einstellen. Für eine Nacht mag es angehen.«

Die Wohnung war groß genug für alle. Sieben Zimmer erstreckten sich über die ganze erste Etage, es gab ein Wohnzimmer mit zwei Chaiselongues, zwei Gästezimmer und eine Dienstbotenkammer, in der ebenfalls ein Doppelbett stand. »Die Mädchen sind mir weggelaufen, kaum dass die Sache brenzlig wurde«, erklärte Tante Hedwig verächtlich.

 »Inge und ich nehmen das Wohnzimmer«, sagte Wanda, bevor Frau Gendner den größten Raum für sich und Ursel beanspruchen konnte. Tante Hedwig nickte. Zu Wandas Erleichterung beachtete sie sie kaum und hatte sich auch nicht nach ihrem Namen erkundigt.

Frau Gendner runzelte die Stirn, dann entschied sie sich für eines der Gästezimmer. Wanda nahm an, dass Ursel bei ihr schlafen sollte, aber stattdessen trug Herr Kolewa seine Taschen in den Raum. Die beiden waren ein Paar. Obwohl sie sich mit den Nachnamen anredeten und siezten und niemals berührten. Der arme Herr Gendner ist jetzt Vergangenheit, dachte Wanda, man kann ihm nur wünschen, dass er wirklich in einem Massengrab liegt und nicht in russischer Kriegsgefangenschaft sehnlichst darauf wartet, wieder nach Hause zu kommen.

»Ich kann euch natürlich auch nicht verköstigen«, meinte die Tante. »Es gibt nur ein bisschen Brot. Und kein Fleisch. Man bekommt ja kaum noch etwas zugewiesen in diesen Tagen. Für mich alte Frau reicht es gerade noch, aber sonst … Ich habe ja auch nicht mit Gästen gerechnet.«

»Nein, nein«, sagte Inge hastig. »Es genügt, wenn wir hier schlafen können.«

Dann holte sie die Tasche mit ihren eigenen Lebensmitteln, sie stellte das restliche Brot, die Milch und die Eier auf den Küchentisch. Dazu noch zwei Würste aus der Hohenauer Speisekammer. Ein Stück Käse …

»Das genügt«, zischte Wanda, als Inge auch den

Speck aus der Tasche ziehen wollte. »Morgen ist auch noch ein Tag.«

Frau Gendner legte nur einen halben Laib trockenes Brot auf den Tisch. Tante Hedwig stellte einen Topf Marmelade dazu. »Mehr ist nicht da«, erklärte sie finster, obwohl Wanda genau gesehen hatte, dass auch ein Honigtopf im Schrank stand.

Sie aßen, als wäre es das letzte Mal. Ursel verdrückte fast eine ganze Wurst alleine, ihre Großmutter zeigte einen erstaunlichen Appetit und auch Tante Hedwig ließ sich nicht lange bitten. Nur Frau Gendner aß gerade einmal eine Scheibe Brot, dann griff sie nach ihren Zigaretten.

»Hier nicht«, sagte Tante Hedwig sofort mit vollem Mund. »Zigarettenqualm macht mir Kopfschmerzen.«

Frau Gendner sah aus, als habe man sie gebeten, das Atmen einzustellen. Wortlos stand sie auf, nahm ihre Zigaretten und ging ins Wohnzimmer. Tante Hedwig blickte ihr missbilligend nach.

»Du kannst unmöglich hierbleiben«, sagte Inge. »Die Russen sind schon ganz in der Nähe, hast du das nicht gehört?«

»Ja und? Viel schlimmer als die Nazi-Barbaren können sie auch nicht sein.«

Inge riss die Augen auf. Herr Kolewa verschluckte sich an seinem Wurstzipfel. Selbst Ursel blickte kurz von ihrem Teller auf. Tante Hedwig kannte ihre Gäste kaum und dann ein solcher Satz! Wenn eine solche Bemerkung in die falschen Ohren kam, dann bekam man die übelsten Schwierigkeiten, man landete im Gefängnis oder noch schlimmer.

»Ich sage, was ich will«, erklärte Tante Hedwig trotzig. »Es ist vorbei, der Krieg ist verloren, das sieht doch ein Blinder mit Krückstock. Und dennoch wollen sie es nicht zugeben. Jetzt kassieren sie die kleinen Jungen ein und zittrige Greise und rufen zum Volkssturm auf. Mit Kindern und Alten wollen sie Breslau und ganz Deutschland verteidigen. Das kann sich doch ein jeder ausmalen, wie das enden wird. Die Russen werden uns niederbomben. Hoffentlich geht es wenigstens schnell.«

»Deshalb musst du fliehen!«, rief Inge. »Es ist doch nur für eine gewisse Zeit. Wenn alles vorüber ist, kannst du wieder zurück nach Breslau und wir nach Hohenau. Aber bis dahin …«

»Wenn alles vorüber ist«, wiederholte Tante Hedwig mit harter Stimme. »Wenn alles vorüber ist, sitzen die Russen und Polacken in Breslau. Und auf Hohenau auch.«

Wanda und Inge wechselten einen schnellen Blick. Wanda unterdrückte ein nervöses Kichern. Wie Tante Hedwig wohl reagieren würde, wenn sie wüsste, dass jetzt schon eine Polackin mit am Tisch saß? Vielleicht hat sie Recht, dachte sie. Vielleicht können wir wirklich frei über die Häuser und Güter verfügen, wenn der Krieg gewonnen ist. Wer sollte uns auch daran hindern? Sie versuchte, sich Marek in dieser Küche vorzustellen. Es gelang ihr nicht.

Ich könnte ganz einfach hierbleiben und auf ihn warten, dachte Wanda. Wir könnten noch einmal ganz neu beginnen. Wir haben uns doch so geliebt, das kann doch nicht alles vorbei sein.

Aber es war vorbei. Es war an jenem Tag im August 1943 zu Ende gegangen. Was damals geschehen war, ließ sich nicht ungeschehen machen. Keiner konnte das Rad zurückdrehen, nachdem es sich einmal in Bewegung gesetzt hatte.

Zwei Monate lang wuchs die Liebe zwischen Marek und Wanda. Zwei Monate lang lernten sie sich immer besser kennen. Während der Krieg in der Welt und der deutsche Terror in Polen immer schlimmer tobten, trafen sie sich Abend für Abend in Mareks Kellerwohnung. Wanda kam um fünf und ging um drei viertel acht, denn um acht begann die Sperrstunde, bis dahin musste sie zu Hause sein. Niemand wusste von ihrer Liebe, keine Mutter riss plötzlich die Tür auf, kein Vater stellte lästige Fragen, sie konnten tun und lassen, was sie wollten.

Tag für Tag eroberte Marek einen neuen Teil von Wandas Körper für sich. Er begann mit ihrer Hand. Als sie ihm erzählte, dass sie Klavier spielte, nahm er ihre linke Hand in seine rechte und betrachtete sie lange und nachdenklich. »Ich möchte dich zu gerne einmal spielen hören«, sagte er, während sein Zeigefinger sehr zart über ihren kleinen Finger glitt. Erst am nächsten Tag ging er auf ihren Arm über, es dauerte eine ganze Woche, bis er über ihren Ellenbogen, ihre Schulter und ihren Hals an ihrem Mund angelangt war.

»Du musst keine Angst haben«, sagte er kurz vor Weihnachten, als er zum ersten Mal ihre Bluse aufknöpfte. Und sie hatte keine Angst, jedenfalls nicht vor ihm.

Als Ivana kam und alles beendete, war Marek an Wandas Bauchnabel angelangt. Er untersuchte ihn mit großer Konzentration, während Wanda den Atem anhielt. Auf dem Plattenspieler drehte sich die *Dreigroschenoper**. »Ja, mach nur einen Plan und sei ein großes Licht. Und mach dann noch 'nen zweiten Plan, gehn tun sie beide nicht«, sang Ernst Busch auf Deutsch, aber Wanda und Marek hörten ihn nicht. Auch das Klopfen hörten sie erst nach einer Weile.

Sie sprangen erschrocken auf, Wanda knöpfte ihr Kleid zu, während Marek den Tonarm von der Platte riss. Das ist die Polizei, dachte Wanda. Jetzt ist alles aus. Denn die *Dreigroschenoper* war schon lange verboten, genau wie die kommunistischen Bücher und Schriften im Schrank.

»Keine Panik«, rief eine weibliche Stimme draußen vor der Tür. »Ich bin's nur.«

»Ivana«, murmelte Marek. Er öffnete die Tür und Ivana kam in Wandas Leben.

Ivana sah aus wie Schneewittchen, mit glänzend schwarzem Haar, das ihre weiße Haut wie Porzellan erscheinen ließ. Allerdings hatte sie keine Zöpfe, sondern einen Bubikopf. Sie war auch nicht angezogen wie eine Prinzessin, aber ihr verwaschenes Hemdblusenkleid und die derben Männerschuhe unterstrichen ihre zerbrechliche Schönheit noch.

»Stör ich?«, fragte Ivana.

Wanda trat näher. Sie war einen Kopf größer als Ivana und sehr viel kräftiger, dennoch fühlte sie sich plötzlich sehr verletzlich.

»Guten Tag.« Sie gaben sich die Hand. Ivanas Hände waren kühl und ein bisschen rau. Arbeiterhände.

»Ivana«, stellte Marek sie vor. »Wanda.«

»Ich weiß«, sagte Ivana.

Was weißt du?, fragte sich Wanda. Was hat dir Marek von mir erzählt? Und warum hat er dich mit keinem Wort erwähnt?

»Ivana und ich kennen uns über die Partei«, erklärte Marek.

Die Partei, das war die KPP*, die Kommunistische Arbeiterpartei, der Marek bis zum Einmarsch der Nazis offiziell und jetzt heimlich angehörte. Denn die KPP war nicht zerschlagen, obwohl viele Mitglieder inzwischen im KZ saßen oder exekutiert worden waren. In unregelmäßigen Abständen gab es geheime Treffen an geheimen Orten. Wanda kannte keinen der Genossen und wusste auch nicht, was auf den Versammlungen besprochen wurde. Sie hatte Marek einmal gefragt, ob sie ihn begleiten könne, aber er hatte sofort abgelehnt. »Zu gefährlich.«

Sie hatte nicht darauf bestanden, weil es sie auch nicht wirklich interessiert hatte. Bis jetzt jedenfalls.

»Bist du verrückt?«, zischte Ivana Marek an.

»Ist schon gut. Wanda kann man vertrauen.«

»Wem hast du sonst noch von mir erzählt?«, fragte Ivana. »Hinz und Kunz?«

»Setz dich«, sagte Marek.

Aber Ivana setzte sich nicht. Sie lehnte sich an Mareks kleinen Schreibtisch und kreuzte die Arme vor der Brust. Marek nahm auf dem einzigen Stuhl im Zimmer Platz und Wanda setzte sich auf die Matratze.

Erst als sie saß, merkte sie, dass es ein Fehler war, weil Ivana jetzt auf sie herunterblickte. Aber nun war es zu spät, nun konnte sie nicht wieder aufstehen.

»Was gibt's also?«, fragte Marek.

Ivana zuckte mit den Schultern und schwieg.

Sie will, dass ich gehe, dachte Wanda. Aber ich gehe nicht. Nur wenn Marek mich wegschickt.

»Nun schieß schon los«, sagte Marek. »Wanda gehört zu mir.«

Ivana schnaubte kurz und verächtlich. »Die Versammlung ist abgesagt. Sie haben Roslan geschnappt. Wer weiß, was sie mit ihm anstellen. Wer weiß, was er ihnen alles erzählt. Ich an deiner Stelle würde schleunigst das Zeug hier loswerden.« Sie zeigte mit dem Kopf auf die Schallplatte und die Bücher im Zimmer. Und auf Wanda, jedenfalls kam es Wanda so vor.

»Was soll ich damit tun? Verbrennen?«, fragte Marek.

»Du weißt doch, was los ist, wenn sie die Sachen bei dir entdecken.«

»Roslan verrät uns nicht.«

»Wenn du dir da so sicher bist.« Sie stieß sich vom Schreibtisch ab. »Bei mir werden sie jedenfalls nichts finden.«

»Und wie machen wir jetzt weiter?« Marek stand auf.

»Du bekommst Bescheid. Verbrenn die Sachen.«

Marek streckte Ivana die Hand hin, aber sie ergriff sie nicht. Stattdessen gab sie ihm einen flüchtigen Kuss auf die Wange. Dann verschwand sie, ohne sich von Wanda zu verabschieden.

Als sie weg war, holte Marek einen Zinkeimer. Zuerst verbrannte er die Flugblätter, dann ein paar Plakate, einen Stapel Briefe, danach die Bücher. *Das Kapital* von Marx brauchte besonders lang, bis es endlich Feuer fing. Nachdem er auch die sowjetische* Fahne verbrannt hatte, warf er noch die *Dreigroschenoper* ins Feuer. Die Platte stank fürchterlich, während sie zu einem schwarzen Klumpen zusammenschmolz.

Marek weinte, während seine Schätze im lodernden Eimer verschwanden. Diese Schriften hatte er unter Lebensgefahr auf dem Schwarzmarkt gekauft. Einen Großteil seines Gehalts hatte er dafür ausgegeben. »*Przeklęci niemcy*«, stieß er hervor. »*Do diabła z nimi.*«

Wanda hustete. Der Qualm biss in ihren Augen und brachte auch sie zum Weinen. Der Krieg ist bald vorbei, wollte sie sagen. Dann sind die Deutschen weg. Dann kannst du dir alles neu kaufen. Aber sie brachte keinen Ton heraus. Sie war sich ja nicht einmal sicher, dass es wirklich so war.

Sie hatte das Gefühl, dass auch ihre Liebe in dem Zinkeimer lag und verbrannte.

Nach diesem Tag sah Wanda Ivana lange nicht mehr. Dennoch musste sie ständig an sie denken. Wie sie Marek geküsst hatte, bevor sie gegangen war. Wie vertraut sie miteinander waren. Viel vertrauter als Wanda und Marek.

Wanda fragte sich, wie lange sich die beiden wohl schon kannten. Und ob es wirklich nur die Politik war, die sie verband. Ob er ihre Finger auch geküsst hat wie meine, ob er sie auch Stück für Stück erobert hat?

Marek war Wandas erster Mann, aber Marek hatte

vor Wanda schon andere Mädchen gehabt. Das spürte sie ganz deutlich, ohne dass sie darüber gesprochen hätten. Es hatte ihr auch nichts ausgemacht. Bislang jedenfalls.

Aber jetzt stellte sie sich den großen schlanken Marek mit der zierlichen Ivana vor. Es tat weh.

Im Februar beendete Professor Lengler seine Privatstunden mit Wanda und Barbara. Er hatte schlimmes Asthma und konnte den Weg zu ihnen nicht mehr machen. Außerdem fand er, dass er ihnen alles beigebracht hatte, was er selbst wusste. Das stimmte nicht, aber es war auch ganz egal, denn was nützten Griechisch und Latein, wenn man am Verhungern war?

Wanda fand Arbeit in einer Bäckerei. Ihre Mutter hatte beiläufig beim Frühstück erzählt, dass der Bäcker eine Aushilfe suchte, und Wanda war sofort hingegangen und hatte sich vorgestellt. Jeden Morgen stand sie nun um vier Uhr auf, denn um halb fünf begann ihre Schicht. Sie knetete Teig aus Kartoffelmehl, Maisschrot, geraspelten Möhren und Sägespänen, formte daraus Brotlaibe, schwitzte und buk bis um eins, dann hatte sie Feierabend. Bäcker Nowak zahlte ihr kaum Geld für die harte Arbeit, aber sie bekam Brot für die
 ganze Familie und mitunter sogar ein Stück Kuchen.

»Meine Tochter in einer Bäckerei«, sagte Bartłomiej kopfschüttelnd, wenn sie mehlbestäubt nach Hause kam. »Wer hätte gedacht, dass es einmal so weit kommen würde.«

»Sei froh, dass ich die Stelle habe«, entgegnete Wanda, die stolz auf ihre Arbeit war. Sie hätte vielleicht auch eine Anstellung als Tippfräulein oder Telefonistin bei den Deutschen finden können, aber sie bevorzugte die Arbeit in der Bäckerei. Sie fühlte sich wie eine richtige Proletarierin*, wenn sie morgens in ihren weißen Kittel schlüpfte und ihr Haar unter der weißen Haube verschwinden ließ.

Sie war jedoch ständig müde. Nach der Arbeit machte sie den Haushalt. Sie kochte Essen und besorgte die Wäsche, denn Alina und Barbara arbeiteten jetzt gemeinsam für die deutsche Gouverneursfamilie und kamen erst abends um sieben nach Haus.

Wanda und Marek trafen sich nur noch an jedem zweiten Tag. Weil die Sonne schon im März strahlte, als gäbe es keinen Krieg und keinen Hunger, spazierten sie nun oft an der Weichsel entlang oder durch den Park, wo die Krokusse blühten.

Wanda dachte immer noch viel an Ivana. Ob sie sich manchmal mit Marek traf? Er erwähnte sie nie, und Wanda sprach auch nicht von ihr. Nur einmal nahm sie allen Mut zusammen und fragte ihn, ob er nicht lieber mit Ivana zusammen wäre als mit ihr. Zu Wandas großer Erleichterung lachte Marek bloß, als wäre die Frage durch und durch absurd. »Was sollte ich denn mit ihr?«, fragte er, auch wenn das ja eigentlich nun wirklich keine Frage war. Wanda legte ihren Kopf an Mareks Schulter, er streichelte ihre Wange und küsste sie, obwohl das gefährlich war. Öffentliche Unzucht duldeten die Deutschen nicht. »Lass uns zu mir gehen«, sagte Marek, und das taten sie dann auch.

Montags, mittwochs und freitags traf sich Wanda mit Marek und am Sonntag natürlich auch. Die anderen Tage sind für Ivana reserviert, flüsterte ihr manchmal eine böse kleine Stimme zu.

Das ist doch nicht wahr, gab Wanda zurück.

Stell ihn doch einfach einmal auf die Probe, wisperte die Stimme, so lange, bis Wanda nachgab.

Am Donnerstag ging sie nach Kleparz. Sie legte die vertraute Strecke im Laufschritt zurück, mit gesenktem Kopf, ohne darüber nachzudenken, was sie tat. Es gab ein kleines Kino gegenüber seinem Haus, das die Deutschen geschlossen hatten. Wanda versteckte sich hinter einer der Säulen am Eingang und blickte hinüber zu Mareks Haustür.

Wenn Ivana wirklich kam, musste sie sie sehen.

Wenn sie schon da war, musste sie das Haus irgendwann wieder verlassen.

Der Abend war kühl und Wanda hatte ihre Jacke vergessen. Die Kälte kroch durch die Ärmel ihrer Bluse die Arme hoch und schlang sich dann um ihren Leib.

Ich gehe wieder nach Hause, dachte Wanda, aber

sie ging nicht. Sie blieb stehen und fror und hoffte, dass sie nichts sehen würde. Damit sie beruhigt nach Hause gehen konnte.

Die Zeit zog sich endlos. Die Glocken der Pfarrkirche schlugen schon lange nicht mehr, die Deutschen hatten sie eingeschmolzen. Aber wenn Wanda sich auf die Zehenspitzen stellte, konnte sie die Kirchturmuhr sehen. Der große Zeiger schien sich kein Stück weiterzubewegen. Vermutlich war die Uhr stehen geblieben.

Um acht ist Sperrstunde, dachte Wanda. Danach darf sich kein Pole mehr auf der Straße blicken lassen, sonst wird er erschossen. Wenn Ivana bis dahin nicht erschienen war, dann würde sie auch nicht mehr kommen. Wie spät mochte es jetzt sein? Die Kirchturmuhr, die vielleicht nicht ging, zeigte viertel nach sieben.

Sie zählte die Sekunden. Sechzig Sekunden waren eine Minute. Fünfzehn Minuten waren eine Viertelstunde.

Um halb acht beschloss sie zu gehen.

Ivana ist nicht hier und sie kommt auch nicht mehr, dachte sie, aber im selben Moment sah sie sie. Ivana schlenderte die Straße herauf. Als sie an Wanda vorbeiging, hörte sie sie leise summen. Obwohl sie nur ein paar Töne hörte, bildete Wanda sich ein, dass es eine Melodie aus der *Dreigroschenoper* war. »Doch für dieses Leben ist der Mensch nicht schlecht genug.«

Du Schurke, du Schuft, du Betrüger, dachte Wanda und ballte vor Wut die Fäuste in den Taschen. Das ist unser Lied, das ist unsere Oper, wie kannst du es nur wagen, sie auch ihr vorzuspielen. Oder vielmehr vorzusingen, denn die Platte war ja verbrannt.

Am liebsten wäre sie sofort aus ihrem Versteck hervorgesprungen, um Ivana an den Haaren zu ziehen. Er gehört mir!

Aber sie tat nichts davon. Weil ihr plötzlich bewusst wurde, was es bedeutete, dass Ivana erst jetzt kam. Nach acht konnte sie nicht mehr nach Hause, dann begann das Ausgangsverbot für die polnische Bevölkerung. Und die deutschen Soldaten waren gnadenlos, wer nach acht noch auf der Straße erwischt wurde, kam direkt ins Gefängnis.

Ivana würde bei Marek bleiben, begriff Wanda. Die ganze Nacht.

Der Deserteur*

Tante Hedwig blieb halsstarrig. Auch als Inge ihr beim Frühstück am nächsten Morgen die Schandtaten der Russen vor Augen führte, beharrte sie darauf, dass sie in Breslau bleiben wolle. »Sollen sie die Stadt in Grund und Boden bomben. Dann ist es vorbei.«

Aber als sie sich verabschiedeten, trat sie ganz dicht neben Inge. »Wenn ich jung wäre wie du, würde ich ebenfalls meine Beine in die Hand nehmen«, sagte sie leise. »Aber ich habe mein Leben gelebt. Zur Not nehm ich mir den Strick.«

»Tante Hedwig«, flüsterte Inge. »Ich bitte dich, sei doch vernünftig. Komm mit uns und …«

»Lass nur, Kindchen«, unterbrach Tante Hedwig sie mitten im Satz. Ihre weiche, faltige Hand streichelte ein paarmal über Inges Hand. »Lass nur.«

Es war das erste Mal, dass die Tante Gefühl zeigte, und es war auch sofort wieder vorbei. Als sich die beiden Wagen in Bewegung setzten, stand sie vor dem Haus und blickte ihnen mit versteinertem Gesicht nach. Als wäre sie schon tot, dachte Inge.

Während sie die Stadt verließen, wurde es langsam

hell. Breslau bereitete sich auf den Endkampf vor. Die großen Straßen waren durch quer stehende Panzer versperrt, sie mussten sich mit den beiden Wagen durch kleine Seitengassen quetschen. Dennoch stießen sie immer wieder auf Barrikaden, die sie zu Umwegen zwangen. Einmal behinderte sie ein Wall aus Sandsäcken, hinter dem vier Hitlerjungen mit Volkssturm-Armbinden lagen. Einer von ihnen hielt eine Panzerfaust*. Ein Wehrmachtsoffizier erklärte mit schnarrender Stimme den Gebrauch.

Der Junge zielte mit dem Rohr auf Inge und lachte, als sie zusammenfuhr. Sein Kamerad gab ihm mit der flachen Hand eins hinter die Ohren.

»Nichts wie weg hier«, sagte Herr Kolewa. »Bevor sie auf die Idee kommen, die Brücken zu sprengen.«

Außer ihrer Gruppe gab es keine Flüchtlinge auf den Straßen. Diejenigen, die fliehen wollten, waren weg. Diejenigen, die bleiben wollten, blieben. Sie lagen in den Fenstern und blickten auf Inge und die anderen herab. Sie standen in langen Schlangen vor Bäckereien oder Kohlehandlungen an. Eine Frau fegte die Straße, eine andere klopfte einen Teppich aus. Das Leben ging weiter, so lange, bis es nicht mehr weiterging.

Wenige Kilometer hinter Breslau sahen sie den Mann im Straßengraben. Er lag auf dem Rücken, das Gesicht zum Himmel gekehrt, die Augen geschlossen, friedlich schlafend. Sein Bart war von einem Flaum

Schneeflocken überzogen. »Wir müssen ihn aufwecken! Er erfriert!«, rief Inge und wollte zu ihm hin, aber Frau Gendner riss sie an der Schulter zurück.

»Er ist tot.«

»Aber wer hat ihn denn in den Graben geworfen? Man kann ihn doch nicht hier liegen lassen!«

»Willst du ihn begraben? In dieser harten Erde? Viel Spaß dabei«, sagte Frau Gendner und ging einfach weiter, als ob Inge sie genauso wenig anginge wie der fremde Tote.

Inge blieb stehen und mit einem Mal fühlte sie sich wie Tante Hedwig, sie wollte nicht mehr fliehen. Es war ihr egal, ob die anderen sie zurückließen. Ob sie erfror, ob die Rote Armee sie fand, es war ihr vollkommen gleichgültig.

Sie kauerte sich neben den alten Mann an den Straßenrand. Vielleicht sollte sie sich gleich zu ihm legen, dann würde es noch schneller gehen mit dem Sterben.

»Inge.« Sie fühlte eine Hand an ihrer Schulter. Wanda stand neben ihr.

»Lass ihn. Wir können ihm nicht mehr helfen. Es wird auch nicht der letzte Tote sein, den wir zu sehen bekommen.«

»Für mich schon. Ich gehe nicht mehr weiter. Ich kann nicht mehr.«

»Doch. Du kannst. Du kannst noch viel mehr. Denk an deine Eltern. Denk an deinen Verlobten.«

Inge dachte an ihre Eltern. An ihre Mutter, die jetzt auch auf irgendeinem Wagen saß, blau gefroren und verzweifelt. Und an ihren Vater in Breslau oder anderswo. Wolfgang, der sie liebte. Sie hatten noch so viel vor.

Mit gesenktem Kopf folgte sie Wanda zurück zum Wagen. Der Ochsenkarren war einfach weitergefahren, auch Frau Gendner war schon ein ganzes Stück entfernt, aber Ursel hatte im Einspänner auf sie gewartet.

Als Wanda mit Inge zurückkam, sprang sie wortlos vom Bock und überließ den beiden den Wagen.

Gegen Mittag aßen sie ihr letztes Stück Brot. »Es war doch auch noch etwas Wurst da«, sagte Frau Gendner.

»Morgen ist auch noch ein Tag«, gab Wanda zurück, bevor Inge etwas sagen konnte.

»Ich habe Durst«, jammerte Ursel.

»Die Milch ist auch für morgen«, erklärte Inge. »Wasser löscht den Durst genauso gut.«

Als sie ihre Taschen wieder auf den Wagen luden, warf Wanda ihr einen schnellen Blick zu und lächelte. Es war das erste Mal, dass Inge sie lächeln sah, und obwohl ihr überhaupt nicht danach zumute war, lächelte sie zurück.

Sie waren gerade wieder losgefahren, als das Militärfahrzeug sie überholte. Ein Automobil in diesen

Zeiten! Als es direkt vor dem Ochsenwagen zum Halten kam, blieb Wanda wie angewurzelt stehen.

Inges Herz schlug plötzlich bis zum Hals. Wenn die Soldaten nun herausfanden, dass Wanda eine entlaufene Fremdarbeiterin war? Vielleicht wussten sie ja auch schon, dass Inge sie als ihre Schwester ausgegeben hatte. Dann kämen sie beide in die größten Schwierigkeiten.

Aus dem Automobil stiegen zwei Offiziere, ein kleiner dunkelhaariger und ein großer blonder. Der Blonde ging direkt auf Wanda zu. Inge drückte Ursel die Zügel in die Hand und sprang vom Kutschbock. Nein, sie würde auf keinen Fall mit ansehen, wie die Männer Wanda mitnahmen. Wenn sie sie verhaften wollten, dann mussten sie auch sie selbst einsperren.

»Heil Hitler«, rief sie dem Offizier entgegen, während sie sich direkt vor Wanda stellte.

»Was gibt es denn?«

»Inge«, sagte der Offizier mit einer erstaunlich sanften Stimme.

Jetzt erst blickte Inge von dem Eisernen Kreuz auf seiner Brust in sein Gesicht. Es war Wolfgang.

»Wie hast du mich gefunden?« Inges Herz schlug jetzt noch wilder, noch heftiger als vorher, aber nun war es die Freude.

Wolfgang war da. Er war gekommen, um sie zu retten, endlich war das ganze Elend vorbei.

»Dein Aushang in Oels. Ich habe die ganzen Notlager nach einer Nachricht von dir abgesucht. In Oels habe ich dich endlich gefunden.«

»Weißt du auch etwas von meinen Eltern? Wo ist meine Mutter?«

Er schüttelte den Kopf. »Tut mir leid. Ich habe keine Ahnung. Die meinen sind mit dem Zug in Richtung Sachsen geflohen. Ich habe aber noch keinen Kontakt zu ihnen gehabt.«

»Nach Sachsen? Da wollen wir auch hin.«

Er nickte. »Das ist gut. Sachsen ist sicher.«

Er blickte über ihre Schultern zum Horizont, als suche er dort etwas.

Inges Gedanken überschlugen sich. Was sollte aus Wanda werden, wenn Wolfgang sie mitnahm? Ich überlasse ihr Wagen und Pferd und alle meine Sachen, dachte sie. Ich brauche das alles ja nun nicht mehr.

»Dann werden wir in Sachsen wieder zusammenkommen«, sagte Wolfgang.

Was sollte das denn nun bedeuten?

»Braucht ihr irgendetwas? Decken? Brot? Habt ihr genug zu essen?«, fragte er.

»Wie bitte?«, stammelte Inge. »Wir werden uns doch nun nicht mehr trennen? Jetzt, da du mich gefunden hast.«

»Mein Kind«, sagte er ernst, »wie stellst du dir das vor? Ich kann dich doch nicht mitnehmen. Ich bin Soldat. Willst du etwa mit an die Front?«

Das musste ein Irrtum sein! Warum hatte Wolfgang sie denn überhaupt gesucht, wenn er sie nun wieder verlassen wollte?

»Ich wollte sichergehen, dass du gesund bist«, erklärte er. »Ich werde dich nicht aus den Augen lassen, glaub mir.«

»Wie willst du das denn anstellen, wenn du an der Front bist?«, fragte sie erbost. »Und überhaupt: Was willst du dort? Der Krieg ist verloren, das pfeifen doch schon die Spatzen von den Dächern.«

»Inge!« Er schaute sich nervös um, ob die anderen sie gehört hatten. Aber sein Kamerad war neben dem Automobil stehen geblieben und rauchte. Frau Gendner und Herr Kolewa rauchten ebenfalls und starrten neugierig zu ihnen herüber.

Auch Wanda hatte sich wohlweislich ein Stück entfernt. Sie nestelte am Pferdegeschirr herum, auf diese Weise konnte Wolfgang ihr Gesicht nicht sehen. Als ob er sich an eine der Fremdarbeiterinnen von Tockenhof erinnert hätte.

»Inge.« Wolfgang legte sanft seine behandschuhten Hände auf ihre Schultern und senkte die Stimme zu einem Flüstern. »Ich weiß selbst, dass die Sache verloren ist. Aber du musst es bei Gott nicht so in die Welt hinausbrüllen, wenn du nicht willst, dass sie dich am nächsten Baum aufhängen.«

»Du meinst also auch …?« Inge versagte die Stimme. Die Lage musste tatsächlich noch verzweifelter sein, als sie gedacht hatte, wenn sogar Wolfgang es einsah. »Was soll denn nun aus uns werden?«, fragte sie kläglich.

»Ich weiß es nicht. Ich muss mich und meinen Kameraden in Sicherheit ... Ich kann dich nicht mitnehmen, Inge, das musst du verstehen. Ich würde dich doch nur gefährden. Glaub mir, es ist besser für dich, wenn du dich von mir fernhältst.«

»Es ist besser für mich?«, wiederholte sie empört. »Ist das das Einzige, was du mir zu sagen hast? Ich habe seit Tagen nicht richtig gegessen, ich schlafe auf der harten, kalten Erde, meine Füße sind fast erfroren. Ich bin verzweifelt, ich bin am Ende. Und dir fällt nichts anderes ein als diese hohlen Worte? Verschon mich gefälligst damit!«

Wolfgang drehte sich wortlos um und ging zu seinem Wagen. Einen Moment lang dachte Inge, dass er einfach abfahren wollte, weil er genug von ihr und ihrem Gejammer hatte. Aber er holte ein paar Beutel aus dem Wagen, griff sich eine Decke vom Rücksitz und kam mit den Sachen zu ihr zurück. »Das ist alles, was ich im Moment für dich tun kann. Die Zeiten sind grausam, ich weiß.«

Sie spürte seinen Handschuh in ihrem Nacken. Er zog ihr Gesicht an seines und küsste sie. »Leb wohl.« Dann gab er seinem Kameraden ein Zeichen einzusteigen, schwang sich selbst auf den Fahrersitz und fuhr weg, ohne sich noch einmal zu ihr umzuwenden.

Inge blickte ihm nach. Sie sah die Spur der Autoreifen im Schnee, die immer länger und länger wurde. Zwei Streifen, in die die Schneeketten ein Kreuzmuster zeichneten.

Das war alles, was sie noch verband.

»Was hat er dir gegeben?«, wollte Frau Gendner wissen, als das Automobil verschwunden war.

Inge warf einen gleichgültigen Blick in einen der Säcke. Brot, Fleischkonserven, Margarinedosen, ein paar Beutel Zucker, Zigaretten. Proviant.

»Das ist ja ein wahrer Schatz!«, rief Frau Gendner, die inzwischen näher getreten war und über Inges Schulter blickte.

»Er hat es ihr gegeben. Nicht Ihnen«, sagte Wanda.

Frau Gendner murmelte etwas, während sie sich eine Zigarette anzündete.

Am Abend erreichten sie Neumarkt. Die Kleinstadt hatte für den nächsten Morgen den Räumungsbefehl bekommen. In den Häusern wurden die letzten Hühner und Gänse geschlachtet, Brot gebacken, Vorräte verstaut und die Wagen beladen. »Versuchen Sie es im Pfarrhaus«, sagte die Frau an der ersten Tür, an der sie klingelten. »Nummer 9. Wir sind voll.« Sie schlug die Tür wieder zu, bevor Inge noch etwas erwidern konnte.

»Pfarrer Hirschberger« stand neben dem Klingelschild. Eine dünne Frau mit roten Backen öffnete die

Tür und betrachtete die Flüchtlinge etwas ratlos. »Ausgerechnet zu uns hat man Sie geschickt? So sind die Bauern. Haben Angst, dass sie etwas von ihren Vorräten abgeben müssen. Tut mir leid, wir haben selbst kaum etwas.«

»Wir brauchen kein Essen«, sagte Inge. »Nur einen Platz zum Schlafen.«

Die Frau seufzte. »Kommen Sie in Gottes Namen herein. Morgen sind wir selbst auf der Straße, da werden wir Ihnen heute nicht die Aufnahme verweigern.«

»Mein Mann ist an der Front«, erklärte sie, als sie um den großen Tisch in der Küche saßen. »Wie die anderen Männer auch. Ich weiß gar nicht, wie ich mit den Kindern hier wegkommen soll. Wir haben weder Wagen noch Pferde.«

Sie hatte vier Töchter, die älteste war sechzehn wie Ursel, die jüngste gerade mal zwei. Sie saßen mit am Tisch, alle vier in den gleichen karierten Schürzen und mit langen, straff geflochtenen Zöpfen. Die Mädchen beobachteten die Flüchtlinge mit großen Augen.

»Wir haben keinen Platz mehr auf dem Karren«, erklärte Frau Gendner sofort. »Wir haben ja schon die beiden Mädchen mitgenommen.«

»Und wir haben nur einen Einspänner«, meinte Inge. »Wir wechseln uns mit dem Fahren ab und der Wagen ist voll beladen ...«

»Schon gut«, winkte die Pfarrersfrau ab. »Ich will

euch nicht zur Last fallen.« Sie seufzte noch einmal. Dann begann sie zu weinen.

Frau Gendner blies Zigarettenrauch durch Mund und Nase zugleich. »Nun, nun«, sagte sie, wobei sie der Frau beruhigend den Arm tätschelte. »Es wird schon alles gut werden. Lassen Sie uns erst einmal essen.«

Frau Hirschberger nickte und schnäuzte sich in ein Taschentuch. Dann stand sie auf und füllte Teller mit Erbsensuppe. Inge holte Brot und Wurst, Wanda Milch. Frau Gendner, Ursel, Herr Kolewa und die alte Frau Trautwein setzten sich an den Tisch.

»Wenn Sie mitessen wollen, müssen Sie auch selbst etwas beitragen«, sagte Wanda mit scharfer Stimme. *Missen* sagte sie, anstatt müssen. Weil sie wütend war, war ihr polnischer Einschlag deutlicher zu hören als sonst.

»Wir haben aber leider nichts«, sagte Frau Gendner bedauernd.

»Dann gibt es auch nichts zu essen.«

Frau Gendner blickte zu der Pfarrersfrau. »Haben Sie das gehört? Zwei Tage lang kümmern wir uns nun schon um die Mädchen, wir befördern ihr Gepäck auf unserem Wagen, wir sorgen uns um sie, und nun das!«

»Jesus hat fünftausend gespeist mit zwei Fischen und fünf Broten«, erwiderte Frau Hirschberger sanft, wobei sie Wanda ansah. »Und alle wurden satt.«

»Ja«, sagte Inge, »aber jeder soll geben, was er hat. Und ich bin mir ganz sicher, dass alle von uns etwas zum Essen beisteuern können.«

Frau Gendner schnaubte verächtlich, wobei sie wieder Rauch aus Mund und Nase blies wie eine Dampflok. »Ich habe mein Kind und meine alte Mutter zu versorgen und meinen Nachbarn.«

»Lassen Sie uns den Segen sprechen«, sagte Frau Hirschberger und faltete die Hände, aber bevor sie anfangen konnte, stand Ursel auf.

Wortlos ging sie hinaus in die Diele zu ihrem Gepäck. Sie kam mit einem Laib Brot, drei Äpfeln und einem kleinen Stück Butter zurück in die Küche.

»Urselchen!«, rief Frau Gendner.

»Gott segne dich«, sagte Frau Hirschberger und lächelte.

Frau Hirschberger überließ Frau Gendner, Ursel und der alten Frau Trautwein ihr Ehebett, sie selbst schlief bei ihren Töchtern im Zimmer. Herr Kolewa übernachtete in der Stube. Inge und Wanda schlugen ihr Lager in der Küche neben dem Ofen auf.

»Danke, dass du mich nicht verraten hast«, sagte Wanda, als sie unter ihren Decken lagen. »Als dein Verlobter kam.«

»Mein Verlobter«, wiederholte Inge nachdenklich.

Wanda schwieg. Was sie wohl dachte? Manchmal war sie Inge so vertraut und dann wieder so fremd.

»Willst du mit der Gendner weiterziehen?«, hörte sie Wanda nach einer Weile flüstern.

»Nein, natürlich nicht. Aber wie sollen wir sie wieder loswerden?«

»Ganz einfach. Wir holen unsere Sachen einfach wieder zurück und fahren allein weiter.«

»Also gut«, sagte Inge leise. »Was ist mit der Pfarrersfrau und den Kindern?«

»Was soll mit ihnen sein? Wir können sie nicht mitnehmen.«

Inge dachte daran, wie die Frau in der Küche in Tränen ausgebrochen war. Vermutlich waren die Leute in der Stadt jahrelang mit ihren Sorgen und Nöten ins Pfarrhaus gerannt, aber nun, da die Pfarrersfrau selbst Unterstützung brauchte, dachte keiner mehr an sie.

»Meinetwegen können wir ihr anbieten, dass sie sich uns anschließt«, murmelte Wanda jetzt.

Im Ofen knackte die Glut. Inges Gedanken wanderten von der Pfarrersfrau zu Wolfgang. Wie er mit seinem Kameraden abgefahren war, ohne sich noch einmal nach ihr umzudrehen. Mit dem Proviant hatte er sich losgekauft.

Inge hatte ihn bewundert, seit sie ein kleines Mädchen gewesen war. Länger als sie denken konnte, war er ihr Held gewesen, Wolfgang von Brandt, der große, schöne, mutige Wolfgang.

Der Schwarm aller Mädchen. Der Anführer, der Bestimmer. Was er wollte, wurde befolgt.

Im Sommer vor einem Jahr hatte sie Wolfgang auf einem BdM*-Heimabend dann wiedergetroffen. Jeden Sonnabend um sechs musste Inge zu diesen Treffen ins BdM-Heim, obwohl sie die Gruppenabende entsetzlich verabscheute. Die anderen Mädchen kannten sich gut, sie kamen alle aus Bankau oder aus der näheren Umgebung und trafen sich auch unter der Woche. Inge war dagegen nur am Wochenende in Hohenau.

Sie war die Einzige, die eine Oberschule besuchte, die Einzige, die Hochdeutsch sprach, die Einzige, die Klavier spielte. Stumm saß sie mit den kichernden und plappernden Mädchen aus dem Dorf am Tisch, strickte Socken und Handschuhe für die Soldaten im Feld und schielte immer wieder verstohlen auf die Uhr über der Tür, ob es nicht endlich spät genug war, dass sie wieder nach Hause konnte. Manchmal bat Frau Reichhard, die Führerin, Inge an das verstimmte Klavier und ließ sie die BdM-Lieder begleiten, die sie selbst mit dünner Stimme intonierte.

Früher, als Inge noch in Bankau zur Volksschule gegangen war, war sie zweimal in der Woche zu den Treffen des Jungmädelbundes gegangen. Damals hatte sie noch dazugehört. Sie waren im Sommer ins Zeltlager gefahren, im Herbst hatten sie Kartoffelfeuer auf den abgeernteten Feldern gemacht und im Winter hatten sie Bratäpfel mit selbst gemachtem Marzipan gefüllt. Inzwischen waren Inge ihre ehemaligen Schulkameradinnen jedoch vollkommen fremd. Aber man konnte es sich nicht aussuchen, die Teilnahme an den Heimabenden war Pflicht.

Zum Glück kam sie immer recht spät am Sonnabend aus Kreuzburg zurück. Wenn die Gruppe aufs Land fuhr, um dort in einem Heuschober zu übernachten, konnte sie nicht mit. Doch an jenem Sonnabend im August 1943, an dem ihre Geschichte mit Wolfgang begonnen hatte, war die Landpartie kurzfristig abgesagt worden, weil ein fürchterliches Gewitter über dem Horizont hing. Da kam Frau Reichhard auf die Idee, Wolfgang von Brandt, der gerade auf Heimaturlaub auf Tockenhof war, zu einem Vortrag über den deutschen Mann im Krieg einzuladen. Die Mädels waren begeistert. Soldaten-Angelegenheiten im Allgemeinen kümmerten sie zwar herzlich wenig, aber Wolfgang von Brandt – das war etwas anderes. Fast alle Mädchen schwärmten für ihn, aber keine so sehr wie Inge, die von dem geplanten Vortrag in letzter Minute erfuhr, als sie in Bankau aus dem Zug stieg.

Die blonde Hilde, die im Bahnhofskiosk Zeitungen verkaufte, winkte und schrie so lange, bis Inge nicht mehr länger so tun konnte, als habe sie sie nicht bemerkt. »Wir fahren gar nicht nach Kornfelde!«, rief Hilde. »Stattdessen besucht uns der junge Herr von Brandt und hält einen Vortrag.«

»Oh, dann kann ich ja doch teilnehmen«, sagte Inge und tat so, als ob sie Hildes spöttisches Lächeln gar nicht bemerkte. »Also dann bis um sechs.«

Wolfgang von Brandt hatte keinen Vortrag mehr vorbereiten können, die Idee war Frau Reichhard ja erst am Nachmittag gekommen. Er erzählte ihnen von der Fliegerausbildung, von den tollkühnen Männern und von den Kampfeinsätzen, bei denen man den feindlichen Piloten in ihren Maschinen förmlich ins Auge sah, bevor man sie abschoss oder eben selbst sein Leben für das Vaterland hergab.

»Es kann jeden von uns Kameraden treffen«, erklärte er mit ernster Stimme. »Wir alle blicken dem Tode täglich ins Auge.«

Die Mädchen seufzten und senkten die glänzenden Augen auf ihre Hände, die sie gefaltet hielten, als beteten sie.

Nur Inge hielt die Augen nicht gesenkt und jedes Mal, wenn Wolfgang seinen Blick über die Schar seiner Zuhörerinnen schweifen ließ, fing sie ihn auf und hielt ihn einige Sekunden lang fest, bevor sie ihn weiterziehen ließ.

Hinterher nahm er Fragen entgegen, aber keinem der Mädchen fiel etwas ein. Nur Inge war so klug gewesen, sich vorher ein paar geeignete Sätze zurechtzulegen. Sie erkundigte sich nach der seelischen Verfassung der Soldaten an der Front, ob sie keine Angst hätten und ob Wolfgang dem Führer schon einmal persönlich begegnet sei. Er habe ihm sogar schon die Hand geschüttelt, erwiderte Wolfgang, woraufhin die blonde Hilde leise stöhnte.

Am nächsten Tag trabte er auf seinem schwarzen Hannoveraner nach Hohenau und lud Inge zu einem Ausritt ein. Mitten im Wald sprang er aus dem Sattel. Nach kurzem Zögern stieg auch Inge ab. Wolfgang trat zu ihr hin, legte ihr die Hände auf die Schultern und sah sie an. Dieser Blick. Sie hatte das Gefühl, dass er Dinge in ihr sah, von denen sie selbst nichts wusste.

Sie fühlte sich genauso wie vor einem Klavierkonzert, schwindlig vor Angst und gleichzeitig voller Vorfreude. Gleich, gleich würde Wolfgang sie küssen, dachte sie. Er blickte sie jedoch weiterhin immer nur an. Vielleicht wartete er darauf, dass sie etwas sagte. Aber für diese Gelegenheit hatte sie sich keinen geeigneten Satz zurechtgelegt.

Inge war vollkommen durcheinander, als sie sich kurz vor Hohenau voneinander trennten. Am Anfang ihrer Liebe lebte sie in einem Zustand der Schwerelosigkeit, nichts war von Bedeutung für sie. Sie dachte an Wolfgang, vom Aufwachen bis zum Einschlafen.

Sie war sich vollkommen sicher, dass sie füreinander geschaffen waren. Er war der Richtige für sie und sie war die Richtige für ihn.

Auch wenn sie sich natürlich kaum sahen. Wolfgang war ja die meiste Zeit an der Front.

So hat es angefangen und wie geht es nun weiter?,
fragte sich Inge, während sie auf ihrem Strohsack vor dem Herd lag. Vielleicht sehe ich Wolfgang niemals

wieder. Es überraschte sie selbst, wie kalt sie dieser Gedanke ließ.

Ihr Leben stand kopf, seit sie Hohenau verlassen hatte. Was früher wichtig gewesen war, hatte seine Bedeutung verloren. Die Regeln, die einmal gegolten hatten, waren jetzt hinfällig. Inges Liebe zu Wolfgang passte nicht mehr in die Gegenwart. Und Wolfgangs Liebe, wenn er Inge denn überhaupt noch liebte, passte nicht mehr in ihre Zukunft. Das wusste sie ganz genau, auch wenn sie keine Ahnung hatte, wie ihre Zukunft aussehen würde.

Diese Erkenntnis, dass ihre Liebe zu Ende war, drang langsam in sie ein und breitete sich in ihrem Körper aus. Sie wartete darauf, dass es zu schmerzen begann, aber sie spürte nichts, außer einem leisen Ziehen in der Magengegend, wie die Aufregung vor einer Prüfung. Etwas Neues würde jetzt beginnen, für das sie selbst verantwortlich war und niemand sonst.

Wanda neben ihr atmete ruhig und gleichmäßig. Inge drehte ihren Kopf zum Ofen. Durch die Ritzen der Eisenklappe leuchtete orangerot die Glut. Das Feuer würde bald verlöschen und morgen wäre es eiskalt in der Küche. Aber zumindest im Augenblick war es warm. Und der Augenblick, dachte Inge, ist alles, was zählt.

Das Verlassene Haus

Das leise Schluchzen der Pfarrersfrau weckte Wanda. Sie schlug die Augen auf und sah, dass Frau Hirschberger vor der offenen Ofentür hockte, sie schichtete ein paar Holzscheite auf und legte Feuer daran. Zwei glänzende Tränenspuren liefen über ihre roten Wangen. Als Frau Hirschberger merkte, dass Wanda sie beobachtete, wischte sie sich verstohlen mit dem Ärmel ihres Kleides übers Gesicht.

»Guten Morgen«, sagte Wanda. »Wie spät ist es?«

»Sechs Uhr.« Die Pfarrersfrau richtete sich auf. »Ihre Kameraden sind schon weg.«

»Wie bitte?« Wanda rüttelte Inge an der Schulter. »Hast du das gehört? Sie sind weg!«

»Was?« Inge blieb einfach liegen, sie öffnete nicht einmal die Augen.

»Warum haben sie uns nicht mitgenommen?« Wanda knöpfte ihr Hemd zu und schlüpfte gleichzeitig in ihre Schuhe.

»Ich weiß nicht. Ich wollte Sie wecken, aber die Frau sagte, es sei Ihnen gewiss lieber, wenn sie ohne Sie weiterzögen«, erklärte Frau Hirschberger. »Sie wollten auch kein Frühstück.« Ihre Hände rieben nervös über ihren dunklen Rock, sie wirkte plötzlich ratlos. »Ich hatte auch gestern den Eindruck, dass Sie sich nicht gut verstehen.«

»Sie haben nicht einmal gefrühstückt?« Frau Gendner und die anderen waren Hals über Kopf mitten in der Nacht aufgebrochen? Hatten sie etwa …?

Wanda rannte zum Fenster und spähte nach draußen in die Dunkelheit. Sie sah den Schuppen, in dem sie am Abend vorher die Tiere untergebracht hatten. Hell zeichnete sich das schneebedeckte Dach auf dem Grau des Himmels ab. Die Tür stand einen Spaltbreit offen.

»Du glaubst doch wohl nicht …« Auf einmal war Inge neben ihr.

»Komm.« Wanda riss ihren Mantel vom Haken neben der Tür und rannte nach draußen. Als sie die Schuppentür aufstieß, wandte das polnische Kaltblut den Kopf. Die dunklen Augen glänzten. Kalter Zigarettenrauch lag in der Luft. Ihr Zweisitzer stand noch an der Wand. Nur die Ochsen und der große Karren waren weg.

»Dzięki bogu.«

Wanda trat an die Kutsche und schob die Plane zur Seite.

Der Wagen war leer.

Der Zigarettenrauch schien auf einmal stärker zu werden. Wanda hatte plötzlich das Gefühl, dass Frau Gendner hier war und sie beobachtete. Sie fuhr herum und sah sie in der offenen Tür stehen, ihr hagerer Körper war wie ein schwarzes Loch im hellen Grau des Schnees. Nein, Unsinn, erkannte Wanda dann. Es war natürlich nicht Frau Gendner, es war Inge.

»Was ist? Haben sie etwa …?«

Wanda fühlte sich schwindlig. Frau Gendner hatte ihnen alles gestohlen. Die Taschen, die Kleider, das Geschirr. Die Zündhölzer und Inges Fotoalben. Meinen Koffer mit den Würsten, dachte Wanda. Alles weg. Alles verloren.

»Vielleicht haben sie nur vergessen, es abzuladen«, flüsterte Inge.

Wanda lachte spöttisch, obwohl es keinen Grund dafür gab. Es war nicht zum Lachen. Es war zum Aus-der-Haut-Fahren. Am liebsten hätte Wanda die Peitsche vom Wagen gerissen und wild um sich geschlagen. Diese Wut! Auf die Gendner und ihren Liebhaber, auf die dicke Ursel und ihre Großmutter. Auf Inge. Vor allem auf Inge. Alles, was geschehen war, war allein Inges Schuld. Wenn sie nicht so leichtgläubig gewesen wäre, dann wäre auch nichts passiert.

»Der Proviant«, fiel Inge jetzt ein, »die Sachen, die ich gestern von Wolfgang bekommen habe.«

Wortlos hasteten sie zurück ins Haus. Als könnten sie dadurch irgendetwas aufhalten, irgendetwas verhindern, das längst geschehen war.

Sie stürzten gleichzeitig in die Diele und griffen nach den Rucksäcken.

»Weg«, rief Inge, »alles. Das ganze Essen. Sie haben uns nicht einmal einen Kanten Brot zurückgelassen.«

Fassungslos sah sie Wanda an. Dann fuhr sie zusammen und begann in ihrer Tasche zu wühlen. »Meine Kennkarte und mein Geld sind auch weg!«, rief sie. »Und die Rubinkette. Sie gehörte meiner Urgroßmutter und dann meiner Mutter und nach meiner Mutter hätte ich sie bekommen sollen. Die Gendner hat mir alles gestohlen.« Sie schüttelte den Kopf. »Ich verstehe gar nicht, wie sie an die Sachen kommen konnte. Ich hatte die Tasche doch immer bei mir und nachts habe ich sogar darauf geschlafen.«

Wanda tastete unwillkürlich nach dem Lederbeutel, den sie um den Hals trug und in dem Inges Kennkarte und ihr Geld steckten. Wenn Inge wüsste, dass Wanda die Sachen gestohlen hatte. Dass sie Inges Familienerbstück gegen acht Würste eingetauscht hatte, die nun ebenfalls verloren waren. Das zumindest hatte die Gendner auf dem Gewissen.

»Meine Mutter wird es nie verwinden, dass ich ihr Erbstück verloren habe«, flüsterte Inge traurig, dabei hatte ihre Mutter die Kette doch selbst auf Hohenau vergessen.

»Ich wollte sie auf meiner Hochzeit tragen.«

Sie schluchzte wieder lauter, wahrscheinlich war ihr bewusst geworden, dass nicht nur die Kette weg war, sondern auch ihre Liebe.

»Was ist denn nun los?« Frau Hirschberger schleppte

einen kleinen Sack Kartoffeln aus der Küche in den Hausflur und verstaute ihn dort in einem Leiterwagen.

»Diese Unmenschen haben uns beraubt …«, begann Inge, aber Frau Hirschbergers Blick glitt über sie hinweg zur offenen Haustür, in der jetzt ihre älteste Tochter stand.

»Herr Beißwenger nimmt uns mit«, stieß die Sechzehnjährige atemlos hervor. »Er sagt, dass wir mit unseren Sachen zu ihm auf den Hof kommen sollen. Allerdings soll jeder von uns nur eine Tasche mitnehmen. Mehr Platz ist nicht. Er muss die Aussteuer für seine Tochter unterbringen …«

Frau Hirschberger lachte bitter. »Die Aussteuer für seine Tochter. Ja, das ist natürlich wichtiger.«

Inge wischte sich mit dem Handrücken über die Augen, dann blickte sie Wanda an.

»Wir könnten ja vielleicht auch gemeinsam …?«, flüsterte sie. »Was meinst du, Waltraud?«

Was meinst du. Das war neu, dass Inge sie um ihre Meinung fragte.

Wanda zögerte einen Moment lang. Einerseits hatten sie und Inge genug Probleme. Andererseits tat ihr die Pfarrersfrau leid. So ganz allein mit vier Kindern, die Flucht würde furchtbar für sie werden.

»Also gut. Sie können Ihr Gepäck auch auf unseren Wagen laden, wenn Sie wollen.«

»Wir haben jetzt auch genügend Platz, nachdem

unsere Reisegefährten uns alles gestohlen haben«, ergänzte Inge.

»Sie haben Sie bestohlen?«, fragte Frau Hirschberger betroffen.

»Und wie. Unser Gepäck, das Essen, wir haben gar nichts mehr«, bestätigte Inge. »Also lassen Sie uns gemeinsam weiterziehen. Dann müssen zumindest die Kleinen nicht zu Fuß gehen.« Sie versuchte ein Lächeln, das in ihrem verweinten Gesicht wie eine Grimasse wirkte.

Frau Hirschbergers Blick wanderte über ihre Töchter, über Wanda und Inge. Über den Berg aus Körben, Truhen und Koffern, der sich inzwischen in der Diele angesammelt hatte, und zurück zu den beiden Mädchen.

»Es tut mir leid«, sagte sie dann leise. »Ich würde Ihnen wirklich gerne helfen. Aber ... es geht nicht.«

Bitte was? Hatte die Pfarrersfrau sie etwa missverstanden?

»Wir möchten Ihnen helfen«, erklärte Wanda. »Wir nehmen Sie und Ihre Kinder mit.«

Frau Hirschberger lächelte traurig. »Das ist recht. Aber wir haben selbst kaum genug zu essen. Ich kann mich nicht um Sie kümmern. Ich kann die Verantwortung nicht tragen. Ich weiß, dass ich es tun müsste, und mein Mann würde mich gewiss ... Aber ich muss an meine Töchter denken. Es tut mir leid.«

Sie wies sie zurück. Wanda und Inge waren für sie

keine Hilfe, sondern eine Last. Zwei weitere Mäuler, die sie durchfüttern musste.

Gestern hätte sie das Angebot bestimmt akzeptiert, dachte Wanda bitter. So ändern sich die Zeiten.

»Zieht euch an, worauf wartet ihr?«, wandte sich Frau Hirschberger an ihre Töchter. »So viele Kleider wie möglich. Was ihr auf dem Leibe tragt, müssen wir nicht schleppen. Und es ist bitterkalt draußen.« Während die Mädchen in ihren Kammern verschwanden, holte sie ein Ei und ein Stück Brot aus einem Sack und drückte Wanda beides in die Hand. »Hier. Es ist alles, was ich entbehren kann. Machen Sie sich nun bitte fertig. Ich muss das Haus ja abschließen, auch wenn es natürlich sinnlos ist.«

Im Hof nahmen sie Abschied voneinander. »Gott behüte Sie«, sagte die Pfarrersfrau, dann schob sie den Kinderwagen vom Hof und ihre Kinder folgten ihr so hastig mit dem Leiterwagen, als flöhen sie nicht vor den Russen, sondern vor Wanda und Inge.

Es war Inge, die vorschlug, in eines der Bauernhäuser am Weg einzusteigen, um sich so mit dem Nötigsten zu versorgen. »Ein bisschen Geschirr, Decken, Kleider, etwas Essbares, was immer wir finden. Wir haben doch nun gar nichts mehr.«

»Das ist Diebstahl«, sagte Wanda. Obwohl sie selbst natürlich auch längst auf dieselbe Idee gekommen war. All die verlassenen Häuser am Straßenrand, voller Dinge, die die Bewohner zurückgelassen hatten, als sie geflohen waren. Voller Dinge, die den Russen in die Hände fallen würden, wenn Wanda und Inge sie nicht an sich nahmen. »Wir haben auch keine Zeit mehr. Wir müssen weiter. Wir werden immer langsamer.«

»Auf eine halbe Stunde mehr oder weniger kommt es nun auch nicht mehr an. Außerdem können wir die anderen leicht wieder einholen.«

»Ich weiß nicht. Wenn man uns erwischt …«

»Wer sollte uns erwischen? Die Polizei ist längst über alle Berge. Und die Wehrmacht hat weiß Gott anderes zu tun, das hast du doch gemerkt. Und außerdem nehmen wir uns nur das Allernötigste. Das kann man doch kaum als Plünderei bezeichnen, wenn wir uns etwas Heu aus einer Scheuer holen …«

Nein, dagegen war nun wirklich nichts einzuwenden. Und wenn das Pferd kein Futter bekam, würden sie keinen Schritt mehr weiterkommen.

»Da drüben der Hof sieht nicht übel aus.« Inge wies mit dem Kopf auf ein großes Fachwerkgebäude hinter einer hohen schneebedeckten Hecke. Alle Fenster waren mit dunkelgrünen Läden verschlossen, es sah aus, als hielte sich das Haus die Augen zu.

»Wir machen es einfach so: Wir lassen uns ans Ende des Trecks zurückfallen. Wenn die anderen weitergezogen sind, klopfen wir an und fragen um Hilfe, und wenn keiner aufmacht, helfen wir uns selbst.«

Keiner nahm es zur Kenntnis, dass die beiden Mädchen immer langsamer wurden und schließlich ganz zurückblieben. Frau Hirschberger ging mit ihren Töchtern am Anfang des Trecks mit. Als Wanda und Inge sich dem Wagenzug auf dem Marktplatz in Neumarkt angeschlossen hatten, hatte sie ihnen kurz zugenickt und dann schnell in die andere Richtung geschaut. Vielleicht wäre sie erleichtert, wenn wir plötzlich weg wären, dachte Wanda. Vielleicht würde sie sich auch fürchterliche Vorwürfe machen.

So oder so, es durfte nicht geschehen. Sie durften den Anschluss an den Treck nicht verlieren. Sie mussten sich schnell mit Heu versorgen, vielleicht ein bisschen Holz, Töpfe und Teller, Lebensmittel, sofern sich etwas fand.

»Jetzt«, sagte Inge und glitt vom Bock, kaum dass der letzte Wagen außer Sichtweite war.

Nein, dachte Wanda. Das Ganze klang viel zu einfach, und einfachen Dingen musste man misstrauen, das hatte ihr Vater früher immer gesagt. Trotzdem widersprach Wanda nicht, sondern führte das Pferd durch das Tor hinter die Hecke, damit man den Wagen von der Straße aus nicht sehen konnte.

Inge läutete die altertümliche Glocke, die an einem Balken über der Tür hing. »Niemand da. Ich wusste es doch.«

Wanda spähte durch das vergitterte Türfenster ins Halbdunkel des Flurs. Mitten in der Diele lag ein Paar

Holzpantinen, eine hier, die andere da, als habe sie ihr Besitzer gerade eben von den Füßen gestreift. »Wie sollen wir hineinkommen? Das Haus ist fest verschlossen.« Erst als Inge nicht antwortete, merkte Wanda, dass sie nicht mehr neben ihr stand. Die Fußspuren im Schnee führten um das Haus herum.

Als Wanda sie wieder erreicht hatte, öffnete sie gerade zwei Fensterläden auf der Rückseite des Hauses. Danach rannte sie über den Hof und holte einen der großen Dachziegel, die neben der Stallwand aufgeschichtet waren. Sie schien genau zu wissen, was sie tat, sie zögerte keinen Moment lang. Als wäre sie schon viele Male in ein Haus eingebrochen. Wie sehr sie sich verändert hat, dachte Wanda. Auf Hohenau war Inge verwöhnt, behütet und weltfremd gewesen. Und jetzt? Jetzt hob sie die Hand und schleuderte den Ziegel gegen die Fensterscheibe.

Das Klirren zerriss die Winterstille, zwei Krähen flatterten vom Dach und suchten erschrocken das Weite. Während Wanda sich noch hastig umblickte, griff Inge schon durch das Loch im Glas und öffnete das Fenster.

Ein schneller Blick nach links und rechts, dann kletterte sie aufs Fensterbrett und von dort ins Haus. Nach kurzem Zögern folgte ihr Wanda.

Das Herz hämmerte ihr gegen die Rippen, das Pochen schien unendlich laut. Wenn doch noch jemand im Haus war, musste er es hören. Aber wenn noch jemand hier wäre, dann hätte er bereits das Klirren der Fensterscheibe gehört und wäre längst hier, versuchte Wanda sich einzureden. Der Gedanke beruhigte sie allerdings nicht.

Sie folgte Inge durch einen langen Flur in die Küche. In der Mitte des Raums stand ein großer Herd, darüber hingen Töpfe und Pfannen. Die Gerätschaften glitzerten geheimnisvoll im trüben Winterlicht, silbern, gelb und rötlich, wie die exotischen Fische, die Wanda als Kind einmal in einem Aquarium in Krakau gesehen hatte. In der Speisekammer fanden sie einen Sack Kartoffeln, außerdem Walnüsse, Steckrüben, einen Strang Zwiebeln und einen großen Eimer Quark. Sie packten ein, was sie tragen konnten, Wanda schöpfte sogar ein paar große Löffel Quark in ein Geschirrtuch, schlug es oben zusammen und stopfte es dann in einen Topf. »Vergiss das Besteck nicht«, sagte Inge, während sie die Nüsse in den Sack mit den Kartoffeln kippte. »Löffel. Und ein paar Messer.«

Wie ruhig sie war. So gelassen, als wäre es ihre Speisekammer, ihre Küche, ihr Haus. Vielleicht erinnerte sie das alles hier an Hohenau. Vor ein paar Tagen war das Gebäude bestimmt noch voller Leben gewesen. Wahrscheinlich hatten hier in der Küche polnische Fremdarbeiter gekocht und gebacken. Wo sie jetzt wohl alle waren?

»Was können wir noch brauchen?« Inge blickte sich suchend in der Küche um.

»Egal«, sagte Wanda, »lass uns hier verschwinden.«

Aber Inge kniete schon vor dem Ofen und schaufelte Kohlen in eine Holzkiste. »Bring du die Vorräte schon einmal nach hinten. Ich will nur noch sehen, ob ich irgendwo ein paar Decken finde.«

Wanda schleppte einen der Säcke zu dem zerbrochenen Fenster, hievte ihn nach draußen und trug ihn nach vorn. Dann wollte sie zurück, um den Rest zu holen, als sie erschrocken stehen blieb.

Die Haustür, die vorhin noch fest verschlossen gewesen war, stand jetzt weit offen.

DÉDUSCHKA

Wanda hatte den Wagen und das Pferd, die Kartoffeln, die Hirse und Inges Papiere. Niemand hätte etwas bemerkt, wenn sie das Pferd durchs Tor auf die Straße geführt hätte und davongefahren wäre. Sie hätte einfach fliehen können.

Aber sie floh nicht.

Stattdessen schlich sie in geduckter Haltung zurück in den Hof.

Im Gegensatz zu vorhin, als sie in das Haus eingebrochen waren, war sie jetzt ganz ruhig.

Dann hörte sie Inge aufschreien und kurz darauf die Männerstimmen. Russische Stimmen. »*Glján'-ka!*«, riefen sie. »*Kto tut u nas!*«

Wanda sank mit dem Rücken zur Wand zu Boden.

Wenn Inge bloß nicht zu erkennen gab, dass sie Deutsche war. Wenn sie nur den Mund hielt, so wie sie es verabredet hatten. Wenn wir auf Russen treffen, rede nur ich, hatte Wanda gesagt. Aber nun war Inge allein und natürlich dachte sie gar nicht daran zu schweigen.

»Was wollt ihr von mir?«, hörte Wanda sie schreien. »Lasst mich in Ruhe!«

Jetzt ist alles vorbei, dachte Wanda. Die Flucht war zu Ende, bevor sie irgendwo angekommen waren.

Die Russen verstanden Inge nicht oder vielleicht verstanden sie sie doch, in jedem Fall lachten, johlten und tobten sie, als habe sie einen gelungenen Witz gemacht.

Wanda beherrschte ein paar Brocken Russisch, sie hatte die Sprache einige Jahre lang in der Schule gelernt, aber ihr Vater hatte damals so auf die Russen und ihre Unkultur geschimpft, dass sie sich nie Mühe damit gegeben hatte. Später, als sie Marek kennengelernt hatte, tat ihr das leid. Marek hatte am Anfang noch versucht, Wanda die Sprache Lenins und Stalins beizubringen, aber dann hatten sie sich mit anderen Dingen beschäftigt.

Aber selbst wenn man kein Russisch konnte, war es nicht schwer nachzuvollziehen, was die Russen wollten. Auch Inge hatte es längst begriffen. »Wagt es nicht, mich anzurühren«, hörte Wanda sie rufen. »Mein Verlobter ist Offizier in der Wehrmacht, er wird euch zur Verantwortung ziehen.«

Wehrmacht. Dieses Wort kannten die russischen Soldaten, seine Bedeutung hatten sie in den letzten fünfeinhalb Jahren am eigenen Leib erfahren. Die kleine Deutsche drohte ihnen mit der Wehrmacht, auch das verstanden sie.

Hinter dem offenen Fenster war es auf einmal ganz still. Dann stieß einer der Männer einen leisen Befehl hervor. Inge kreischte. Daraufhin begannen die Männer erneut zu brüllen und zu lachen.

»Lasst mich los! Ihr habt kein Recht mich festzuhalten!« Kein Recht! Es war Krieg. Die Russen hatten jedes Recht der Welt, sie konnten mit Inge tun und lassen, was sie wollten.

»Bitte nicht!«, hörte Wanda sie jetzt schluchzen, während die Soldaten wild durcheinanderredeten. Nun würde Inge für all das Unrecht bezahlen müssen, das die Wehrmacht den Familien dieser Männer angetan hatte. Für jede Erschießung, jede Verschleppung und jede Vergewaltigung würde man sie zur Verantwortung ziehen. Mit ihrem Körper würde sie wiedergutmachen müssen, was Hitler, ihr Verlobter und all die anderen Täter und Mitläufer verschuldet hatten. Einer nach dem anderen würde sie vergewaltigen. Wenn sie Glück hatte, würden sie sie hinterher einfach liegen lassen. Wahrscheinlicher war es, dass sie sie erschossen.

Das alles sah Wanda ganz deutlich vor sich. Sie sah auch, dass ihr das gleiche Schicksal drohte, wenn sie sich den Russen jetzt zu erkennen gab. Ich kann Inge nicht retten. Ich kann nur hier sitzen bleiben und abwarten, dachte sie.

Wenn du hier sitzen bleibst, stellst du dich auf die Seite dieser Verbrecher, hörte sie plötzlich Mareks Stimme. Laut und so deutlich, als stünde er neben ihr. Wenn du schweigst, stimmst du ihnen zu.

Wenn ich eingreife, töten sie mich. Damit ist Inge nicht geholfen, versuchte Wanda sich zu verteidigen.

Kannst du denn wirklich weiterleben, wenn sie sie jetzt umbringen?

Diese Unterhaltung war natürlich absurd. Die Vorstellung, dass Marek sie davon zu überzeugen versuchte, Inge zu verteidigen. Eine Deutsche gegen die Russen.

Vergiss sie und geh deiner Wege, würde er sagen, wenn er hier wäre. Rette dich. Sie ist es nicht wert.

In dem Zimmer mit der zerbrochenen Fensterscheibe hatte Inge inzwischen aufgehört zu weinen. Sie wimmerte nur noch leise.

Hilf ihr, worauf wartest du denn, du erbärmlicher Feigling, zischte Marek in Wandas Ohr.

Da stand sie auf.

Sie war direkt vor dem Fenster und sah, dass die russischen Soldaten Inge den roten Mantel vom Leib gerissen hatten. Zwei junge Burschen hielten sie fest. Die Russen bemerkten Wanda nicht, weil sie viel zu sehr mit Inge beschäftigt waren.

»Was macht ihr da?«, schrie Wanda auf Polnisch und so laut sie konnte, um das Zittern in ihrer Stimme zu übertönen. »Sie gehört mir. Wagt es nicht, ihr etwas anzutun.«

Die Soldaten griffen erschrocken zu ihren Gewehren, aber als sie sahen, dass Wanda unbewaffnet war und noch dazu weiblich, ließen sie sie wieder sinken.

»Was willst du?«, fragte ein älterer Mann mit grauem Haar und Schnurrbart in gebrochenem Polnisch.

»Ich will die Deutsche«, rief sie laut. »Ich war ihre Gefangene. Musste für sie schuften, vier Jahre lang. Nun ist sie an der Reihe.«

»Was hast du mit ihr vor?«

»Ich nehme sie zurück auf unseren Hof. Meine Eltern sind alte Leute. Sie soll wiedergutmachen, was sie getan hat. Sie soll die Arbeit machen, die ich nicht tun konnte. Ich werde ihr alles heimzahlen.«

»Du kannst sie haben, nachdem wir sie gehabt haben.« Der Grauhaarige, der Inges Großvater hätte sein können, übersetzte den anderen Männern, was Wanda gesagt hatte. Sie grölten und klatschten in die Hände und zeigten mit dem Finger auf sie, als wäre sie eine Kasperlepuppe, die jemand zu ihrer Belustigung vor dem Fenster hin und her bewegte.

»Déduschka«, sagte Wanda schnell. *»Poshálusta.«* Großväterchen, ich bitte dich. Das waren zwei der wenigen Worte, die ihr plötzlich wieder auf Russisch einfielen.

Der Grauhaarige setzte eine Feldflasche an die Lippen und nahm einen großen Schluck, ohne sie dabei anzusehen.

Er ist betrunken, dachte Wanda. Genau wie der Rest. Inge ist verloren.

Einer der jungen Soldaten packte eine Strähne von

Inges langem hellbraunem Haar und riss daran, als wollte er überprüfen, ob es echt war. Die anderen wieherten vor Lachen, als sie aufschrie.

»Pustí ejo!«, schrie der Grauhaarige plötzlich. Er brüllte dieselben Worte immer wieder, aber seine Kameraden hörten nicht auf ihn. Nach einer Weile griff der Alte nach seinem Gewehr und feuerte ein paarmal in die Zimmerdecke. Jeder Schuss explodierte in Wandas Kopf.

»Begí!«, brüllte der Russe Inge an. *»Oglóchla, dura? Begí!«*

»Lauf!«, schrie auch Wanda, zuerst auf Polnisch, dann auf Deutsch, und jetzt endlich lief Inge. Sie rannte nicht zum Fenster, sondern aus der Zimmertür in den Flur, also hastete auch Wanda um das Haus herum zurück zum Eingang und traf fast gleichzeitig mit Inge vor dem Haus ein. Inge rutschte aus und fiel direkt vor Wanda in den Schnee.

Ein paar russische Soldaten, die in der Ausfahrt standen und rauchten, starrten zu ihnen herüber. Vielleicht überlegten sie, ob sie Inge nicht doch lieber für sich behalten sollten.

Wanda bückte sich und zog Inge mit hartem Griff am Oberarm nach oben. »Du bist meine Gefangene«, zischte sie ihr zu. »Vergiss das nicht.«

Inge ließ sich mitreißen, aber als sie beim Wagen waren, machte sie sich plötzlich los. Mit offenem Mund starrte sie auf das Pferd vor der Kutsche.

»Was ist das?«, stammelte sie. »Was haben diese Männer gemacht ...?«

Die Soldaten in der Ausfahrt stießen sich an und lachten. Einer von ihnen warf seine Zigarette zu Boden, trat sie aus und schlenderte langsam auf sie zu.

»Beeil dich.« Wanda schob Inge auf den Bock und setzte sich selbst daneben.

»Aber sie haben Gustav ...«

Wanda ließ die Peitsche schnalzen. Das winzige Panje-Pferd*, das die Russen gegen ihr polnisches Kaltblut eingetauscht hatten, setzte sich in Bewegung, als habe es die ganze Zeit nur auf sie gewartet.

»Mein Gustav«, wimmerte Inge, während sie über die vereiste Straße gen Westen zogen. Nachdem sie den Hof verlassen hatten, waren sie zuerst ein paar Meter zurück in Richtung Breslau gefahren, aber bei der ersten Gelegenheit hatte Wanda den Wagen wieder gewendet. »Sie haben ihn gestohlen!«

»Vergiss deinen Gaul«, herrschte Wanda sie an. »Sie waren immerhin so nett, uns einen Ersatz für ihn zu geben. Der kleine Iwan zieht gar nicht mal so schlecht.«

Inge wischte sich die Nase. »Mir ist kalt.«

Ohne anzuhalten, griff Wanda nach hinten und zog die Pferdedecke unter dem Sack Kartoffeln hervor. »Wickel dich darin ein, so gut es geht. Wir müssen dir einen neuen Mantel besorgen.«

»Aber wie? Wir haben ja nichts mehr, was wir dafür eintauschen können.«

»Kartoffeln und Hirse«, antwortete Wanda. »Das ist doch etwas.«

»Das brauchen wir selbst. Wovon sollen wir denn leben?«

»Sei froh, dass du mit dem Leben davongekommen bist.«

»Ja«, sagte Inge und begann zu weinen. Ihre Tränen tropften auf die Pferdedecke, man konnte fast dabei zusehen, wie sie dort zu Eis erstarrten. »Du hättest das nicht für mich tun müssen.«

Nein, weiß Gott nicht. »Ist schon gut«, sagte Wanda.

Inge zog die Pferdedecke über ihren Kopf und schlug sie vor ihrem Körper zusammen.

Wanda hing ihren eigenen Gedanken nach. Sie waren offensichtlich in die Front geraten, die Russen hatten sie eingeholt. Vielleicht wäre es doch am besten, wenn sie und Inge sich trennten. Sobald sie wieder auf irgendeinen Treck stießen, würde Wanda ihr Pferd und Wagen überlassen und sich auf den Rückweg nach Krakau machen.

Und dann? Krakau war immer noch nicht frei. Statt unter deutscher war es jetzt unter russischer Herrschaft.

Und was für Herren die Russen waren, das hatte sie ja gerade eben erlebt. Hüte dich vor dem Triumph der Sieger, hörte sie Andrzej wieder sagen.

Ich spreche fließend Deutsch, dachte sie, ich habe Inges Papiere. Ich bin eine Deutsche. Nein, ich werde nicht zurückgehen. Zum Teufel auch!

»Wir müssen uns irgendwo eine Unterkunft für die Nacht suchen«, sagte Inge. »Es ist schon fast dunkel.«

»Wir fahren weiter. Meinst du etwa, ich will den Russen noch mal in die Hände fallen?«

»Aber wo sollen wir schlafen?«

»Das werden wir sehen.«

Erst tief in der Nacht zogen sie das Panje-Pferdchen in eine offene Scheuer am Straßenrand. Wanda schirrte das Tier ab und führte es zu einer Heuraufe, in der glücklicherweise noch etwas Futter lag.

»Das Heu ist feucht«, sagte Inge, die neben sie getreten war. »Wenn wir Pech haben, bekommt er eine Kolik.«

»Was meinst du, was ihm die Russen gegeben haben? Hafer, Weizenkleie und Zuckerstücke? Es wird nicht das erste Mal sein, dass Iwan nasses Heu frisst.«

»Iwan. Hättest du ihm nicht einen anderen Namen geben können?« Inge streichelte dem Panje-Pferdchen über die schwarze Nase. Sein Atem bildete weiße Dunstwolken in der Kälte des Stalls. Es schüttelte unwillig seine Mähne und beugte sich tiefer über das Futter.

»Er zieht fast so gut wie Gustav, das muss man ihm lassen.«

»Wir haben Glück gehabt.« Wanda holte ihre Bettbündel aus dem Wagen und rollte ihren Strohsack aus.

»Wir legen uns unter die Kutsche«, schlug Inge vor. »Der Boden ist mit Streu bedeckt. Wenn wir dicht nebeneinanderliegen, können wir die Pferdedecke über uns beide breiten.«

Sie lagen eng an eng und versuchten sich gegenseitig zu wärmen. Inges Kopf schmiegte sich an Wandas Schulter. Ihre Haare kitzelten sie an der Wange. Sie sollte sie wirklich abschneiden, dachte Wanda, aber sie war zu müde, um den Gedanken auszusprechen.

»Wolfgang fand mich immer furchtbar prüde«, sagte Inge, als Wanda schon fast eingeschlafen war.

»Hm?«, machte Wanda. Sie wollte nicht mehr reden. Sie wollte schlafen und die Kälte und ihren Hunger vergessen.

»Er wollte immer mit mir ... Er wollte immer, dass ich ... Verstehst du?«

Wanda dachte an jenen Nachmittag im Herbst, als sie Inge und ihren Verlobten im Wald gesehen hatte. Seine Hände auf ihren Brüsten und wie sie sich ihm entzogen hatte. Ja, sie verstand, was Inge meinte.

»Ich habe ihm niemals nachgegeben. Ich wollte es erst tun, wenn wir verheiratet sind«, flüsterte Inge. »Er wollte es aber nicht akzeptieren. Was ist denn das für ein Unterschied, ob uns dein Pfaffe seinen Segen dazu gibt oder nicht?, hat er immer gefragt. Aber für mich machte es einen Unterschied.«

Wanda spürte Inges warmen Atem an ihrem Ohr und ihre Brüste an ihrem Rücken und schwieg.

»Einmal hätten wir es doch fast getan. Wir waren in der Gartenlaube auf Tockenhof. Sie liegt ganz einsam hinter den Ställen. Wolfgangs Vater war auf Reisen und seine Mutter lag wie immer im Bett. Es war Sommer und die Rosen blühten und dufteten, und wir wussten, dass den ganzen Nachmittag keiner in die Laube kommen würde. Er war so zärtlich und ich hätte ihm gewiss nicht widerstehen können, aber dann ...«

»Aber dann?«, fragte Wanda, als Inge sich unterbrach.

»Dann kam eine der Polinnen. Sie solle die Laube auskehren, sagte sie, Wolfgangs Mutter habe es ihr aufgetragen.« Inge kicherte. »Wolfgang war außer sich vor Wut. Er tobte und schrie das arme Mädchen an, was ihm denn einfiele, dabei war es ihm doch befohlen worden. Es rannte weg, so schnell es konnte, aber es war zu spät.«

Wanda lächelte. Die Vorstellung gefiel ihr, wie der junge von Brandt in der Gartenlaube saß und etwas wollte und es nicht bekam. Sie schloss die Augen und fühlte Inges Körper, der sich von hinten an den ihren schmiegte. Inge war ein ganzes Stück kleiner als sie selbst und dennoch passten sie perfekt zusammen. Warum waren sie noch nie zuvor auf die Idee gekommen, sich gegenseitig zu wärmen?, überlegte Wanda.

Dann dachte sie an Marek und die Matratze in seinem Kellerraum, auf der sie so oft gelegen hatten. Wie glücklich sie gewesen waren. Und wie froh sie jetzt war, dass sie nicht gewartet hatte.

Sie döste schon, als Inge sie noch einmal weckte.

»Weißt du, was das Komischste dabei ist? Wolfgang wollte es immer, und ich habe es ihm nicht gegeben, und nun nehmen es sich die Russen. Einfach so.«

Es war nicht wirklich komisch, aber Inge lachte trotzdem so lange, bis sie weinte.

Wanda drehte sich zu ihr um. Sie legte ihre Arme um Inges Körper und hielt sie fest und so schliefen sie ein.

Inges hellbraunes Haar wirkte so zart und fein, aber es war viel fester, als Wanda erwartet hatte. Die Nagelschere nagte sich durch die Strähnen, schnipp, schnipp, schnapp, bis sich eine dicke Blase an Wandas Zeigefinger bildete.

»Wie sehe ich aus?«, fragte Inge.

»Furchtbar«, murmelte Wanda. Rechts bedeckte das Haar das ganze Ohr, links war die halbe Ohrmuschel noch zu sehen. Aber ihre eigene Frisur war vermutlich nicht besser. Seit ihrem Aufbruch von Hohenau hatte sie in keinen Spiegel mehr geblickt.

Inge tastete vorsichtig mit den Händen über ihren zerrupften Kopf. »Dann ist es gut.«

Wanda zuckte mit den Schultern und erhob sich. »Wir müssen nun wirklich los. Wenn wir die anderen einholen wollen, dürfen wir keine Pausen mehr machen.«

»Das hält Iwan nicht durch.« Inge zog die Pferdedecke fester um ihre Schultern. Sie faltete die Hände vor dem Gesicht und pustete hinein. »Wenn mir bloß nicht so kalt wäre.«

Wanda blinzelte in das Schneetreiben, das vor Kurzem wieder eingesetzt hatte. Ob sie überhaupt noch auf dem richtigen Weg waren? Man konnte kein Schild mehr lesen, alles war so tief verschneit. Und sie waren schon lange durch keinen Ort mehr gekommen, der auf ihrer Landkarte verzeichnet war. Liegnitz, ihrem Gefühl nach hätten sie Liegnitz schon lange passieren müssen.

Wenn es nur endlich aufhören würde zu schneien! Was war das nur für ein grausamer Gott, der es auch noch bitterkalt werden ließ, wenn er sah, dass die Menschen aus ihren Häusern vertrieben wurden?

»Da!« Unter der Pferdedecke kam plötzlich Inges Hand zum Vorschein. »Siehst du das?«

An einem der Bäume am Weg hing ein großes schneebedecktes Kruzifix.

Nein, es war kein Kruzifix.

Wanda hielt den Wagen an.

»Da hat sich einer aufgehängt«, flüsterte Inge.

Es war ein Wehrmachtssoldat. Steif gefroren baumelte er an einem Strick vom Baum, sein Gesicht zu Boden gekehrt. Die Zunge hing ihm aus dem Mund, es sah aus, als würde sie jeden Moment abbrechen und zu Boden fallen.

Wanda wollte die Augen abwenden, aber es ging nicht. Es war, als ob der Tote ihren Blick anzog. Er war noch ganz jung. Bartlos, bis auf ein wenig Flaum auf der Oberlippe. Er kam ihr irgendwie bekannt vor. Unsinn. Sie konnte ihn nicht kennen. Sie kannte keinen Wehrmachtssoldaten.

»Seine Hände«, rief Inge. »Sieh doch nur! Sie sind ganz blutig.«

Auch über den Hals des Toten zog sich eine lange Kratzspur und verschwand unter dem Seil, das ihn stranguliert hatte.

»Er hat sich nicht selbst umgebracht«, murmelte Inge. »Jemand hat ihn aufgehängt.« Sie blickten sich beide unwillkürlich um.

»Die Russen. Das haben die Russen getan«, sagte Inge.

»Oder die Deutschen«, meinte Wanda. »Vielleicht ist er desertiert.«

»Vielleicht sind die Mörder noch in der Nähe. Lass uns abhauen. Schnell!«

»Warte!« Zu Füßen des Toten lag sein Schneemantel*. Wanda sprang vom Wagen und hob ihn auf.

»Was willst du denn damit?«, fragte Inge.

»Er braucht ihn nicht mehr. Und du frierst.«

»Nie und nimmer würde ich den anziehen! Ein Toter hat den Mantel getragen. Wie kannst du nur denken, dass ich zu so etwas fähig wäre!«

Wanda zog ihren eigenen Mantel aus und reichte ihn Inge.

»Wenn du ihn nicht willst, nehme ich ihn.«

Sie holte tief Luft und schloss die Augen, bevor sie in den Mantel des ermordeten Soldaten schlüpfte. Er war steif vor Kälte und roch nach Zigarettenrauch, Schnaps – und Blut. Nein, das bildete sie sich nur ein. Der Soldat hatte ja gar nicht geblutet.

Der Mantel hatte eine Kapuze, die mit Fell gefüttert war. Und lange Ärmel, in denen Wanda ihre Hände verstecken konnte. Er hielt sie warm. Und allein darauf kam es an.

Hunger

Wanda. Immer wenn Inge sie gerade ein bisschen zu kennen meinte, dann entzog sie sich ihr wieder. Immer wenn sie sie gerade zu mögen begann, dann tat sie etwas so durch und durch Fremdes und Abstoßendes.

Wie diese Sache mit dem Mantel.

Wie konnte sie nur den Mantel eines Gehenkten anziehen? Allein der Gedanke brachte Inge zum Würgen. Die Vorstellung, dass dieser arme Bursche ermordet worden war und dann, kurz nachdem er kalt war, kam Wanda des Wegs und nahm ihm auch noch die Kleider weg.

Ich würde lieber auf der Stelle erfrieren, als so etwas zu tun, dachte Inge. Aus Protest und vor Abscheu ließ sie auch Wandas Mantel und ihren Hut lange liegen.

»Willst du die alberne Pferdedecke tragen, bis wir in Dresden sind?«, fragte Wanda irgendwann voller Verachtung. »Wenn du darauf spekulierst, dass ich einen anderen Mantel für dich kaufe, nur weil dir dieser nicht fein genug ist, dann hast du dich getäuscht.«

Nur weil dir dieser nicht fein genug ist. Als ob es darum ginge. Als ob Inge auch nur einen Pfifferling für hübsches Aussehen und schöne Kleider gegeben hätte. Wütend fuhr sie sich mit den Fingern über den kahl geschorenen Kopf. Nach der Sache mit den Russen wollte sie nur noch hässlich aussehen.

»Machst du dir Sorgen um deinen Verlobten, ist es das?«, fragte Wanda weiter, als Inge nicht reagierte. Ihre Stimme klang jetzt ein bisschen milder.

Nein, das war es auch nicht. Inge war nicht besorgt um Wolfgang. Obwohl er desertiert war und nun sowohl die Russen als auch die deutsche Wehrmacht gegen sich hatte. Um Wolfgang musste man sich nicht ängstigen, er würde seinen Weg machen, ihm würde so schnell nichts geschehen.

Das Furchtbare war dieser tote Soldat, dieser junge Kerl, den die Deutschen oder die Russen oder wer auch immer an diesen Baum geknüpft hatten. Inge hatte ihn schon einmal gesehen. Er hatte mit Wolfgang in dem Auto gesessen, das sie vor zwei Tagen auf der Straße nach Neumarkt überholt hatte. Während Wolfgang mit ihr geredet hatte, war sein Kamerad ebenfalls ausgestiegen und hatte geraucht. Inge hatte ihn damals kaum zur Kenntnis genommen, bevor sie den Toten gesehen hatte, hätte sie sein Gesicht unmöglich beschreiben können. Aber jetzt war sie sich ganz sicher. Jedenfalls fast.

Was bedeutete das, dass dieser junge Kerl nun an einem Baum hing, dass er ganz offensichtlich ermordet worden war? Ob Wolfgang etwas damit zu tun hatte? Ob er ihn vielleicht sogar selbst …? Nein, das war ganz unmöglich.

Wolfgang war doch kein Mörder.

Sie sind alle Mörder, hörte sie plötzlich Wanda sagen, obwohl die Polin in Wirklichkeit schweigend neben ihr saß. Alle deutschen Soldaten, dein Wolfgang, seine Vorgesetzten, seine Untergebenen, sogar dein Vater. Sie haben die letzten Jahre damit verbracht, in fremde Länder einzumarschieren und jeden niederzuschießen, der sich ihnen in den Weg stellte. Sie sind allesamt schuldig.

Es ist Krieg, dachte Inge. Die Engländer, Franzosen, Amerikaner, Russen sind genauso schuldig wie unsere Männer.

Die Deutschen haben den Krieg angefangen, sagte Wanda.

Aber darum geht es doch hier gar nicht. Hier geht es nur um den Soldaten, der ermordet worden ist, dachte Inge.

Meinst du wirklich, Wolfgang hätte auch nur eine Sekunde gezögert, seinen Kameraden zu töten, wenn es für ihn von Vorteil gewesen wäre?, fragte Wandas Stimme in Inges Kopf.

Nein. Doch. Oder nicht? Was wusste Inge überhaupt von Wolfgang? Gar nichts.

Sie wusste nur, dass er nicht mehr ihr Verlobter war.

Zumindest in diesem Punkt war sie sich sicher.

Es hatte etwas mit ihrem Kopf zu tun. Wenn sie ihn nun bewegte, fühlte er sich so leicht an, so frei und beweglich. Die langen Haare, auf die sie früher so stolz gewesen war, waren weg und belasteten sie nicht mehr. Mit einem so unbeschwerten Kopf konnte man in alle Richtungen denken. Man konnte sich sogar selbst betrachten.

Dabei erkannte Inge, dass sie sich schon lange etwas vorgemacht hatte. Sie hatte geglaubt, dass Wolfgang von Brandt ihrem Leben Sicherheit und Halt verleihen würde, dass seine Prinzipien sowohl ihn als auch sie selbst aufrecht hielten. Aber nun brachen das Deutsche Reich und die Wehrmacht zusammen, und Wolfgang gab seine Grundsätze auf, einfach so, als ob sie ihm nie etwas bedeutet hätten. Nicht weil ihm der Irrsinn des Ganzen aufgegangen wäre. Ich muss mich und meinen Kameraden in Sicherheit bringen, sagte er. Es ist besser für dich, wenn du dich von mir fernhältst.

Und er hatte Recht. Es war das Beste für sie und das einzig Richtige für sie beide.

Die Voraussetzungen hatten sich verändert. Die langen Haare waren ab. Das liebe Kind, das Wolfgang einmal geliebt hatte, gab es nicht mehr.

Inge war erwachsen geworden.

Die schneebedeckten Felder und Wiesen waren riesige Seen, die am Horizont mit dem hellen Grau des Himmels verschwammen. Hier und da reckte ein Baum seine kahlen Äste aus der weißen Flut wie ein Ertrinkender. Wanda und Inge waren Schiffbrüchige, die ohne Richtung dahintrieben.

Seit gestern hatten sie nichts mehr zu sich genommen außer ein paar Walnüssen. Vor einer Stunde hatten sie das Ei getrunken, das ihnen die Pfarrersfrau zum Abschied geschenkt hatte. Ein Schluck für Inge, ein Schluck für Wanda, weg war es. Der Hunger hatte sich dadurch nicht vertreiben lassen. Er saß in ihren Eingeweiden und knurrte wie ein wildes Tier.

Inge musste immerzu an die Konserven denken, die Wolfgang ihr gegeben hatte. Fleisch, Margarine, Zucker. Brot, vor allem Brot. Sie stellte sich vor, wie Ursel sich den Bauch vollstopfte. Während Frau Gendner die Zigaretten rauchte.

Hinter ihnen im Wagen lagen Kartoffeln und ein Sack Hirse. Bratkartoffeln, dachte Inge sehnsüchtig. Hirsebrei. Aber sie hatten keinen Topf und keinen Herd, um die Lebensmittel zuzubereiten. Wenn sie doch stattdessen nur den Quark mitgenommen hätten!

Inge hatte einmal gelesen, dass man durch langes Fasten ganz schwerelos wurde. Der Kopf wurde klar und man hatte gar kein Bedürfnis mehr nach Nahrung. Vielleicht bin ich nur noch nicht so weit, dachte sie. Oder es stimmt ganz einfach nicht.

Ob Wanda auch so hungrig war wie sie selbst?

Inge wollte sie fragen, aber Wanda faltete nun schon zum dritten Mal innerhalb weniger Minuten ihre Landkarte auf. Kopfschüttelnd starrte sie auf den Straßenplan.

Dann sahen sie die Kinder. Neun oder zehn Jungen und Mädchen, die juchzend mit ihren Schlitten einen Hügel hinunterjagten.

Spielende Kinder auf dem freien Feld. Etwas ganz Alltägliches, aber nicht in diesen Zeiten, in denen man um sein Leben rannte, in denen junge Soldaten an Bäumen hingen.

Vielleicht sind wir ja gar nicht mehr in Schlesien, dachte Inge. Vielleicht sind wir durch ein Loch in der Zeit gefahren und unbemerkt in die Vergangenheit geraten. Oder in die Zukunft.

»Wir müssen sie fragen, wo wir hier sind«, sagte Wanda. Sie richtete sich auf dem Bock auf und begann zu winken und zu rufen, aber die Kinder hörten sie nicht, sie waren so in ihr Spiel vertieft.

»Ihr Dorf muss ganz in der Nähe sein«, überlegte Inge.

Da tauchten hinter den Bäumen auch schon die ersten Häuser auf. Kurz danach fuhren sie in eine kleine Stadt. Weißer Rauch stieg von den Hausdächern in den grauen Himmel. Die Häuser waren bewohnt, die Stadt war noch nicht evakuiert.

»Das müsste Liegnitz sein.« Am Ortseingang sprang Wanda vom Wagen und versuchte mit den Händen den Schnee vom Ortsschild zu kratzen. »Alles zugefroren«, rief sie Inge zu.

»Wir fragen einfach, sobald wir jemanden sehen«, gab Inge zurück.

»Da drüben! Siehst du die Frau?«

Eine junge Frau war aus einem der kleinen grauen Häuser getreten, die die Straße säumten, und überquerte jetzt die Straße.

»Hallo!« Wandas Stimme gellte über die ganze Straße, als die Frau in einem anderen Haus verschwinden wollte. »Können Sie uns helfen?«

Den Türknauf in der Hand drehte sie sich zu ihnen um.

Nein, sagte das Gesicht, nein, sie konnte nicht helfen und sie wollte es auch gar nicht. »Ist das hier Liegnitz?«

»Wie kommen Sie denn darauf? Sie sind in Jauer.«

»Jauer?« Wanda starrte angestrengt in ihre Karte. »Das liegt viel zu weit südlich. Wie konnten wir so weit vom Weg abkommen?«

»Wir suchen einen Schlafplatz für die Nacht«, sagte Inge. »Wir waren den ganzen Tag unterwegs und kennen hier niemanden.«

»Ach, du liebe Zeit«, sagte die Frau. Ihr rotblondes Haar war zu einem runden Knoten gebunden, der oben auf ihrem Kopf saß wie eine Krone. Die Frisur gab ihr etwas Hoheitsvolles, obwohl sie eher ärmlich gekleidet war. Aus großen hellblauen Augen sah sie Wanda und Inge ratlos an. »Hier können Sie nicht bleiben. Die SS war heute Mittag bei uns. Alle, die nicht in Jauer gemeldet sind, sollen auf der Stelle weiterziehen!«

»Jetzt ist es zu spät zum Weiterziehen. Können wir nicht bei Ihnen unterkommen? Für eine Nacht?«

»Bei uns ist kein Platz. Mein Mann ist im Krieg. Ich wohne solange bei meinen Leuten mit meinen Kindern.« Sie wischte ihre Hände an ihrem Rock ab, als wären sie nass. Dann gab sie sich einen Ruck. »Meinetwegen können Sie im alten Schweinestall übernachten. Der steht schon lange leer.«

Der Stall lag hinter dem Haus inmitten eines großen Obstgartens. Sie brachten Iwan in einem der Koben unter. »Viel größer als ein Schwein ist er ohnehin nicht«, erklärte Inge, während sie ihn trocken rieb.

Später brachte ihnen die Frau einen Topf mit heißer Suppe und zwei Schüsseln in den Stall. »Hoffentlich macht mir die SS keine Probleme, dass ich Sie aufgenommen habe«, sagte sie noch, bevor sie wieder ins Haus ging.

Inge und Wanda aßen ihre Suppe eng aneinandergekauert, den Rücken an Iwan gelehnt. Ihr warmer Atem vermischte sich mit dem Dampf, der von der Suppe aufstieg.

Am nächsten Morgen rissen sie zwei Männer der Waffen-SS aus dem Schlaf. Wie Gewehrschüsse knallten ihre Nagelstiefel auf dem Holzboden des Stalls. Wolfgang, dachte Inge unsinnigerweise. Er hat uns angezeigt. Erst als sie richtig wach war, wurde ihr bewusst, dass sie vermutlich die rotblonde Frau verraten hatte.

»Was ist denn los?« Wandas Stimme zitterte.

»Sind Sie in Jauer gemeldet?«, fragte der Größere der beiden, ein Kerl mit einem roten Gesicht.

»Nein. Wir sind aus Bankau und Ende Januar evakuiert worden. Wir haben erst gestern Abend erfahren, dass wir nicht in Jauer bleiben dürfen. Da war es zu spät zum Weiterziehen«, keuchte Inge.

»Aha.« Der Rotgesichtige wechselte einen Blick mit seinem Kameraden.

»Woher haben Sie das Kleidungsstück?«, fragte er dann, wobei er auf Wandas Soldatenmantel wies.

»Wir haben ihn gefunden«, flüsterte Wanda. »Er gehörte einem toten Soldaten, man hat ihn aufgehängt. Und mein eigener Mantel war weg, da dachte ich ...«

»Sie haben einem toten Kameraden seinen Mantel ausgezogen?«, schnarrte der andere Mann, der bisher noch kein Wort gesagt hatte. Er war noch sehr jung. Auf seiner Oberlippe schwebte ein dünner Schnurrbart wie ein dunkler Staubfaden.

»Er war ein Deserteur*«, antwortete Inge mit fester Stimme. »Es stand auf einem Schild, das um seinen Hals hing. Er hatte seine Einheit verlassen und damit sein Recht auf die Uniform der deutschen Wehrmacht verwirkt. Und uns war kalt. Wenn Sie wollen, können Sie den Mantel natürlich mitnehmen ...«

»Können Sie sich ausweisen?«, unterbrach sie der jüngere SS-Mann.

Nein, wollte Inge gerade sagen, aber zu ihrer Überraschung zerrte Wanda ihren Brustbeutel unter dem Hemd hervor, holte eine Kennkarte heraus und reichte sie dem SS-Mann. »Das ist die Karte meiner Schwester«, murmelte sie, ohne Inge dabei anzusehen.

Inge schnappte nach Luft. So war das also! Wanda hatte ihre Karte gestohlen! Und wenn sie die Kennkarte genommen hatte, dann hatte sie bestimmt auch die Rubinkette!

»Wo ist Ihre eigene Kennkarte?«, fragte der Schnurrbart Wanda.

»Ich ... wir wurden überfallen«, erklärte Wanda leise. »Von russischen Soldaten in einem Dorf in der Nähe von Neumarkt. Sie haben mir meine Tasche abgenommen, in der meine Papiere waren. Meinen Mantel haben sie auch gestohlen!«

Der SS-Mann blickte Inge an, als wartete er auf ihre Bestätigung. Auch Wanda sah sie jetzt an, Inge spürte ihren flehenden Blick. Verrate mich nicht, sagte ihr Blick.

Ja, jetzt willst du, dass ich dir helfe, dachte Inge. Aber vorher, als du mich bestohlen hast, war ich dir ganz egal.

»Sie waren wie die Tiere«, sagte sie laut und sah dem SS-Mann dabei fest in die Augen. Sein Gesicht verfärbte sich, bis er fast so rot war wie sein Kamerad.

Der Ältere der beiden räusperte sich.

»Jedenfalls können Sie nicht hierbleiben. Sie müssen sofort weiter.«

»Sicher.« Wanda nickte hastig. »Wir wollten ja auch gerade aufbrechen.«

Der Mann mit dem Schnurrbart runzelte die Stirn. »Wo wollen Sie denn hin?«

»Nach Dresden. Wir haben Verwandtschaft dort«, sagte Wanda.

»Das geht nicht.« Der rotgesichtige SS-Mann kritzelte ein paar Worte auf ein Stück Papier und reichte es Wanda. »Das ist die Adresse eines Flüchtlingslagers* in Hirschberg. Ungefähr zwei Tagesreisen von hier. Sie begeben sich auf direktem Wege dorthin. Unverzüglich. Verstanden? Von dort nehmen Sie Kontakt zu Ihrer Verwandtschaft auf.«

»Zu Befehl«, sagte Wanda, ohne ihren Blick von dem Mann zu wenden.

»Es tut mir leid », begann Wanda, als sie die Stadt hinter sich gelassen hatten. »Ich wollte dir die Sachen wieder zurückgeben, aber irgendwie …«

»Sei doch still!«, zischte Inge. »Du hast mich bestohlen! Ich will sofort meine Kette zurück und das Geld und alles andere, sonst … Du kannst froh sein, dass ich dich nicht direkt an die SS-Männer ausgeliefert habe.«

»So beruhige dich doch.« Wanda nestelte ihren

Brustbeutel aus dem Hemd und reichte ihn Inge. »Ich kann alles erklären.«

Ich kann alles erklären. Wahrscheinlich mit einer neuen Lüge. Nein, Inge würde Wanda ab sofort gar nichts mehr glauben. Warum sollte sie sich überhaupt noch weiter auf sie einlassen? Es war ein einseitiges Geschäft. Nur die Polin profitierte davon, dass Inge sie als ihre Schwester ausgab. Inge selbst brachte die Lüge gar nichts.

»Gib mir meine Kette zurück. Du weißt doch, was sie mir bedeutet.«

»Ich … ich habe sie nicht mehr. Ich hab sie eingetauscht.«

»Du hast was? Wann hast du das getan?«

»In Namslau. Ich habe acht Dauerwürste dafür bekommen. Aber die hat nun die Gendner. Sie waren in meinem Koffer versteckt.«

»Du hast meine Kette gegen Würste eingetauscht? Was fällt dir ein? Oh, ich könnte dich …«

»… umbringen«, ergänzte Wanda ruhig. »Ich weiß. Soll ich zurückfahren? Willst du mich anzeigen? Die beiden Männer sind bestimmt noch da.«

Inge kaute an ihrer Unterlippe.

»Wie soll ich dir jemals wieder vertrauen können«, erklärte sie. »Nach allem, was geschehen ist.«

»Nach allem, was geschehen ist? Ich habe dir doch wohl bewiesen, dass du mir trauen kannst. In Neumarkt habe ich dich vor den Russen gerettet. Ich hätte dich auch einfach im Stich lassen können. Und letzte Woche am Bahnhof in Namslau. Ich bin zurückgekommen, obwohl es keinen Grund dafür gab. Ich hatte deine Kennkarte, das Pferd, den Wagen. Und ich wäre der Gendner bestimmt nicht auf den Leim gegangen, das kannst du mir glauben.«

»Warum hast du mich bestohlen?«

»Weil ich dir nicht vertrauen kann. Du kannst mich doch von einem Tag auf den anderen zum Teufel jagen. Du nimmst einfach dein Pferd und den Wagen und ich kann sehen, wo ich bleibe. Wenn du es ganz übel mit mir meinst, verrätst du mich an die Deutschen. Ein Wort von dir und ich bin erledigt.«

»Als ob ich so etwas tun würde«, entgegnete Inge empört, dabei hatte sie Wanda gerade eben noch damit gedroht.

»Also, was ist jetzt?«, fragte Wanda. »Bleiben wir zusammen oder was?«

Inge zuckte mit den Schultern. »Wir bleiben zusammen, bis wir in Dresden sind.«

Sie zögerte einen Moment lang. »Du kannst dich darauf verlassen.«

Es war Nacht geworden. Die Straße verlief jetzt nicht mehr gerade, sondern führte im Zickzack den Berg empor, jede Kurve lag ein Stück höher als die vorherige. Der kleine Körper des Panje-Pferdchens dampfte vor Anstrengung in der kalten Luft. »Beim nächsten

Berg müssen wir absteigen«, sagte Wanda, als sie endlich oben angekommen waren.

»Was ist denn das da hinten?« Inge zeigte zum Ende des langen Gebirgstals, das vor ihnen lag. An der Stelle, an der sich das Tal zum Horizont hin öffnete, loderten Feuer wie brennende Schiffe auf einem nächtlichen Meer. Es waren Dörfer, die in Flammen standen. Zerbombte Dörfer.

Den ganzen Tag lang hatten sie das Dröhnen der Jagdbomber* gehört. Aber Inge fiel das Geräusch kaum noch auf. Flugzeuge auf dem Weg zur Front – nach fünfeinhalb Jahren Krieg war das nicht mehr bemerkenswert.

Nur dass die Front jetzt nicht mehr in Frankreich, England oder Russland lag. Nun zog sie sich mitten durch Schlesien und statt Minsk, Kiew oder Leningrad brannten jetzt Breslau, Oppeln und Glogau. Am Steuer der Jagdbomber saßen auch keine deutschen Piloten, sondern Russen.

Solang ein Tropfen Blut noch glüht, noch eine Faust den Degen zieht, und noch ein Arm die Büchse spannt, betritt kein Feind hier deinen Strand. Dieses Lied hatten sie früher immer bei den BdM-Abenden gesungen, auch damals, als Wolfgang seinen Vortrag gehalten hatte. Inge erinnerte sich an seine brummige, unmelodiöse Stimme. Wie sehr sie seine schiefen Töne damals gerührt hatten. *Lieb Vaterland, magst ruhig sein, fest steht und treu die Wacht am Rhein**.

»Und auch in Schlesien steht unsere Wacht!«, hatte Wolfgang danach gerufen. »Genau wie am Etsch und an der Memel.«

Damals hatte Wolfgang diese Worte wirklich geglaubt, dachte Inge. Genauso wie sie selbst auch. Aber dann, als die deutschen Dörfer und Städte in Flammen standen, da hatte Wolfgang Büchse und Degen fallen lassen, alle Versprechungen vergessen und war geflohen.

»Das haben wir nun davon«, stieß sie bitter hervor, während sie auf die flackernden Dörfer im Tal blickte. »Jetzt erfahren wir die Rache der Russen am eigenen Leib.«

»Przeklęta wojna«, sagte Wanda neben ihr, zog ihren Mantel enger um ihre Schultern und spuckte verächtlich in den Schnee.

Was das wohl hieß? Das ist erst der Anfang. Geschieht euch recht. Nein, vielleicht war es besser, wenn Inge die Worte nicht verstand.

Hinter der nächsten Bergkette ging die Sonne auf. Sie sandte ihre langen goldenen Strahlen zu ihnen herüber und brachte Wandas Spucke auf dem gefrorenen Schnee zum Funkeln.

Im Tal flackerten die Dörfer. Die Sonnenstrahlen drangen nicht bis zu ihnen hinunter.

Seit sie Jauer am Vortag verlassen hatten, hatte es nicht mehr geschneit. Der Himmel war so blau wie die

Glasschalen, die im Esszimmer in Hohenau in einer Vitrine standen. Nur bei ganz besonderen Gelegenheiten waren sie auf den Tisch gekommen. »Das ist echtes Muranoglas«, hatte Inges Mutter dann immer mit ehrfürchtiger Stimme gesagt. Jetzt war der Russe in Hohenau und die Schalen waren wahrscheinlich längst zu Scherben zerschlagen.

Die kalte Luft schnitt beim Einatmen in ihre Lunge. Bei so einem Wetter war Inge früher immer ausgeritten, danach hatte ihr die Köchin Sibylle heiße Schokolade zubereitet, die sie auf der Ofenbank in der Küche getrunken hatte.

Die blauen Glasschalen, die Ausritte, die heiße Schokolade, all diese Erinnerungen lagen nur ein paar Wochen zurück, aber wenn Inge jetzt daran dachte, kam es ihr vor, als wären es Jahre.

Mittags erreichten sie Hirschberg. Zwischen den Bergkuppen reckten zwei Kirchen ihre Turmspitzen in die Höhe wie eifrige Schulkinder ihre Hände.

»Hoffentlich sind die Leute so nett, wie die Stadt aussieht«, meinte Inge, als sie durch die engen mittelalterlichen Straßen fuhren. Die Fassaden der schiefen alten Häuser waren mit geschwungenen Barockgiebeln verziert und bunt gestrichen. In allen Farben leuchteten sie in der Wintersonne.

Das Flüchtlingslager lag in einer Seitenstraße in der Stadtmitte. Es war ein ehemaliges Gymnasium, über dem Torbogen war ein lateinischer Spruch eingemeißelt. Aber die gotischen Lettern waren zu verwittert, als dass Wanda sie hätte entziffern können. Ein dünner alter Mann empfing sie am Tor. Er trug Wehrmachtsuniform und eine dottergelbe Wollmütze, die er tief ins Gesicht gezogen hatte.

»Wir kommen aus Bankau und sollen uns hier melden«, erklärte Inge und wedelte wie zur Bestätigung mit dem Zettel, den ihr der SS-Mann gegeben hatte.

»Mit Pferd und Wagen kommen Sie hier nicht rein.« Der Mann nahm seine Mütze ab, kratzte sich am kahlen Kopf und stülpte sie dann wieder über den Schädel.

»Sie müssen uns durchlassen!«, sagte Inge. »Wir wurden von der SS hierhergeschickt.«

»Ich habe meine Anweisungen«, beharrte der Alte. »Hier ist die Unterkunft für Flüchtlinge ohne Wagen.«

»Und wo ist das Lager für Leute mit Wagen?«, erkundigte sich Wanda.

»Das ist nicht hier.« Er schüttelte den Kopf. Durch die dicke Wollmütze wirkte sein Kopf viel zu groß für seinen dünnen Hals. Es sah aus, als könnte er jeden Moment abbrechen. »Pferd und Wagen werden Sie bei Dildinger los. Er kauft und verkauft.«

Wanda und Inge wechselten einen Blick. »Wie kommen wir hier weg, wenn wir den Wagen verkaufen?«, fragte Inge.

»Mit dem Zug«, sagte der Alte. »Wie die anderen auch.«

»Fahren denn noch Züge?«

»Nicht immer. Sie müssen sich erst mal in die Liste eintragen.«

»Und dann? Wie lange dauert es, bis wir mitgenommen werden?«

Er zuckte mit den Schultern. »Es hängt auch von dem Ort ab, an den Sie reisen wollen. Aber mit dem Wagen kommen Sie hier nicht rein. Dies ist das Lager für Leute ohne Wagen.«

»Das sagten Sie schon.« Inge kaute auf ihrer Unterlippe. »Was meinst du, Waltraud?«

»Ich weiß nicht«, meinte Wanda. »Wir haben doch überhaupt keine Ahnung, wann die Züge fahren und wie oft. Auch wenn die Liste ganz kurz ist, kann es Wochen dauern, bis wir in einem Zug sitzen.«

»Aber mit Iwan sind wir auch wochenlang unterwegs«, wandte Inge ein.

Die Vorstellung, einfach in einen Zug zu steigen, loszufahren und nach einigen Stunden in Dresden anzukommen, war natürlich verlockend. Aber im Gegensatz zu Inge hatte Wanda keinen Pfennig Geld mehr. Wenn Inge den Wagen verkaufte und mit dem Zug weiterreiste, dann saß sie in Hirschberg fest.

»Wer weiß, wie lange Iwan überhaupt noch durchhält«, sagte Inge. »Was, wenn er zusammenbricht? Irgendwo auf offenem Feld?«

»Ich weiß nicht.«

»Für Pferd und Wagen zusammen bekommen wir

auf jeden Fall so viel, dass es für zwei Zugbilletts nach Dresden reicht. Und obendrein noch etwas Geld für den Neuanfang.«

Wanda schluckte. Zwei Zugbilletts, hatte Inge gesagt.

»Du bist nicht verpflichtet, meine Fahrkarte zu kaufen«, sagte sie steif. »Es ist dein Pferd und der Wagen gehört auch dir.«

»Gustav war mein Pferd. Iwan gehört uns beiden«, widersprach Inge. »Und der Zweisitzer war schon in Hohenau nicht mehr viel wert. Deshalb hat meine Mutter ihn auch zurückgelassen.«

Wanda starrte auf die Zügel in ihrer Hand.

»Wir teilen, was wir haben«, sagte Inge. »Bis wir in Dresden sind.«

Die Gasse

Nachdem sie Pferd und Wagen verkauft hatten, wies ihnen der alte Mann mit der dottergelben Mütze ihre Schlafplätze zu. Der Boden des ehemaligen Klassenzimmers war mit Stroh bedeckt, auf dem fünfzehn Rupfensäcke ausgebreitet waren, dicht an dicht wie Gräber auf einem Soldatenfriedhof. An der hinteren Wand stand ein Feldbett, auf dem eine dunkelhaarige Frau saß, die sie zu sich herüberwinkte.

»Hier am Fenster ist die Luft ein bisschen besser«, erklärte sie und wies mit einer großartigen Handbewegung auf die Säcke am Boden, als wären es Himmelbetten, die sie persönlich herbeigeschafft hätte. »Ich bin Frau Schlenski aus Festenberg. Mein Mann ist an der Ostfront. Bereits seit vier Jahren. Hat schon eine Medaille verliehen bekommen, für Tapferkeit vor dem Feind, aber davon kann ich mir nichts kaufen, dass sie ihm eine Medaille gegeben haben.« Auf ihrer Oberlippe schwebte eine große schwarze Warze, die sich mit jedem Wort hob und wieder senkte. Sie sprach in einem monotonen, fast gelangweilten Tonfall, als hätte sie die Geschichte schon hundertmal erzählt und könnte sie selbst nicht mehr hören.

Die Frau neben Wanda hatte ihren Wäschesack auf dem Lager ausgeschüttet und faltete die Kleidungsstücke zusammen. Wenn sie alle nebeneinander aufgestapelt hatte, warf sie sie wieder durcheinander und begann von Neuem. Neben ihr saß ihr kleiner Sohn im Stroh. Er hielt einen krummen Ast an sein Auge und zielte damit an die Zimmerdecke. »Pfffafff!« Jeder Schuss ließ seine Mutter zusammenzucken, aber sie nahm ihm das Spielzeug nicht ab.

»... können Sie sich gar nicht vorstellen«, sagte Frau Schlenski aus Festenberg gerade zu Inge. »Oder haben Sie so etwas schon einmal gehört ...?«

Sie fuhr fort, ohne eine Antwort abzuwarten.

Wanda sprang abrupt auf. »Ich schaue mich mal ein bisschen um«, murmelte sie.

Inge erhob sich ebenfalls. »Ich komme mit!«

»Hast du das Geld und die Lebensmittel?«, fragte Wanda, als sie schon an der Tür waren.

»Natürlich. Nur das Mehl und den Reis hab ich zurückgelassen.«

»Wir nehmen besser alles mit«, beschloss Wanda. »Denk an Frau Gendner.«

In sämtlichen Klassenzimmern im Erdgeschoss waren Flüchtlinge untergebracht, wahrscheinlich sah es im Stockwerk darüber nicht anders aus. »Mittagessen wird in der Aula ausgeteilt«, sagte Inge nach einem Blick auf einen Aushang am Schwarzen Brett. »Morgen gibt es Gemüseeintopf.«

»Und heute Abend?«

»Abends ist Selbstversorgung«, seufzte Inge. Dann studierte sie das Brett mit den Suchmeldungen und Anfragen, fand aber keinen Hinweis auf ihre Mutter. »Sie ist wie vom Erdboden verschluckt. Eine der Städte, durch die wir gekommen sind, muss sie doch passiert haben.«

Wanda zuckte die Schultern. »Diese Luft«, meinte sie dann. »Im ganzen Haus riecht es nach alten Socken. Lass uns in die Stadt gehen und irgendein Wirtshaus suchen, wo wir etwas zu essen bekommen.«

»Das Tor wird um halb neun abgeschlossen«, rief ihnen der Mann mit der gelben Mütze nach, als sie die Unterkunft verließen. »Wo wollen Sie denn jetzt noch hin? Seien Sie bloß vorsichtig!«

»Halb neun«, sagte Wanda. »Bis dahin sind wir doch längst wieder zurück. Auf dem Wecker von Frau Schlenski war es gerade einmal sechs. Wir haben noch mindestens zwei Stunden Zeit.«

Sie fanden tatsächlich ein Wirtshaus, das trotz Krieg und allgemeiner Verdunklungspflicht* geöffnet hatte. Als sie die Eingangstür aufzogen, quoll ihnen eine Wolke aus Lärm und Zigarettenqualm entgegen. Die Fenster waren fest mit schwarzer Pappe verklebt, sodass kein Licht nach draußen und kein Luftzug nach drinnen drang. Ein paar nackte Glühbirnen schwebten unter der Decke und verbreiteten ein diffuses Licht wie Laternen im Nebel.

»Das ist ja noch schlimmer als in unserer Unterkunft«, schrie Inge über das Gebrüll der Männerstimmen hinweg.

»Zumindest liegen sie einem hier nicht mit ihrem schweren Schicksal in den Ohren!« Wanda zog Inge in die Dunkelheit des Schankraums.

Sie tranken beide zwei Bier und aßen dazu einen Teller Bartschsuppe, etwas anderes gab es nicht.

Das Bier schmeckte so säuerlich und dünn wie die Suppe, Wanda hatte dennoch das Gefühl, dass es ihr direkt zu Kopf stieg.

»Wie viel Uhr ist es?«, rief Inge, als sie ihr zweites Glas fast geleert hatten.

Wanda reckte den Kopf. Neben der Theke hing eine Uhr. Durch den Zigarettenqualm konnte sie die Zeiger kaum erkennen. War es etwa schon nach acht? Sie musste sich täuschen.

Neben ihr sprang Inge auf. »Viertel nach acht. Das kann doch nicht wahr sein!«

Es war aber doch wahr. Sie hatten nur noch eine Viertelstunde Zeit, bis das Tor zum Lager geschlossen wurde.

»Ich verstehe das nicht. Wir waren doch gar nicht so lange hier!«, jammerte Inge, als sie nach draußen hasteten.

Wanda dagegen verstand nur zu gut. Sie hatte sich nämlich auf Frau Schlenskis Wecker verlassen, der vermutlich stehen geblieben war. Das war so unbeschreiblich dumm von ihr gewesen, dass sie es Inge auf keinen Fall erzählen konnte.

Draußen glitzerte der Schnee silbrig im kalten Licht des Vollmonds. »Die Gasse da hinten!« Inge zeigte auf einen schmalen Fußweg zwischen zwei hohen Häuserfronten. »Das ist eine Abkürzung. Wenn wir da durchgehen, sind wir viel schneller zurück.«

»Ich weiß nicht.«

»Ganz bestimmt. Der Weg führt zu dem Platz mit dem Brunnen, hinter dem das Lager liegt.«

Sie rannten in die schmale, dunkle Gasse, ohne darüber nachzudenken, was sie taten, ohne sich auch nur einmal umzublicken. Obwohl der Mann mit der gelben Mütze sie vorhin noch gewarnt hatte.

Nach vier oder fünf Metern schnitten ihnen zwei große Burschen den Weg ab. Wanda riss Inge an ihrem Rucksack zurück, sie fuhren herum und sahen die Silhouette eines weiteren Mannes, der ihnen den Rückweg versperrte.

Wanda schloss die Augen und wartete darauf, dass die Männer über sie herfielen, aber sie rührten sie nicht an. »Die Taschen«, zischte einer von ihnen. »Auf den Boden legen und abhauen.«

Wanda ließ ihren Rucksack schnell von den Schultern gleiten.

Aber Inge zögerte.

»Gib ihm den Rucksack«, flüsterte Wanda. »Schnell.«

Die Kerle waren bewaffnet. Wanda konnte nicht genau erkennen, ob sie Messer oder Pistolen in den Händen hielten. Sie wollte es auch nicht wissen. Die Burschen waren gefährlich, und wenn Inge nicht endlich gehorchte …

Einer der Männer kam einen Schritt näher, noch einen, jetzt hatte er Inge fast erreicht.

»Tu, was er sagt, verdammt!«, rief Wanda.

Inge ließ den Rucksack fallen, aber nun war es zu spät. Jetzt packte sie der Mann. Es war so dunkel in der Gasse, die Strahlen des Mondes blieben oben an den Dachrinnen hängen und drangen nicht bis zu ihnen herunter. Wanda konnte nicht erkennen, was der Kerl mit Inge machte. Sie röchelte und gurgelte, als ob er sie würgte. Ich muss um Hilfe schreien, dachte Wanda, aber sie schrie nicht. Sie starrte nur mit weit aufgerissenen Augen in die Dunkelheit und sah die Umrisse des Mannes, der Inge festhielt. Eng umschlungen, als ob er mit ihr tanzte.

Dann zerriss ein Pfiff die Stille und der Kerl stieß Inge mit einer solchen Wucht gegen Wanda, dass sie beide fast umgefallen wären.

»Haut ab«, rief er, vielleicht bildete sich Wanda auch nur ein, dass er es rief. Sie packte Inge an der Hand und zog sie hinter sich her, die Gasse entlang, bis sie endlich auf dem Platz mit dem Brunnen standen. Dann erst schaute sie sich um. Die Männer waren weg.

Es war fast neun, als sie an der Unterkunft ankamen, aber der Mann mit der gelben Mütze hatte auf sie gewartet. Sein Atem bildete Dampfwolken in der kalten Nachtluft, es sah aus, als kochte er vor Wut. »Das war das erste und das letzte Mal, dass ich eine Sonderwurst für euch brate«, schimpfte er, aber dann bemerkte er Inges Gesicht. »Du liebe Zeit, Mädchen, was ist denn geschehen? Du siehst ja aus wie der leibhaftige Tod.«

Inge murmelte etwas Unverständliches und eilte mit gesenktem Kopf an ihm vorbei. »Es ist alles in Ordnung. Vielen Dank, dass Sie auf uns gewartet haben«, sagte Wanda und folgte ihr hastig.

»Er hat mir nichts getan«, sagte Inge, während sie den Gang zu ihrem Raum entlanggingen. »Er hat nur gesucht … ob ich irgendwo Geld versteckt habe. Oder Schmuck.«

»Gut«, sagte Wanda, obwohl natürlich nichts gut war. Sie hatten das ganze Geld verloren, das sie für Pferd und Wagen bekommen hatten. Und ihre Lebensmittel waren ebenfalls weg.

»Ich fühle mich wie der letzte Dreck«, murmelte Inge, bevor sie die Tür zu ihrem Schlafsaal aufzog und in die stickige Dunkelheit des Raumes trat.

Es war dieser letzte Satz, der alles wieder zurückbrachte. Ich fühle mich wie der letzte Dreck. All die Jahre hatte Wanda versucht, die Erinnerung in den hintersten Winkel ihres Gedächtnisses zu drängen und dort zu vergessen. Aber jetzt war alles umsonst. Was damals geschehen war, war plötzlich wieder da, so klar und deutlich, als wäre es gestern passiert.

Die verlorenen Schuhe

Das ganze Unglück hatte mit den Schuhen begonnen. Dunkelrote Schuhe aus glänzendem Rindsleder, mit kleinen Absätzen und breiten goldglänzenden Schnallen an der Seite. Schuhe, die wie angegossen passten und vornehm klackerten, als Wanda die ersten Schritte darin tat.

Ihr Vater hatte sie ihr zum Namenstag geschenkt. Wanda hatte keine Ahnung, woher er die Schuhe hatte. Woher er vor allem das Geld hatte, mit dem er sie bezahlt hatte. Er verdiente ja nichts mehr, seit die Universität geschlossen war.

Wandas Mutter hatte jedenfalls nichts von diesem Geschenk gewusst, das sah man an ihrem Gesichtsausdruck, als Wanda die Schuhe auspackte. »Wo hast du die bloß …«

Aber Wandas Vater fiel ihr ins Wort. »Das bleibt mein Geheimnis.«

»Sind die schön! Die waren bestimmt unglaublich teuer«, rief Barbara. »Bekomme ich zu meinem Namenstag auch solche Schuhe?«

»Sicher«, sagte Wandas Vater, ohne dabei den Blick von Wandas Füßen zu wenden.

»Und wann soll sie sie anziehen?«, fragte ihre Mutter verächtlich. »Etwa zum Arbeiten in der Bäckerei?«

Nein, natürlich nicht. Diese Schuhe waren nur für besondere Gelegenheiten. Für einen Ballettabend. Für einen Empfang oder einen Opernball oder ein rauschendes Fest. Für all die herrlichen Dinge, die es im Krakau des Jahres 1943 nicht mehr gab. Jedenfalls nicht für Polen.

Die einzige Zerstreuung, die Wanda kannte, waren der Kirchgang am Sonntag, die Spaziergänge mit Marek und ihr Namenstag.

Deshalb trug sie die neuen Schuhe den ganzen Tag lang, beim Frühstück, beim Mittagessen und beim Familienspaziergang in der Stadt, denn der Zugang zum Park war Polen untersagt. »Vom Eise befreit sind Ströme und Bäche durch des Frühlings holden belebenden Blick«, zitierte ihr Vater auf Deutsch, obwohl es doch schon fast Sommer war. Sie konnte sich nicht erinnern, wann sie ihn das letzte Mal hatte Deutsch sprechen hören.

Die Blätter der Bäume glänzten im Sonnenschein, als wären sie frisch lackiert. Wanda hatte jedoch keinen Blick für sie. Sie sah nur ihre dunkelroten Schuhe, die noch viel schöner glänzten. Gib nur die Hoffnung nicht auf, sagten die Schuhe. Es wird alles wieder gut,

es wird alles wie früher. Die Deutschen würden den Krieg verlieren und abziehen. Wandas Vater würde wieder unterrichten. Wanda könnte endlich studieren, aber wollte sie das überhaupt noch? Marek sprach immer voller Verachtung von den Intellektuellen und Gelehrten. »Die wahre Weisheit liegt im Proletariat«, erklärte er.

Nach dem Spaziergang trank die ganze Familie in einer Bäckerei Gerstenkaffee, an einem Stehtisch, denn auch die Kaffeehäuser durften Polen nicht betreten.

»Wo hast du denn nun die Schuhe her, Bartiomiej?«, begann ihre Mutter wieder zu bohren.

»Ein alter Freund war mir noch einen Gefallen schuldig«, sagte Bartiomiej ausweichend. Alina zog die Augenbrauen hoch. Wahrscheinlich fragte sie sich, ob man diesen Gefallen nicht sehr viel sinnvoller hätte nützen können.

Ich bin froh, dass er die Schuhe gekauft hat, dachte Wanda. Was Marek wohl dazu sagen würde? Wahrscheinlich würde er die Lackschuhe gar nicht bemerken. Er achtete nicht auf solche Äußerlichkeiten.

Der nächste Tag war ein Montag, da trafen sie sich immer. Wanda packte die Schuhe in ihren Korb und zog sie erst vor dem Haus an, damit ihre Mutter nicht misstrauisch wurde. Auf dem ganzen Weg nach Kleparz schaute sie nur auf ihre Füße. Klackediklack machten die Absätze der Schuhe auf dem Pflaster.

Marek war nicht da. Wanda wartete erst eine Weile vor der Tür, dann klingelte sie oben bei seiner Mutter.

»Marek?«, fragte diese so ratlos, als hörte sie den Namen zum ersten Mal. »Ich weiß nicht, wo er ist.«

Sie schien sich auch nicht an Wanda zu erinnern, gab ihr aber ohne Weiteres den Schlüssel für den Kellerraum.

Durch die Fenster unter der Decke schien ein feiner Strahl Abendsonne und endete in einem goldenen Lichtpunkt genau auf Wandas rechtem Schuh. Wie kostbar das Glanzleder aussah. Prinzessinnenschuhe. Sie passten nicht in diesen schäbigen Raum. Genauso wenig wie zu ihr selbst.

Wo Marek nur blieb? Wie lange sie nun schon auf ihn wartete! Wanda musste wieder an jenen Abend im März denken, als sie vor dem alten Kino gestanden hatte und Ivana gekommen war. Kurz vor der Sperrstunde war sie zu Marek hineingegangen. Wanda war so wütend gewesen, dass sie Marek eine ganze Woche nicht mehr besucht hatte. Bis er zu ihr gekommen war.

»Was bist du nur für ein dummes Mädchen«, sagte er, nachdem sie ihm endlich erzählt hatte, warum sie weggeblieben war. »Ivana wohnt bei uns. Oben bei meiner Mutter. Deshalb schlafe ich auch schon seit Wochen unten im Keller.«

»Warum das denn? Hat sie kein Zuhause?«

»Nein. Ihr Vater schlägt sie, ihre Mutter trinkt. Sie konnte da nicht bleiben. Und auf der Straße konnte sie auch nicht leben. Also habe ich sie zu Mutter geholt.«

»Wenn das so ist, warum hast du mir nie davon erzählt?«

»Warum hätte ich davon erzählen sollen? Es erschien mir nicht wichtig.«

»Aber mir ist es wichtig!«

»Bist du eifersüchtig?«, fragte Marek.

»Wärst du nicht eifersüchtig an meiner Stelle?«, fragte sie zurück.

Er lächelte und schüttelte den Kopf. Nein, er wäre nicht eifersüchtig. Eifersucht sei ein bourgeoises* Gefühl, über das man sich als Proletarier erheben müsse. »Und im Übrigen ist da nichts zwischen Ivana und mir. Wir sind Genossen, nichts weiter.«

Es stimmte und es stimmte nicht.

Warum sollte Marek sich mit mir treffen, wenn er in Wirklichkeit Ivana liebt, dachte Wanda. Es gibt keinen Grund dafür. Wir sind doch nicht verheiratet. Und dennoch wurde sie ihr Unbehagen gegenüber Ivana nicht los.

Der Sonnenfleck wanderte höher, über ihren Schuh auf ihr Bein und von dort auf den Rock. Als er fast die Bluse erreicht hatte, hörte sie die Stimmen. Zuerst Marek. Dann Ivana. »Du bist verrückt«, sagte sie und lachte übermütig. Marek lachte ebenfalls, während er seinen Schlüssel ins Türschloss steckte. Als er merkte, dass sie schon offen war, verstummte er. Wanda hörte ihn flüsternd mit Ivana beratschlagen.

Sie schlich zur Tür und riss sie auf. Es gefiel ihr, dass die beiden zusammenfuhren.

»Was willst du denn hier?«, fragte Marek irritiert.

»Es ist Montag. Wir treffen uns immer montags. Schon vergessen? Deine Mutter war so freundlich, mich hereinzulassen.«

»Ich gehe dann mal«, sagte Ivana und verschwand, ohne zu grüßen.

»Soll ich auch gehen?«, fragte Wanda.

Ja, sagte Mareks Gesicht, aber dann schüttelte er den Kopf. »Tut mir leid. Aber wir hatten Versammlung.«

»So plötzlich?«

»Ich habe ganz vergessen, dass wir verabredet waren. Mir ist zurzeit auch nicht nach Spazierengehen zumute. Die Zeiten sind schrecklich, Wanda. In Polen muss sich etwas verändern, sonst gehen wir zugrunde.«

Die Zeiten sind schrecklich. Als ob sie das nicht wüsste. »Dann nimm mich einmal mit zu der Versammlung. Ich möchte auch etwas dazu tun, damit sich die Dinge ändern.«

Wie kindisch sich das anhörte. Ivana hätte das bestimmt ganz anders ausgedrückt. Sie hätte Marek wahrscheinlich gar nicht erst gefragt, sondern wäre einfach mitgegangen.

»Das ist kein Spiel, Wanda.« Marek ließ sich auf den Stuhl fallen. »Sie haben Szymanski und Wisniewski verhaftet. Wahrscheinlich sind sie beide tot. Wir werden immer weniger, verstehst du?«

Szymanski und Wisniewski. Sie hatte die Namen noch nie zuvor gehört. Ivana dagegen kannte ihre Gesichter und Geschichten.

»Lass mich mitmachen, Marek«, bat Wanda. »Dann gibt es eine mehr, die für die richtige Sache kämpft.«

Er seufzte. »Du willst nur mitmachen, weil ich dabei bin. Und weil Ivana dabei ist. Aber das genügt nicht. Man muss es wollen, mit aller Leidenschaft, sonst steht man es nicht durch. Sonst gefährdet man den ganzen Rest.«

»Du traust mir nicht.«

»Unsinn. Warum sollte ich dir nicht trauen? Du hättest mich längst anzeigen können, wenn du ein Spitzel wärst.«

»Aber du traust es mir nicht zu.«

»Ich liebe dich, Wanda«, sagte Marek.

Ja, hieß das. Ja, du hast Recht, ich traue es dir nicht zu.

Wanda ging nach Hause, ohne dass er ihre neuen Schuhe auch nur zur Kenntnis genommen hatte.

Morgens zwischen neun und zehn stand Wanda in der Bäckerei hinter der Theke und verkaufte, weil Valeska, die sonst bediente, dann immer Pause machte. Der junge Mann kam immer in dieser Zeit. An jedem Tag reichte er Wanda zwei Marken für hundert Gramm Graubrot. Manchmal hatte er auch nur noch eine einzige. »Wegen fünfzig Gramm Brot müssen Sie doch nicht herkommen«, sagte Wanda dann.

»Fünfzig Gramm sind besser als nichts, wenn man hungrig ist«, gab er zurück. »Außerdem sehe ich Sie dann und dieser Anblick macht auch satt, gewissermaßen.«

Sie sah ihn verblüfft an. Ob er sich über sie lustig machte? Aber er begegnete ihrem Blick mit großem Ernst. Er sah gar nicht übel aus. Er war ein ganzes Stück größer als Wanda, hatte breite Schultern und dunkles Haar.

Sein Name war Tadeusz Prosz, das erzählte er ihr beim nächsten Mal. »Warum gehen wir nicht einmal zusammen spazieren?«, fragte er Wanda. »Oder ich lade Sie zum Kaffee ein?«

Sie schlug sein Angebot immer wieder aus, aber an dem Morgen, nachdem Marek ihre Verabredung vergessen hatte, willigte sie ein. Tadeusz ging mit ihr in ein Café in Kazimierz*, in dem es frische Karpatka* gab. Allerdings war der Kaffee gerade aus. »Dann trinken wir eben Wodka«, sagte Tadeusz und gab der Bedienung ein Zeichen, bevor Wanda widersprechen konnte.

»Waren Sie früher einmal hier in Kazimierz?«, fragte Wanda, nachdem sie den ersten Bissen von ihrem Kuchen genommen hatte. Hm, wie die Creme auf der Zunge zerging! »Vor 1939 sah hier alles vollkommen anders aus. Dort drüben in dem Haus hat einmal eine

Klassenkameradin von mir gewohnt. Riwka hieß sie. Nachdem die Deutschen einmarschiert sind, hab ich sie nie mehr wiedergesehen.«

»Hier war das jüdische Viertel.« Tadeusz nickte. »Aber ich habe es nicht mehr kennengelernt. Ich bin erst vor drei Jahren nach Krakau gezogen.«

Wanda blickte nachdenklich durch das hohe Fenster auf die Straße, auf der gerade eine dicke Frau mit einem Kleinkind an der Hand vorüberwatschelte. Früher hatte man hier fast nur Männer auf der Straße gesehen. Männer mit langen, schwarzen Mänteln, ausladenden Hüten, Bärten. Schläfenlocken, die bis auf die Schultern fielen. Wanda hatte Riwka einmal zu Hause besucht, aber Riwkas strenggläubige Eltern hatten es nicht gern gesehen, dass ihre Tochter mit einer Nichtjüdin, einer Goja*, spielte. Eine Weile hatten Wanda und Riwka sich noch heimlich getroffen. Aber dann hatten die Deutschen Krakau besetzt und ihrer Freundschaft ein für alle Mal ein Ende bereitet. Die Nazis siedelten alle zwanzigtausend Krakauer Juden ins jüdische Ghetto* nach Podgorze* um – nicht nur die Orthodoxen aus Kazimierz, auch die Juden aus der Altstadt, aus Piasek, Kleparz oder aus den Vorstädten. Sie umgaben das Ghetto mit einer hohen Mauer und bewachten streng alle Ausgänge. Wanda war einmal mit der Straßenbahn durch Podgorze gefahren. Die Türen der Waggons waren versiegelt und die Fenster mit dunklen Pappen verklebt. Aber auch das war nun vorbei. Im März 1943 hatten die Deutschen das Krakauer Ghetto aufgelöst und die Juden auf die umliegenden Konzentrationslager verteilt. Warum hassen sie die Juden bloß so, fragte sich Wanda, während sie ihre Karpatka aß.

»Sie haben so etwas Künstlerisches. Malen Sie?«, erkundigte sich Tadeusz, der sein Kuchenstück bisher kaum angerührt hatte.

»Ich spiele Klavier.«

»Wusste ich es doch.« Er schob den Teller mit seiner Karpatka ein Stück von sich. »Haben Sie noch Appetit darauf?«

»Mögen Sie es denn nicht?«

Er schüttelte den Kopf und verzog das Gesicht. »Bitte.«

Während Wanda auch noch die andere Karpatka aß, fragte Tadeusz sie alles Mögliche – über ihre Eltern, ihre Vorlieben, ihre Freunde. Welchen Komponisten sie besonders mochte. Was sie gerne las.

Sie erzählte ihm auch alles Mögliche. Nur von Marek erzählte sie nichts.

Als sie das Café wieder verließen, bot er ihr seinen Arm und sie hakte sich bei ihm unter. Was war denn auch schon dabei? Er verströmte einen zarten Duft nach Vanille, obwohl er gar keine Karpatka gegessen hatte.

»Ich bewundere die ganze Zeit über Ihre Schuhe«, sagte Tadeusz. »Sie sind wirklich phänomenal.«

Nach diesem Nachmittag sahen sie sich öfter. Tadeusz war belesen, klug, amüsant und er kannte sich wie kein Zweiter in der Stadt aus. Er organisierte Karten für ein Klavierkonzert, zu dem Polen eigentlich nicht zugelassen waren, er wusste am Sonnabend, dass am Montag um halb acht in den Tuchhallen auf dem Hauptmarkt Wollloden verkauft werden würde und bot an, ein paar Meter zu besorgen, weil Wanda ja arbeiten musste. Er brachte ihr jeden Tag ein kleines Geschenk in die Bäckerei. Einen Apfel. Ein Stück Seife. Eine Rose. Eine Handvoll Kirschen.

Weil er so interessiert an Wanda war, wusste er bald sehr viel mehr über sie als sie über ihn. »Oh, über mich gibt es auch nicht viel zu erzählen«, lachte er nur, wenn sie ihn darauf ansprach.

Er arbeitete als Prokurist für die Deutschen. »Ich habe deutsche Vorfahren, ihnen habe ich die Stelle zu verdanken. Die Arbeit ermöglicht mir ein gutes Leben, auch wenn Sie es vermutlich für opportunistisch halten, dass ich mich mit den Deutschen arrangiert habe.« Marek würde es mit Sicherheit für opportunistisch halten, dachte Wanda. Aber Marek wusste nichts von Tadeusz. Und wenn er von ihm wüsste?, fragte Wanda sich manchmal. Was würde er wohl sagen?

Sie fand es bald heraus.

Als sie an einem Sonntagnachmittag mit Tadeusz an der Weichsel spazieren ging, anstatt sich mit Marek zu treffen, begegneten sie ihm. Marek saß auf einer Bank, ein Buch auf dem Schoß, aber er las nicht. Für einen kurzen Moment begegneten sich Wandas und Mareks Blicke, aber als Wanda an ihm vorbeiging, senkte er den Kopf und starrte in sein Buch, als ob er sie nicht kannte. Auch gut, dachte Wanda, während sie mit klopfendem Herzen weiterging. Hinterher fragte sie sich, ob sie nicht absichtlich diesen Weg an der Weichsel gewählt hatte. Damit Marek sie sah. Damit er endlich Bescheid wusste, dass er nicht der Einzige war.

Als sie hinterher nach Hause kam, wartete Marek schon im Treppenhaus auf sie. »Was ist das für ein Kerl?«, zischte er, kaum dass sie die Tür geöffnet hatte.

»Hast du mich erschreckt! Du meine Güte. Warum lauerst du mir hier auf?«

»Dieser Mann, mit dem ich dich gesehen habe. Wer ist er?«

»Siehst du? Nun bist du doch eifersüchtig. Obwohl es doch so ein bourgeoises Gefühl ist. Dass ich nicht lache!«

»Nun sei doch vernünftig, Wanda. Es geht doch nicht um solche Kindereien. Dieser Mann ist ein Spitzel, den die Deutschen auf dich angesetzt haben, um mich auszuspionieren. Verstehst du das nicht?«

Tadeusz, ein Spitzel? Das war ja absolut unsinnig. Lachhaft.

Oder aber die einzig logische Erklärung, dachte Wanda, als sie abends in ihrem Bett lag. Warum sollte sich ein gut aussehender, intelligenter, privilegierter Mann wie Tadeusz für ein Bäckermädchen interessieren, wenn es noch dazu nicht einmal besonders hübsch war? Das einzig wirklich Ungewöhnliche an Wanda war ihre Verbindung zu Marek. Allein darauf hatte es Tadeusz abgesehen.

Wie konnte ich nur so blind sein, dachte Wanda.

Als Tadeusz am nächsten Tag mit einem Schälchen Erdbeeren in die Bäckerei kam, schob sie das Obst wieder zu ihm zurück. Obwohl die roten Beeren wirklich wunderbar dufteten.

»Ich muss mit Ihnen reden.«

Als sie Dienstschluss hatte, wartete er bereits vor der Bäckerei auf sie.

»Wir können uns nicht mehr treffen«, teilte ihm Wanda mit. »Es tut mir leid. Ich bin verlobt und ... war sehr dumm in den letzten Wochen.«

»Ich ... das tut mir leid«, stammelte Tadeusz. »Das war mir nicht bewusst, dass Sie gebunden ...« Täuschte sich Wanda oder wurde er sogar rot?

»Es ist ja auch nicht Ihre Schuld.«

»Ich möchte Sie nicht bedrängen«, sagte er leise. »Aber ich habe Sie wirklich sehr gern. Das wissen Sie.«

»Ja, ich weiß.« Nein, das war gelogen. Nichts wusste sie. »Es geht aber nicht.«

Er erschien drei Tage lang nicht mehr in der Bäckerei. Als er dann wiederkam, kaufte er gleich zweihundert Gramm Brot, er reichte ihr die Marken, nahm das Brot in Empfang, grüßte und ging.

Sie war überrascht, dass er so schnell aufgab. Vielleicht war er doch kein Spitzel. Vielleicht hatte er etwas in ihr gesehen, was sonst keiner sah. Marek schon gar nicht.

Sie traf sich jetzt wieder mit Marek, aber es war nicht mehr wie früher. Er wusste es auch überhaupt nicht zu schätzen, dass sie Tadeusz seinetwegen den Laufpass gegeben hatte.

»Was hast du ihm alles von mir erzählt?«, wollte er nur wissen.

»Überhaupt nichts«, beteuerte sie. »Ich bin im Übrigen überzeugt davon, dass du dich täuschst.«

»Phhh!« Er stieß nur verächtlich die Luft aus.

Als sie mit Tadeusz zusammen gewesen war, hatte sie immer an Marek gedacht. Nun dachte sie von morgens bis abends an Tadeusz. Wenn Marek sie küsste, stellte sie sich vor, dass er Tadeusz wäre. Aber Marek küsste Wanda nur noch sehr selten.

»Wie geht es Ihnen?«, fragte Tadeusz, als er wieder einmal in der Bäckerei auftauchte. »Sind Sie glücklich?«

Ja, sehr. Danke der Nachfrage, wollte Wanda entgegnen. Stattdessen brach sie in Tränen aus. Er reichte ihr betroffen sein Taschentuch über die Theke.

»Bitte, gehen Sie jetzt«, stieß sie hervor, während sie ihm sein Brot gab.

Erst als er den Laden verlassen hatte, bemerkte sie, dass sie immer noch sein Taschentuch in der Hand hielt. Es duftete leicht nach Vanille.

In der dritten Juniwoche lud Tadeusz sie ins Kino ein. »Eine Matinee am Sonntagmorgen«, erklärte er mit verschwörerisch leiser Stimme, obwohl er der einzige Kunde im Laden war. »Ich konnte über einen deutschen Kollegen zwei Karten ergattern.«

»Es geht nicht«, erwiderte Wanda, ohne seinem Blick zu begegnen.

»Es ist ein Musikfilm mit Zarah Leander. Er wird Ihnen gefallen«, sagte Tadeusz. »Ich erwarte Sie am Eingang. Das Kino ist in Kleparz, Grunewaldstraße 65, im Hinterhof. Die Vorstellung beginnt um zehn Uhr.«

Er blinzelte ihr zu, als ob alles zwischen ihnen beim Alten wäre, packte sein Brot ein und war weg, bevor sie noch etwas entgegnen konnte.

Sie redete sich ein, dass sie auf keinen Fall hingehen würde. Auch am Sonntagmorgen, als sie ihrer Mutter erklärte, dass sie unmöglich mit in die Kirche könne. »Kopfschmerzen.«

Aber kaum waren Alina und Barbara weg, zog sich Wanda an, schlüpfte in die Lackschuhe und verließ das Haus. Ihr Vater saß in dem Sessel am kalten Kamin und starrte auf seine Pantoffeln. Er beachtete sie gar nicht.

Sie rannte den ganzen Weg bis zur Grunewaldstraße, ohne auch nur ein einziges Mal innezuhalten, ohne darüber nachzudenken, was sie tat. Sie kannte das Kino, es lag ganz in der Nähe der Straße, in der Marek wohnte. Aber um zehn Uhr morgens wäre Marek noch nicht wach, Wanda und er trafen sich nie vor drei, weil er vormittags seine Ruhe brauchte.

Tadeusz war nicht da, als sie atemlos ankam. Natürlich war er nicht da, sie hatte es ja sehr deutlich gemacht, dass sie nicht kommen würde.

Sie fühlte sich mit einem Mal so erschöpft, so leer und verzweifelt, dass sie sich am liebsten auf den Rinnstein gesetzt und geweint hätte. Stattdessen wandte sie sich zum Gehen.

»Panna Masowiecki?«, hörte sie plötzlich den Mann rufen, der am Kinoeingang die Karten abriss.

Sie blieb stehen. »Das bin ich.«

»Hier.« Er streckte ihr ein hellgrünes Kinobillett hin. »Herr Prosz wird sich leider verspäten. Sie möchten schon einmal hineingehen, er kommt nach.«

Der Kontrolleur würde Tadeusz auf jeden Fall berichten, dass Wanda hier gewesen war. Also konnte sie auch genauso gut hineingehen. Sie nickte dem Mann zu, er riss das Billett ab und gab es ihr. »Viel Vergnügen bei der Vorführung.«

Der Film hieß *Die große Liebe*, das war natürlich

der blanke Hohn. Es ging um eine deutsche Sängerin, die sich in einen deutschen Flieger verliebte, der ihre Liebe erwiderte, aber dennoch dauerte es fast eineinhalb Stunden, bis sich die beiden auch wirklich in den Armen lagen. Wanda bekam kaum etwas von der Handlung mit. Wo blieb Tadeusz? Warum kam er nicht? Noch bevor das Wort Ende auf der Leinwand flackerte, erhob sie sich und verließ den Vorführraum.

Es war wirklich ein Fehler gewesen hierherzukommen, dachte sie. Als sie das Kino verließ, wusste sie auch warum.

Der Hinterhof wimmelte von deutschen Soldaten. »Razzia, Ihre Papiere bitte!«

Wanda war die Erste, die das Kino verließ, und die Erste, die überprüft wurde.

»Ich habe meine Papiere nicht dabei«, stammelte sie auf Polnisch. Dann wiederholte sie das Ganze auf Deutsch, aber nun war es zu spät.

»Polin.« Der Wehrmachtssoldat, der sie in Empfang genommen hatte, übergab sie seinem Kameraden, der sie durch die Hofeinfahrt nach draußen führte und auf einen offenen Lieferwagen schob. Vier Soldaten bewachten den Wagen, die Gewehre geschultert, die Mienen starr und ausdruckslos. Sie war nicht die einzige Polin im Kino gewesen, im Gegenteil. Immer mehr Männer und Frauen wurden aus dem Hinterhof gezerrt und auf den Wagen gestoßen.

Wer sich wehrte, wurde zu Boden geschlagen und

wie ein Sack auf die Ladefläche geworfen. Eine Frau, die neben Wanda kauerte, begann zu weinen.

Wanda schloss die Augen. Das Geschrei und Gejammer der anderen drang nur noch gedämpft zu ihr, als hielte sie ihren Kopf unter Wasser. Das ist alles nur ein böser Traum, dachte sie. Wenn es Wirklichkeit wäre, würde ich doch irgendetwas fühlen. Schmerz, Angst, Verzweiflung, Wut. Aber da war nichts.

Als sie die Augen wieder aufmachte, sah sie Marek. Er stand Arm in Arm mit Ivana auf der anderen Straßenseite und blickte zu ihr herüber. Als er sie erkannte, ließ er die Hand von Ivanas Schulter sinken und rief Ivana etwas zu, was Wanda nicht verstehen konnte. Ivanas Blick schoss ebenfalls zu Wanda. Wanda sah, wie die beiden miteinander redeten.

Und dann gingen sie. Ohne sich noch einmal zu Wanda umzuwenden, verschwanden sie um eine Häuserecke. Die Köpfe gesenkt. Die Gesichter ernst. Ein wenig betreten. Es ist besser so, Marek, hatte Ivana wahrscheinlich gesagt. Wenn sie auf uns aufmerksam werden, gefährden wir die ganze Organisation. Das war vernünftig und nachvollziehbar, das verstand Marek sofort.

Wanda schloss die Augen und wartete darauf, dass der Schmerz einsetzte. Aber sie spürte nichts.

Bevor der Wagen anfuhr, kletterten zwei der Soldaten zu den Polen auf die Ladefläche. »*Nic nie mówić*«, befahl einer von ihnen in gebrochenem Polnisch.

Als die Frau neben Wanda lauter weinte, stieß er sie mit dem Gewehrkolben in die Seite. Sie heulte kurz noch lauter auf, dann hielt sie sich selbst den Mund zu und schwieg.

»Dreckiges Vieh«, sagte der andere Soldat laut auf Deutsch und spuckte aus.

Am Wagen glitten die Häuser Krakaus vorbei, alt und ehrwürdig und krumm. Wanda wusste damals schon, dass sie sie für lange Zeit nicht mehr sehen würde. Als sie die Stadt verließen, hatte sie auf einmal das Lied im Kopf, das die Sängerin in dem Film gesungen hatte. »Davon geht die Welt nicht unter, sieht man sie auch manchmal grau. Einmal wird sie wieder bunter, einmal wird sie wieder himmelblau.«

Man brachte sie in ein Sammellager außerhalb von Krakau. Sie erwartete, dass man sie befragen würde, warum sie in dem Kino gewesen war, wer ihr die Karten besorgt hatte. Sie war fest entschlossen, niemanden zu verraten. Tadeusz nicht. Und Marek schon gar nicht. Er sollte erkennen, wie tapfer und stark sie war. Er sollte sich schämen.

Aber man fragte sie nichts. Man sperrte sie zusammen mit neun anderen Frauen in eine kleine Zelle mit vergitterten Fenstern, zweimal am Tag gab es wässrige Suppen, abends eine Scheibe Brot, die oft verschimmelt war. Am dritten Tag wurden sie zusammen in den Hof geschickt, eine Viertelstunde gingen sie hintereinander im Kreis. Als Wanda zum zweiten Mal an einer Aufseherin vorüberging, rief diese sie zu sich. Mit klopfendem Herzen trat Wanda näher.

Die Aufseherin zeigte auf ihre Schuhe. Wanda verstand nicht.

»Du mir geben. Ich Schuhe!«

»Aber ich habe doch sonst keine …«

Die Aufseherin nickte und erhob sich. Sie war groß, fast so groß wie Wanda und noch kräftiger als sie. Am Oberarm zerrte sie Wanda in einen kahlen Raum. »Ausziehen. Alles!«

Wanda flehte und schimpfte und schrie, aber es half nichts. Die Aufseherin sah ihr mit verschränkten Armen dabei zu, wie sie ein Kleidungsstück nach dem anderen auszog. Dann holte sie einen jungen Gefreiten, der verlegen grinste, weil Wanda nackt war.

Er musste sie mit einem Schlauch abspritzen. Der Wasserstrahl war eiskalt und hart wie eine Eisenstange. Die Aufseherin sah zu und lächelte.

Irgendwann blieb Wanda am Boden liegen. Ihre Kleider lagen neben ihr und waren so nass wie sie selbst. Die Schuhe waren weg.

Am nächsten Tag brachte man sie nach Deutschland.

Die Fabrik

In Hirschberg fanden Inge und Wanda Arbeit in einer Tuchfabrik. Die Firma produzierte Stoffe für Uniformen. Die Geschäfte florierten, denn an den Fronten fielen im Februar 1945 die Soldaten in Massen, jeder Gefallene nahm seine Uniform mit ins Grab, und sein Nachfolger benötigte dann eine neue.

»Sie können sofort anfangen«, sagte Herr Speiser, der Vorarbeiter in der Wollspinnerei war, als sie sich bei ihm vorstellten. Sein rechtes Bein war kürzer als sein linkes, deshalb war er nicht eingezogen worden. »Wenn Sie tüchtig sind, dann können Sie bei uns eine glänzende Laufbahn machen. Die Fremdarbeiter haben keinen Ehrgeiz und kein Interesse.«

Sie arbeiteten wie Maschinen von morgens acht bis nachmittags um halb fünf. Erst wenn die Glocke zum Feierabend läutete, kamen sie wieder zu sich. Im Waschraum schrubbten sie ihre Hände, die schwarz von Staub und Wollfett waren. Im Spiegel über dem Waschbecken sah Inge ihr fremdes, verhärmtes Gesicht. Wer bist du, fragte sie sich selbst. Ich kenne dich nicht.

Nachts träumte sie von dem Mann in der Gasse. Sie

fühlte seine suchenden Hände auf ihrem nackten Körper. Du entkommst mir nicht, hörte sie ihn sagen, und dann verschmolz sein Gesicht mit dem des alten Russen, der in die Luft geschossen hatte.

»Übermorgen sollen die Züge wieder fahren, habe ich gehört«, berichtete Wanda am Anfang der zweiten Woche.

»Ach ja? Wer sagt das? Ein Wahrsager?«, gab Inge zurück. Aber im Grunde war es ihr ganz egal, ob sie hier wegkamen oder nicht. Hirschberg, Dresden, es machte keinen Unterschied, wo sie waren. Alles, was schön und gut war, lag hinter ihr, und wenn sie nach vorn blickte, dann erschien alles grau in grau.

Wenn Wanda nicht gewesen wäre, dann wäre Inge morgens gar nicht mehr aufgestanden, sondern einfach in ihrem Feldbett in der Unterkunft liegen geblieben. Wenn Wanda sie nicht so sehr gedrängt hätte, hätte sie bestimmt auch niemals an ihre Tante in Dresden geschrieben. Aber so hatte sie widerwillig ein paar dürre Zeilen zu Papier gebracht. »Wenn du mich und eine Freundin für einige Zeit bei dir aufnehmen wolltest, so wären wir dir zu größtem Dank verpflichtet.« Danach hatte sie den Brief zur Post gebracht, ohne Hoffnung auf Antwort.

Die Tage in der Fabrik zogen sich ins Unendliche. Wegen der Albträume wachte sie mitten in der Nacht auf und fand danach stundenlang keinen Schlaf mehr.

Tagsüber war sie so müde, dass sie vor der Maschine zu schwanken begann.

»Fräulein Baken!« Inge riss die Augen auf. Herr Speiser stand neben ihr und blickte sie vorwurfsvoll an. »Bitte kommen Sie mit ins Büro.« Er drehte sich um, Inge folgte ihm durch die Produktionshallen zum Verwaltungstrakt, überzeugt, dass man sie jetzt entlassen würde.

Im Vorzimmer des Prokuristen saßen die beiden Tippfräulein gerade vor dem Volksempfänger. Als Inge und Herr Speiser hereinkamen, fuhren sie hoch, wie von einer Wespe gestochen. Eine schaltete das Radio aus, dann huschten sie zurück an ihre Schreibtische.

Herr Speiser räusperte sich. »Wo ist denn der Brief für das junge Fräulein?«

Eine der Damen reichte ihm einen Umschlag, den er an Inge weitergab. Als sie ihn öffnete und das Blatt herauszog, zitterten ihre Finger so, dass die Buchstaben vor ihren Augen auf und ab tanzten.

Mein liebes Kind!
Ich bin seit fünf Tagen bei Tante Magdalena und außer mir vor Glück über deine Nachricht. Uns geht es gut, dasselbige erhoffe ich von dir. Komm mit deiner Freundin nach Dresden, zwei Betten sind hier vorhanden.
In großer Erwartung und Freude
Mutter

Mutter. Plötzlich begann sich der Raum um Inge zu drehen wie die Wollfasern um die Kardierwalze. Sie versuchte unsinnigerweise, sich an dem Brief festzuhalten.

»Schlechte Nachrichten?« Herr Speiser packte sie am Arm und schob sie auf einen Stuhl.

»Im Gegenteil. Meine Mutter. Sie ist in Dresden. Sie lebt.« Ihre Stimme klang, als habe sie Wolle im Mund.

»In Dresden?«, begann eine der beiden Tippfräulein. »Aber das ist ja …« Beide Damen starrten Inge mit offenem Mund an.

»Das ist eine Freude! Eine große Freude«, beendete der Vorarbeiter den Satz. »Meine herzlichsten Glückwünsche.«

Wanda geriet vollkommen außer sich, als Inge ihr den Brief zeigte. »Zwei Betten! Das bedeutet, dass sie mich aufnehmen werden!« Aber dann wurde ihr Gesicht wieder ernst. »Aber wenn deine Mutter nun aussagt, dass ich eine ehemalige Fremdarbeiterin bin, eine Polin, was dann?«

»Als ob sie so etwas tun würde! Nachdem du mir sogar das Leben gerettet hast. Nein, mach dir keine Sorgen, meine Mutter wird dich bestimmt nicht verraten.«

Inge begann sich zu freuen. Ganz vorsichtig zuerst. Freude war ein so ungewohntes Gefühl nach den letzten Wochen.

Ihre Mutter lebte. Sie war in Dresden bei Tante Magdalena und erwartete sie dort. Wahrscheinlich war auch sie ganz außer sich gewesen, als sie Inges Brief erhalten hatte. Inge erinnerte sich daran, wie sie ihre Mutter damals in Hohenau zuletzt gesehen hatte, nachdem ihr Vater zum Volkssturm einberufen worden war. Vielleicht hat ja auch er die Sache lebend überstanden, dachte sie. Wer weiß, vielleicht ist er inzwischen ebenfalls in Dresden. Oder sogar in Hohenau.

Die Hoffnung, die dumme, unsinnige Hoffnung. Ehe man sichs richtig versah, regte sie sich und erfüllte einen mit Lebensfreude und Zuversicht. Jetzt wendet sich alles zum Guten, flüsterte sie so nachdrücklich, dass man ihr glauben musste.

So lange, bis man wieder enttäuscht wurde.

Den ganzen Tag lang träumten sie. »Wenn wir Glück haben, bekommen wir schon morgen einen Zug. Zurzeit fahren sie doch eigentlich recht zuverlässig«, überlegte Wanda.

»Wir müssen aber doch zuerst kündigen«, wandte Inge ein.

Wanda lachte. »Pah, wir werden uns doch von so etwas nicht aufhalten lassen. Und den Lohn für die letzten Tage schenken wir ihnen.«

»Mein Vater hat mir immer viel von Dresden erzählt«, sagte Wanda, nachdem sie eine Weile schweigend weitergearbeitet hatten. »Die Semperoper. Jedes Mal, wenn er in Dresden war, ist er in die Semperoper gegangen. *Das Land des Lächelns* war seine Lieblingsoper, er hat mir oft daraus vorgesungen.«

»Dein ist mein ganzes Herz.« Wanda summte die Melodie und lächelte.

»Dein Vater war in Dresden? Ich dachte ... er sei Pole.« Inge blickte sich unwillkürlich zu der Fremdarbeiterin um, die neben ihnen arbeitete. Aber über dem Lärm der Maschinen hätte sie sie auch nicht verstanden, wenn sie besser Deutsch gesprochen hätte.

»Es war ja nicht immer so wie heute. Mein Vater hat in Berlin studiert, deutsche Literatur. Er hat Deutschland so geliebt und dann ...« Wanda griff wieder nach dem Metallstab und riss das Wollvlies von der Walze, mit einer solchen Wucht, dass es mitten durchriss. »Zu dumm aber auch.« Sie zerrte die beiden Stücke aus der Maschine und warf sie zurück in den Wollbehälter.

»Meine Mutter hat früher in Dresden gelebt. Sie hat bei ihrer älteren Schwester gewohnt, Tante Magdalena, bevor sie meinen Vater kennengelernt und geheiratet hat. Sie sagt immer, dass es die beste Zeit ihres Lebens gewesen sei.« Früher hatte sich Inge über diesen Satz geärgert. Sie selbst war ja damals noch

gar nicht auf der Welt gewesen, wie konnte es dann für ihre Mutter die beste Zeit ihres Lebens gewesen sein? Aber jetzt war sie froh darüber. Nach all dem

Schrecken und der Angst war ihre Mutter wieder in Dresden, in der Stadt, die sie liebte. Das war ein gutes Zeichen.

»Stell dir vor, wenn meine Mutter und dein Vater sich damals getroffen hätten. Vielleicht hätten sie sich ineinander verliebt, und dann wären wir nun wirklich Schwestern.«

Wanda machte eine hastige Kopfbewegung zur Tür. Herr Speiser näherte sich.

Egal, dachte Inge. Morgen oder übermorgen wären sie auf dem Weg nach Dresden. Hirschberg war jetzt schon Vergangenheit.

»Wir haben Nachricht aus Dresden«, rief Inge dem alten Herrn Wichelhaus entgegen, der wie immer mit seiner gelben Strickmütze am Tor des Flüchtlingslagers stand. »Unsere Mutter ist am Leben und erwartet uns.«

Es starrte sie wortlos an.

»Unsere Mutter«, wiederholte Inge langsamer und lauter. »Sie ist in Dresden.« Manchmal dauerte es ein bisschen, bis der alte Mann einen verstand.

Sein Mund formte Worte, aber er brachte keinen Laut hervor. »Das ist ja …«

Er nahm die gelbe Mütze ab, kratzte sich am Kopf und stülpte sie sich dann wieder über, wobei er schief lächelte. Die Leute sind neidisch, dachte Inge. In diesen Zeiten hat doch fast jeder einen lieben Verwandten verloren. Die meisten können es nicht verwinden, dass es mir so viel besser geht.

Sie zog Wanda hinter sich her in den Schlafsaal. Zum ersten Mal ging sie an der Tafel in der Eingangshalle vorüber, ohne auch nur einen Blick darauf zu werfen. Die Suche nach ihren Verwandten, das Bangen und Hoffen, all das war jetzt für sie vorüber.

»Sie strahlen ja so«, sagte Frau Schlenski, die wie immer auf ihrem Feldbett saß. Im Gegensatz zu Inge und Wanda ging Frau Schlenski nicht arbeiten, sie hockte tagaus, tagein im Schlafsaal und erzählte jedem, der hereinkam, ihre Lebensgeschichte. Keiner wusste so recht, wovon sie lebte, sie schien aber immer genug Geld zu haben, um sich ihr Mittagessen zu kaufen.

»Ich habe einen Brief aus Dresden erhalten«, sagte Inge. »Meine Mutter lebt und erwartet uns. Ist das nicht wunderbar?«

Frau Schlenski riss die Augen auf. »Na, da haben Sie ja Glück gehabt! Da können Sie wirklich sehr zufrieden sein. Ich dagegen ... Mein lieber Mann ist nun schon so lange verschollen. Ob ich jemals wieder von ihm hören werde?« Einen Moment lang zitterte die schwarze Warze auf ihrer Oberlippe.

Dann betrat Frau Burwitz den Raum, ihren kleinen Jungen an der Hand. Frau Burwitz arbeitete jetzt in einer Munitionsfabrik, ihr Sohn begleitete sie jeden Tag zur Arbeit. Was er wohl machte, während sie am

Förderband Patronenhülsen zusammenschraubte? Alle Schulen waren ja wegen des Kriegs geschlossen. Vermutlich saß er irgendwo auf dem Boden und spielte mit leeren Munitionshülsen oder starrte gegen die Wand. Frau Burwitz redete nur das Allernötigste mit den anderen Flüchtlingen. Auch jetzt kauerte sie sich stumm auf ihren Strohsack, den Rücken zu Inge und Frau Schlenski gekehrt. Aber davon ließ sich Frau Schlenski nicht abschrecken.

»Stellen Sie sich vor, die beiden Mädchen haben ihre Mutter wiedergefunden«, dröhnte ihre Stimme durch den Raum. »Sie ist in Dresden.«

»In Dresden?« Frau Burwitz' Kopf schoss zu ihnen herum. »Aber Dresden ist doch ...« Sie verstummte, genauso wie Herr Wichelhaus und die Tippfräulein verstummt waren.

»Was?«, fragte Inge. »Was ist denn eigentlich los?«

»Ja, haben Sie es denn noch nicht gehört?«, flüsterte Frau Burwitz. »Wissen Sie denn nicht, was geschehen ist?«

»Etwas Schlimmes?«, fragte Frau Schlenski, die nichts auf der Welt so sehr liebte wie schlechte Nachrichten. Aus schlechten Nachrichten sog sie ihre Lebenskraft, Kummer und Leid der anderen ließen sie aufblühen wie ein plötzlicher Regenguss einen Kaktus.

»Dresden wurde in den letzten Tagen in Grund und Boden gebombt.« Frau Burwitz sprach so leise, dass

Inge sie kaum verstehen konnte. »Zuerst kamen die Engländer und dann die Amerikaner. Angeblich steht in der Stadt kein Stein mehr auf dem anderen.«

»Woher wollen Sie das denn wissen?« Frau Schlenskis Warze bebte jetzt vor freudiger Erregung.

»Es ist natürlich nichts Offizielles.« Frau Burwitz senkte ihre Stimme zu einem Wispern. »Man redet eben so.«

Plötzlich verstand Inge, warum die beiden Fräulein im Büro so erschrocken zurückgefahren waren, als Inge und Herr Speiser in den Raum gekommen waren. Sie hatten in ihrem Radio den Feindsender* gehört. Es war verboten und dennoch machten es heutzutage fast alle. Und weil auch die Engländer und Amerikaner das wussten, sendeten sie inzwischen einen Großteil ihrer Meldungen auf Deutsch.

»Das ist doch Unsinn«, sagte Wanda neben ihr mit zitternder Stimme. »Dresden haben sie bislang kaum angerührt. Es soll doch das neue Hauptquartier der Siegermächte werden. Das sagen alle! Und der Krieg ist ja auch fast schon vorbei ...«

»Im Betrieb sagen sie, dass die Engländer und Amerikaner die Stadt zerstört haben, damit sie den Russen nicht in die Hände fällt«, flüsterte Frau Burwitz.

Hinter ihr spielte ihr Sohn mit einem Eisenrohr. Er legte es an seine Wange, zielte damit auf seine Mutter und feuerte eine Maschinengewehrsalve in ihre Richtung. *Prrattattattatt.* Dann durchsiebte seine imaginäre Waffe den ganzen Raum. *Prratttattattattprrettettettett.*

Wenn uns die Männer damals nicht überfallen hätten, wären wir jetzt ebenfalls in Dresden, dachte Inge. Ich hätte Mutter noch einmal gesehen und vielleicht wären wir zusammen gestorben. Sie stellte sich vor, wie sie und ihre Mutter Seite an Seite in einem Bett aus Geröll lagen. Unter einer Decke aus Schutt und Asche.

Am nächsten Tag schickte sie ein Telegramm nach Dresden. »Die Stadt wurde zerbombt, wissen Sie das denn nicht?«, fragte das Fräulein auf dem Amt, die den Auftrag entgegennahm. »Ich denke nicht, dass Sie da eine Antwort bekommen.«

Sie bekam auch keine Antwort.

Inge und Wanda gingen weiterhin jeden Tag in die Tuchfabrik, und während sich vor ihr die Walze drehte, glitt Inge wieder zurück in ihre alte Teilnahmslosigkeit.

»Sie können froh sein, dass Sie die Stelle haben«, sagte Herr Speiser zu ihr. »Angesichts all der vielen Flüchtlinge in der Stadt, die alle Arbeit suchen.«

Er hatte Recht. Hirschberg platzte inzwischen aus allen Nähten. Täglich trafen neue Flüchtlinge aus ganz Schlesien ein. In ihrem Zimmer im Flüchtlingslager schliefen jetzt schon fünfzehn Leute. In zwei Volksschulen und einem Kindergarten waren weitere Flüchtlingsunterkünfte eingerichtet worden.

Die übrigen Flüchtlinge hausten in winzigen Zimmern und sogar Bushaltestellen oder Ziegenställen. Wer keine Arbeit fand, lebte von öffentlichen Suppenküchen, von Almosen, Abfällen oder von bloßer Luft. Überall in der Stadt sah man Menschenschlangen. Ob Brot verkauft oder Essen verteilt wurde, ob ein Fabrikant Aushilfskräfte suchte oder ein Leierkastenmann orgelte, die Leute stellten sich hintereinander auf und warteten mit hängenden Köpfen, bis sie an der Reihe waren, und danach stellten sie sich gleich wieder in der nächsten Schlange an.

Die Front war ein paar Kilometer vor dem Riesengebirge stehen geblieben. Die Rote Armee kam nicht näher, sie ließ sich aber auch nicht zurückdrängen. Die Soldaten verharrten in ihren Stellungen und die Flüchtlinge verharrten in der Stadt. Alle warteten sehnsüchtig darauf, dass etwas geschah. Dass der Krieg beendet würde. Dass das Leben endlich wieder weiterginge.

»Das ist ja nicht auszuhalten«, sagte Wanda. »Wir müssen hier weg.«

Bevor Inge etwas entgegnen konnte, sahen sie den Wagen. Er kam direkt neben ihnen zum Stehen, um eine Straßenbahn durchzulassen.

Es war ein Lieferwagen, dessen Ladefläche mit einem groben Bretterverschlag versehen war, ähnlich dem Metzgerkarren, der auf Hohenau immer das Schlachtvieh abgeholt hatte. Aber in diesem Wagen wurden keine Rinder und Schweine transportiert, auf diesem Wagen standen Menschen. Gefangene in blau-weiß gestreifter Häftlingskleidung.

Ihre ausgemergelten, kahl rasierten Köpfe ragten ein Stück über den Verschlag hinaus, riesige dunkle Augen starrten aus mageren Gesichtern ins Leere. Dürre Finger schoben sich durch die Schlitze der Bretter und klammerten sich am Holz fest.

»Was sind das für Männer?«, flüsterte Inge, als der Wagen wieder anfuhr. Hinten ragte ein Arm nach draußen, der so dürr war, dass die Haut nur noch Sehnen und Knochen zusammenhielt.

»Juden. Polen. Kommunisten«, entgegnete Wanda. »Alle, die den Nazis sonst noch missfallen haben. Weil sie nicht die richtige Rasse haben. Oder den Mund nicht halten konnten.«

Inge dachte an den Lehrer Hofmeister aus Bankau, der kurz vor Weihnachten verhaftet worden war, nachdem Ortsgruppenleiter Stenzel über seine angebliche bolschewistische Gesinnung hergezogen hatte. Vielleicht war er einer der Männer auf dem Wagen, der jetzt in Richtung Hauptbahnhof entschwand.

»Sie lösen die Konzentrationslager auf«, murmelte Wanda. »Bevor die Rote Armee es tut.«

»Wo bringen sie die Männer hin?«

Wanda zuckte mit den Schultern. »Keine Ahnung. Ich frage mich, woher sie kommen. Vielleicht aus Auschwitz.«

Auschwitz. Inge erinnerte sich plötzlich an eine Unterhaltung, die sie vor ein paar Jahren zufällig mit angehört hatte. Ein Gespräch ihrer Eltern, das nicht für ihre Ohren bestimmt war. Sie hatte im Garten Unkraut gejätet, als ihre Eltern plötzlich nach draußen kamen. Sie traten unter den Mirabellenbaum, der voller duftender, weißer Blüten hing und von Bienen umsummt wurde.

Noch hatten sie Inge nicht entdeckt. Sie wollte gerade aufstehen und zu ihnen hinübergehen, als sie das Gesicht ihres Vaters sah. Es war weiß, so weiß wie damals das Gesicht ihres Großvaters auf dem Totenbett. Inge duckte sich hinter einem Johannisbeerstrauch zusammen, ihr Herz klopfte laut und heftig. »Wenn du wüsstest«, hörte sie die leise Stimme ihres Vaters. »Wenn du von den entsetzlichen Dingen wüsstest, die dort vor sich gehen.«

Auschwitz. Damals hörte Inge den Namen zum ersten Mal. Ihr Vater war in Auschwitz gewesen, so viel verstand sie, und dort hatte er Dinge gesehen, die ihn vollkommen durcheinandergebracht hatten. Unaussprechliche Dinge, von denen Inge nichts wissen durfte. Von denen sie auch gar nichts wissen wollte, weil das Wissen um Auschwitz und alles, was dort geschah, die heile Welt von Hohenau zerrissen und zerstört hätte. Sie schlich leise zurück ins Haus, ohne dass ihre Eltern sie bemerkten.

Damals war sie vor der Wahrheit geflohen, aber nun hatte diese sie doch eingeholt.

»Ich hasse sie«, murmelte Inge.

»Wen? Von wem sprichst du?«

»Wolfgang und seinesgleichen, die uns das alles eingebrockt haben. Die Konzentrationslager und den Krieg und die Vertreibung.«

»Wolfgang und seinesgleichen haben euch das eingebrockt?«, fragte Wanda ungläubig. Sie ging kopfschüttelnd weiter und auf einmal begriff Inge, wie dumm sie war.

Sie schob die Verantwortung auf Wolfgang, der sie wiederum an seinen Oberst weitergab, der Oberst schob sie auf den General, der General auf den Oberbefehlshaber und der Oberbefehlshaber auf den Führer persönlich. Und vom Führer fiel sie wieder auf jeden Einzelnen zurück. Wir sind alle schuldig, erkannte Inge. Ich, weil ich nicht nachdenken und nicht genauer hinsehen wollte. Vater, weil er alles durchschaut und trotzdem geschwiegen hat. Wir sind mindestens ebenso schuldig wie Wolfgang. Und wohin wir auch gehen, unsere Schuld wird uns überallhin folgen.

Gottes Werk

Ende Februar schmolz der Schnee. Eines Abends begann es zu regnen, und schon am nächsten Morgen waren aus den weißen Straßen graue Matschflächen geworden. Morgens drang die Nässe durch Wandas brüchiges Schuhwerk, sodass sie bis zum Mittag nasse Füße hatte. Abends trugen sie den Dreck zurück ins Flüchtlingslager, das Stroh am Boden verfärbte sich graubraun und begann zu stinken.

Die Arbeitszeit in der Tuchfabrik wurde von acht auf neun Stunden verlängert. Die Löhne wurden allerdings nicht erhöht, man arbeitete einfach länger für dasselbe Geld. Keine der Arbeiterinnen wagte zu murren, weil es jetzt genügend andere Frauen in der Stadt gab, die die Arbeit gerne übernommen hätten.

»Morgen gehe ich nicht zur Arbeit«, teilte Wanda Inge eines Abends mit.

»Bist du krank?«

»Nein. Ich gehe nie mehr in die Fabrik.«

»Aber … wovon willst du denn leben?«

»Ich verlasse Hirschberg so bald wie möglich.«

Inge kaute auf ihrer Unterlippe und schwieg.

»Und du? Kommst du mit oder willst du für den Rest deines Lebens hierbleiben?«, fragte Wanda.

»Ich weiß es nicht.«

Dieser leere Blick. Diese Gleichgültigkeit. Inge hatte sich wirklich vollkommen verändert, seit sie in Hirschberg waren. Früher waren Wanda ihr ständiges Geplapper und Genörgel auf die Nerven gegangen. Heute sehnte sie sich geradezu danach.

Inge aß und trank kaum noch etwas, redete wenig, lachte nie. Nur nachts fuhr sie manchmal schreiend aus dem Schlaf hoch. Es ist diese Stadt, die sie so verändert hat, dachte Wanda. Diese schreckliche Fabrik. Die Männer, die uns damals überfallen haben, damit hat alles angefangen. Und dann die Nachricht aus Dresden. Wenn Inge nicht mit mir kommt, dann geht sie hier zugrunde.

»Wenn du nicht weißt, was du willst, dann kannst du mich genauso gut begleiten.«

Inge starrte auf ihre Hände und antwortete nicht.

»Selbst als wir auf der Straße waren und am Morgen nicht wussten, wo wir die Nacht verbringen sollen, war es besser als hier«, fuhr Wanda fort. »Ich kann dieses Zimmer nicht mehr ertragen, das stinkende Stroh und diese Leute. Und ich hasse die Fabrik. Lieber verhungere ich auf offener Straße, als dass ich hierbleibe.« Mit jedem Wort war ihre Stimme lauter geworden. Es war ihr egal, ob Frau Schlenski sie hörte, es war ihr egal, was die anderen über sie dachten.

Nur Inge war ihr nicht egal.

Wie erbärmlich sie aussah. Ihr Gesicht war so blass und mager, umrahmt von dünnem, glanzlosem Haar. Auch ihre Augen waren trüb und stumpf.

»Was soll nur aus uns werden?«, fragte sie leise.

»Wenn wir uns nicht endlich auf den Weg machen, werden wir es nie herausfinden«, erwiderte Wanda.

Inge starrte schweigend auf das Bettlaken, das Frau Burwitz als Abtrennung durch den Raum gezogen hatte.

»Ich weiß, wie du dich fühlst«, sagte Wanda. »Damals in Krakau, als mich die Deutschen gefangen genommen haben, ging es mir genauso. Ich wäre am liebsten gestorben. Und dann …« Sie unterbrach sich und runzelte die Stirn.

»Und dann?«, fragte Inge.

»Dann habe ich dich getroffen«, sagte Wanda.

Der Zug war so voll, dass sie es gerade einmal bis in den Gang schafften. Durch ein Glasfenster konnten sie in eines der Abteile blicken, auf den Holzbänken saßen vier Frauen, fünf kleine Kinder und zwei ältere Männer. Zwischen ihre Beine war ein Kinderwagen gequetscht, über ihnen türmte sich das Gepäck bis zur Decke.

Auch auf dem Gang drängten sich die Reisenden dicht an dicht. Neben Inge stand ein junger Soldat und rauchte. Neben Wanda heulte ein kleines Kind auf dem Arm seiner Mutter.

Es war unerträglich.

Es war wunderbar.

Vor dem Fenster verschwanden gerade die letzten Häuser von Hirschberg.

»Adieu, Herr Speiser«, sagte Wanda. »Adieu, Frau Schlenski.«

»Wir sehen uns hoffentlich nie mehr wieder«, ergänzte Inge und lachte. Sie lachte! Das war so ungewohnt, dass sich Wanda unwillkürlich umdrehte, um zu sehen, woher das Geräusch kam.

»Da! Die Schneekoppe«, sagte die Frau neben Wanda zu ihrem Kind und zeigte auf einen fernen Gipfel, woraufhin das Kind nur noch lauter brüllte.

Auf der Amtsstube hatte man ihnen eine Reisegenehmigung bis Nördlingen ausgestellt. Das lag irgendwo in Süddeutschland, so viel wussten sie immerhin.

»Aber wir haben dort keine Verwandtschaft«, hatte Wanda der Dame hinter dem Schalter erklärt.

»Das ist egal. Die ländlichen Gegenden wurden vom Krieg mehr oder weniger verschont.«

»In Dresden suche ich Mutter«, flüsterte Inge jetzt. »Ich muss wissen, was mit ihr geschehen ist. Vielleicht lebt sie ja noch. Ich muss es einfach wissen.«

Wanda dachte an die Tausenden von Toten, von denen sie im Radio gehört hatte, verschüttet, begraben, verbrannt. Die Hitze des Feuersturms* hatte das Glas der Fensterscheiben zum Schmelzen gebracht wie Wachs und war bis in die überfüllten Luftschutzkeller und Bunker vorgedrungen, Luftminen* hatten die Lungen der Menschen zum Zerplatzen gebracht wie Luftballons. Du wirst niemals erfahren, was mit deiner Mutter geschehen ist, dachte sie. Genauso wenig wie ich.

Kurz nachdem sie Lauban passiert hatten, hielt der Zug plötzlich auf freiem Feld an. Weit und breit war kein Bahnhof zu sehen, die Leute wechselten ratlose Blicke.

»Was ist denn jetzt los?«, fragte Wanda.

»Keine Ahnung«, antwortete der junge Soldat neben Inge, obwohl Wanda gar nicht mit ihm gesprochen hatte. »Vielleicht ein technischer Schaden.«

Oder die Russen, dachte Wanda, aber sie sprach den Gedanken nicht aus.

»Bestimmt geht es gleich weiter.« Der Soldat zündete sich eine Zigarette an. »Hermenau. Gefreiter in der zwölften Infanteriedivision.« Die Zigarette in den Mundwinkel geklemmt, streckte er Wanda die Hand hin.

Sie brauchte einen Moment, bis sie verstand, dass er sich vorgestellt hatte.

»Aha«, meinte sie dann nur, wobei sie die Hand ignorierte. Sie wollte den jungen Mann nicht kennenlernen. Sie wollte endlich weiter. Aber dann spürte sie Inges Ellbogen in der Seite.

»Waltraud Baken«, sagte sie widerwillig. »Das ist meine Schwester Inge.«

»Sehr erfreut.« Der Soldat blies einen Rauchring in Richtung Zugfenster.

Inge hustete.

»Entschuldigung.« Er ließ die Zigarette anstandslos fallen und trat sie aus. Das war ungewöhnlich, dachte Wanda. Zigaretten waren in dieser Zeit Gold wert und er warf sie fast ungeraucht zu Boden, nur weil Inge gehustet hatte.

»Warum sind Sie nicht an der Front?«, fragte Wanda.

»Mein Vater ist gestorben. Ich muss meiner Mutter mit dem Hof helfen, mein jüngerer Bruder kommt allein nicht zurecht. Da haben sie mich ziehen lassen.«

»Mein Beileid«, sagte Wanda.

Der Soldat nickte und schwieg. Er hatte dunkles, fast schwarzes Haar, war groß und sehr schmal gebaut. Ein südländischer Typ.

»Wo liegt Ihr Hof denn?«, erkundigte sich Wanda.

»In der Nähe von Dresden. Unkersdorf heißt der Ort. Und Sie? Wohin fahren Sie?«

»Wenn wir das wüssten«, sagte Wanda.

»Nach Dresden«, meinte Inge fast gleichzeitig. »Unsere Mutter ist in Dresden. Also … vielleicht ist sie auch tot.«

»Hm.« Der Soldat schaute aus dem Fenster, obwohl es draußen nichts als Finsternis zu sehen gab.

»Wir bleiben aber nicht in Dresden«, sagte Wanda schnell. »Wir fahren weiter.«

Nach einer Stunde fuhr der Zug endlich weiter, nur um dann bei Görlitz erneut langsamer zu werden. Die Frau neben Wanda stöhnte laut, als die Bremsen den Zug kreischend zum Stehen brachten. Ihr Kind, das gerade eingeschlafen war, wachte wieder auf und begann erneut zu schreien.

Der Soldat blickte sehnsüchtig auf die zertretene Zigarette zu seinen Füßen.

Inge machte sich auf die Suche nach einer Zugtoilette.

»Meinethalben können Sie ruhig rauchen«, sagte Wanda großzügig.

Er nickte erleichtert und zündete sich sofort eine an. »Eine lästige Angewohnheit«, meinte er entschuldigend. »Aber wenn man an der Front nichts zu tun hat, verliert man den Verstand. Und was soll man schon groß anfangen, außer zu rauchen?«

Kurz darauf kam Inge wieder zurück. »Es gibt nur ein einziges Klosett für den ganzen Zug. Es dauert Stunden, bis man endlich an der Reihe ist.«

»Und?«

»Ein Schaffner hat mich nach draußen gelassen.« Sie wurde rot und räusperte sich. »Er sagt, dass wir wegen einer Maschinenpanne halten. Der Aufenthalt wird wohl noch eine Weile dauern.«

Es war inzwischen nach Mitternacht. »Vor Tagesanbruch kommen wir hier bestimmt nicht weg«, meinte der Soldat düster.

Die Frau neben ihnen hatte sich mitten auf dem Gang auf den Boden gesetzt. Ihr wimmerndes Kind auf dem Schoß lehnte sie an der Wand des Abteils, die Augen geschlossen.

»Wir sollten es ebenso machen«, sagte Wanda. »Ich bin jedenfalls todmüde.«

»Warten Sie.« Bevor sie sich niederlassen konnten, breitete der Soldat seinen Schlafsack auf dem schmutzigen Boden aus. »So ist es besser.«

Sie nahmen nebeneinander Platz. Wanda, Inge und der junge Soldat. Zuerst saßen sie noch sehr aufrecht da, dann sanken sie immer weiter nach unten. Als sie fast eingeschlafen war, sah Wanda, dass Inges Kopf an die Brust des Soldaten gesunken war. Der Soldat fing Wandas Blick auf und lächelte.

Als sie aufwachte, war der Zug wieder in Bewegung. Es war Morgen, durch die Fenster schien helles Sonnenlicht in den Gang. Die anderen Passagiere hatten sich längst erhoben, sie starrten befremdet auf Wanda und Inge, die immer noch schlief. Betreten rüttelte Wanda sie wach und stand ebenfalls auf. Der Soldat war weg, fiel ihr plötzlich auf. Ihre Hände fuhren zu dem Brustbeutel unter ihrer Bluse, in dem sie ihr Geld, die Fahrkarten und die Reisegenehmigung aufbewahrte. Weg, alles weg, genauso wie ihre Taschen, die Bettdecken, Kleider. Das ganze Essen. Wanda stürzte zum Fenster. Auf dem Bahnsteig vor dem Zugfenster stand der Soldat und winkte ihr grinsend mit dem Brustbeutel zu.

Dann wachte Wanda wirklich auf. Der Zug fuhr tatsächlich wieder, das Rattern klang wie das Grollen der Walze in der Tuchfabrik. Aber es war noch dunkel, am Fenster rauschte die Nacht vorbei. Alles war still, die Leute kauerten, hockten, lagen da und schliefen. Auch Inge. Und neben ihr der Soldat. Wandas Hände tasteten nach ihrem Brustbeutel. Er war noch da, Gott sei Dank.

Sie versuchte wieder einzuschlafen, aber es gelang ihr nicht.

Sie spürte den harten, kalten Boden durch den Schlafsack, fühlte das Rattern der Räder auf den Schienen. Sie setzte sich hin und im selben Moment setzte sich auch der Soldat auf.

Jetzt hielt der Zug mit einem Ruck an, sodass Wanda gegen Inge und Inge gegen den Soldaten gedrückt wurde, ohne jedoch aufzuwachen.

Der Mann nahm Inges Schulter und lehnte sie behutsam gegen die Wand. Nun öffnete auch sie die Augen, murmelte etwas, schloss sie wieder.

»Ich gehe einmal nachsehen, was los ist.« Er erhob sich und bahnte sich einen Weg durch die Kauernden hindurch, über die Schlafenden hinweg. Als er die Tür erreichte und sie öffnete, erhob sich auch Wanda. Sie folgte dem Soldaten nach draußen, ohne darüber nachzudenken, warum sie ihm nachging.

Die kalte Nachtluft schlug ihr ins Gesicht, eiskalt und frisch wie Quellwasser. Der Soldat redete mit einem Schaffner, dann wandte er sich ab und zündete sich eine Zigarette an.

»Und?« Wanda trat neben ihn. »Was haben Sie herausgefunden.«

»Wir bleiben wohl eine Weile stehen.« Er bot ihr auch eine Zigarette an – und sie nahm sie. Früher, als sie mit Marek zusammen gewesen war, hatte sie manchmal geraucht. Jetzt war ihr plötzlich wieder danach.

Den ersten Zug fühlte sie heiß und scharf in ihrer Lunge. Sie musste plötzlich an Frau Gendner denken. Ob sie es auch bis nach Dresden geschafft hatte und nun ebenfalls irgendwo in den Trümmern lag?

»Woran denken Sie?«, fragte der Soldat.

»An nichts. Und Sie?«

»An all meine Kameraden. Was aus ihnen werden soll.«

Wanda blickte sich um. Sie waren allein hier draußen, auch der Schaffner war wieder zurück in den Zug gestiegen. »Der Krieg ist jedenfalls verloren«, sagte sie leise.

Er antwortete, ohne eine Sekunde zu zögern. »Schon lang. Und so wie es aussieht, bin ich noch einmal davongekommen. Der Tod meines Vaters hat mich gerettet.« Seine Zigarettenspitze glühte hell auf. »Ich bin meinem Gott sehr dankbar dafür, dass er mich gerettet hat.«

Wanda blies den Zigarettenrauch in den Himmel, dessen durchdringendes Schwarz an den Rändern ins Graue auszufransen begann. Die Nacht wurde zum Tag. »Und Ihre Kameraden? Die lässt Ihr Gott zugrunde gehen. Sind Sie ihm dafür auch dankbar?«

Er rauchte und schwieg. Vielleicht war er verärgert.

»Diesen Krieg haben wir Menschen angefangen«, sagte er schließlich. »Das ist nicht Gottes Werk.«

»Die Deutschen haben ihn angefangen«, korrigierte ihn Wanda. Wir Deutschen, hätte sie sagen sollen, nachdem sie ja nun offiziell auch dazugehörte.

»Das ist wohl wahr«, entgegnete er leise. »Aber wir haben ihn nicht erfunden. Das Morden und Totschlagen, das Drohen und das Waffenbauen, die Gier nach Land und Besitz, das gibt es schon so lange wie die Welt. Seit Anbeginn der Zeiten ist das Böse da. Und es wird nie verschwinden.«

»Und warum ist es da?«, fragte Wanda. »Weil Gott es mit erschaffen hat.«

»Man muss sich dagegenstellen. Das ist der Sinn, der einzige Sinn, den ich dahinter erkennen kann. Aber ich habe es nicht getan.« Er warf seinen Zigarettenstummel zu Boden und trat ihn aus.

»Sie meinen, weil Sie die Front verlassen haben?

Wenn Sie geblieben wären, hätten Sie nichts ausgerichtet. Sie haben das Richtige getan.«

»Nein, das meine ich nicht. Ich hatte einen Kameraden, der desertiert ist, nach seinem ersten Kampfeinsatz. Er konnte nicht töten. Er wollte nicht mitmachen. Sie haben ihn gefasst und standrechtlich erschossen. Ich kannte ihn kaum. Ich hätte ihn gern kennengelernt.« Er sah Wanda nachdenklich an. »Er hat sich dagegengestellt.«

Wanda drückte ihre Zigarette ebenfalls aus. Ihr Hals war trocken und kratzte.

»Es soll einen Sinn haben, dass ich davongekommen bin«, sagte der Soldat leise. »Ich will dieses Leben nutzen, das mir geschenkt worden ist.«

»Wofür?«, fragte Wanda.

Im Dämmerlicht des Morgens glänzten seine Augen dunkel, ein wenig traurig. Sie sahen ein bisschen so aus wie Mareks Augen. Warum war ihr das vorher nicht aufgefallen?

»Ich weiß es noch nicht«, sagte er. »Aber ich werde es herausfinden.«

Dresden

Dresden. Das bloße Skelett einer Stadt. Schwarz verkohlte Stahlgerüste, die sich anklagend zum hellblauen Himmel reckten. Mauerreste mit Fensterlöchern wie blinde Augenhöhlen. Zwischen zwei Betonpfeilern klaffte ein Bombenkrater. Ein paar Frauen stocherten in den Trümmern, ihre Körper schwarz und dürr wie verkohlte Baumstämme.

Über allem schwebten ein gelblicher Rauch und der Geruch nach etwas Verschmortem, man konnte es durch die geschlossenen Zugfenster hindurch riechen. Es war, als ob die Bomber gerade eben erst abgezogen wären, dabei lag die Zerstörung schon über zwei Wochen zurück.

Im Zug herrschte Totenstille. Selbst das kleine Kind neben Wanda starrte stumm in das Trümmerfeld. Wanda hätte ihren Blick gerne abgewendet, aber sie schaffte es nicht. Das Elend war ja auch überall, ganz egal, wo man hinsah.

»Mein Dresden«, schluchzte eine alte Frau. Wie auf Kommando begann auch das Kind neben Wanda wieder zu weinen.

»Da! Die Kirche«, murmelte Inge und zeigte auf

die Reste eines Glockenturms, die sich schwarz aus den Trümmern gen Himmel reckten. Das Schiff war völlig zerstört, nicht einmal die Seitenmauern waren stehen geblieben.

»Die Frauenkirche sieht angeblich nicht anders aus«, sagte der Soldat leise.

Die Frauenkirche, dachte Wanda. Ein prachtvolleres Gebäude findet man in ganz Deutschland nicht, hatte ihr Vater einmal zu ihr gesagt. Jetzt würde Wanda sie nie mehr zu Gesicht bekommen.

Auch der Hauptbahnhof war nichts als ein Trümmerhaufen. Von dem geschwungenen Dach war nur ein Netz aus Stahlstreben übrig geblieben. Die Gleise waren mit Schutt und Glasscherben bedeckt, nur an der vorderen Bahnsteigkante hatte man einen schmalen Streifen frei geräumt.

»Was werden Sie jetzt tun?«, fragte der Soldat, nachdem sie ausgestiegen waren. Ein kalter Wind blies durch das offene Dach und riss an ihren Kleidern. Wanda trug immer noch den Mantel des toten Soldaten.

»Wir werden das Haus unserer Tante aufsuchen. Es muss hier ganz in der Nähe sein. Schützengasse 23«, sagte Inge mit zitternder Stimme. »Ich muss wissen, ob Mutter noch lebt.«

»Es hat keinen Sinn«, entgegnete der Soldat ruhig. »Sie haben doch gesehen, was hier los ist.«

Er sprach mit Inge, aber er sah Wanda dabei an.

Inge antwortete nicht. Sie starrte auf ihre Fußspitze, die ein paar Steine und Scherben hin und her schob.

»Es ist jetzt auch sehr gefährlich in der Stadt. Sie können sich ja vorstellen, wie verzweifelt die Menschen sind. Es ist am besten, wenn Sie Dresden so schnell wie möglich wieder verlassen.«

»Er hat Recht, Inge«, sagte Wanda. »Hier erreichen wir gar nichts.«

Inge schüttelte den Kopf, ohne aufzublicken.

»Ich werde sie suchen«, sagte der Soldat. »Wenn Ihre Mutter noch am Leben ist, dann werde ich sie auch finden, das verspreche ich Ihnen.« Er holte ein Notizbuch aus der Tasche, kritzelte ein paar Worte hinein und riss das Blatt heraus. »Meine Anschrift in Unkersdorf. Melden Sie sich bei mir, sobald Sie an Ihrem Ziel angekommen sind.«

Friedrich Hermenau, las Wanda auf dem Zettel. Friedrich.

»Verlieren Sie ihn nicht«, sagte er.

Bestimmt nicht, dachte Wanda.

Er brachte sie noch zu dem Gleis, von dem aus Züge nach Süden abfuhren, und verabschiedete sich. »Gute Reise. Vielleicht begegnen wir uns einmal wieder.«

»Warten Sie!«, rief Wanda, als er sich schon ein Stück entfernt hatte. »Es war wirklich schön, Sie kennenzulernen.«

Das hörte sich sehr dumm an, förmlich und steif. Trotzdem lächelte er.

URSELCHEN

Es war Nacht, als sie endlich in einem Zug in Richtung Nürnberg saßen. Diesmal fanden sie sogar einen Sitzplatz in einem der Abteile, aber als sie es sich gerade einigermaßen bequem gemacht hatten, hielt der Zug plötzlich wieder an.

»Bombenalarm«, brüllte eine Männerstimme.

Sie stolperten zum Ausgang und kletterten auf die Gleise.

»Wo sind wir denn?«, fragte Inge einen Schaffner.

»Kurz vor Chemnitz. Beeilen Sie sich!«

Der Himmel war auf einmal taghell erleuchtet, grün und weiß flackerten Leuchtschirme* über ihnen. Wie umgedrehte Tannenbäume schwebten sie langsam auf die Dächer der Stadt herab und bereiteten so den Bomben den Weg.

»Hier entlang!« Irgendjemand riss Inge mit sich und zerrte sie in einen Graben. Wanda, wo war Wanda? Dort hinten lag sie neben einem älteren Mann, ihr Gesicht vom Licht der Leuchtschirme gespenstisch erhellt.

Der erste Einschlag war weit weg. Inge spürte die Explosion als leises Grollen in ihrem Körper und richtete sich wieder auf. Am Horizont fielen die Bomben wie Sternschnuppen. Nach kurzer Zeit verwandelten sie die Stadt in ein blutrotes Flammenmeer.

»Diese verdammten Schweine«, zischte eine Frau neben ihr, die sich ebenfalls aufgesetzt hatte. »Diese verdammten Schweine.« Sie wiederholte dieselben drei Wörter wieder und wieder, während der Bombenregen dichter wurde. Auch über ihnen heulten jetzt Flieger.

»Diese verdammten …«, begann die Frau gerade erneut, als sich direkt über ihnen ein Leuchtschirm öffnete. Sekunden später schlug eine Bombe auf der anderen Seite der Bahngleise ein. Erdbrocken und Glassplitter von den Zugfenstern regneten auf sie herab. Inges Schrei verlor sich in dem Gebrüll der anderen. Nur die Frau neben ihr presste fassungslos ihre Hand gegen den Mund.

Inge legte das Gesicht in ihre Arme und hielt sich die Ohren zu. Dennoch hörte sie das helle Pfeifen der Bomben, die dumpfen Einschläge und dann die Explosion. Die Angst kam in Wellen, eine mächtiger als die andere. Ob ihre Mutter sich so gefühlt hatte, wie sie sich jetzt fühlte? Ob sie nun sterben würde, so wie ihre Mutter gestorben war?

Sie duckte sich tiefer in den Graben, aber es nützte nichts. Die Flugzeuge am flackernden Himmel waren Raubvögel, sie würden sie erspähen und vernichten, genau wie sie auch ihre Mutter vernichtet hatten – und ihren Vater vermutlich auch.

»Wir steigen auf keinen Fall wieder in den Zug«, schrie ihr Wanda zu, die plötzlich neben ihr war. »Entweder er fährt weiter in die Innenstadt, das wäre Wahnsinn. Oder es geht zurück nach Dresden. Wir müssen schauen, dass wir uns irgendwie durch die Felder schlagen.«

»Alle Mann einsteigen«, brüllte ein Schaffner, als der Bombenbeschuss endlich nachließ. Zusammen mit den anderen rannten Inge und Wanda zurück zum Zug. Sie zerrten ihr Gepäck aus dem Abteil und sprangen nach draußen, als er schon wieder anfuhr. Sie blickten ihm nach, wie er in Richtung Dresden entschwand. In der Ferne flackerte Chemnitz. Inge hatte das Gefühl, lautes Weinen und Wehklagen zu hören, aber das bildete sie sich nur ein, sie waren ja weit weg von den Häusern. Allein auf dem Feld.

»Wohin gehen wir?«, fragte sie.

Wanda seufzte. »Ich habe keine Ahnung. Geradeaus. Irgendwohin.«

Jetzt, da die Flieger weg waren, sahen sie den Sternenhimmel. Hoch und unendlich weit spannte er sich über das Feld. Ein dunkles Tuch mit Löchern, hinter denen Licht brannte. Während sie einen Fuß vor den anderen setzte, blinzelte Inge immer wieder nach oben. Ob es auf irgendeinem dieser glitzernden Lichtpunkte Leben gab? Sie stellte sich vor, dass fremdartige Lebewesen mit riesigen Fernrohren zu ihnen herunterblickten, fassungslos über das Geschehen auf der Erde.

Sie verbrachten die Nacht in einem kleinen Schuppen, dessen Tür nur angelehnt war.

Am nächsten Morgen gelangten sie zu einem kleinen Dorf. »Bleiben Sie lieber hier, bis die Angriffe vorüber sind«, riet ihnen eine Frau. »Die Tiefflieger machen Jagd auf alles, was sich bewegt. Wenn Sie Pech haben, schießen die Sie auf offener Straße nieder.«

Sie bot ihnen ihre Gartenlaube an, weil das Haus bis auf den letzten Winkel voll mit Flüchtlingen war. Drei Tage lang hausten Inge und Wanda zwischen Harken, Spaten und Sensen, dann zogen sie weiter. An Chemnitz vorbei, das in der Nacht immer noch rötlich glühte wie ein fast erloschenes Lagerfeuer. Sie kampierten noch zwei Tage auf einem Bahnsteig hinter Chemnitz, bis sie endlich wieder in einem der überfüllten Züge unterkamen.

Plauen war völlig zerbombt, Hof zu einem Großteil zerstört, in Bayreuth waren die Schienen so beschädigt, dass sie fünf Tage lang in einem Flüchtlingslager am Stadtrand ausharren mussten. Sie fanden kaum Schlaf, weil die Bombenangriffe die ganze Nacht lang anhielten. Immer wenn sie gerade eingenickt waren, rissen die Sirenen sie wieder aus dem Schlaf. Während über ihnen die Nacht zum Tag wurde, flüchteten sie Hals über Kopf in den nächsten Luftschutzkeller.

»Wenn das der Führer wüsst', was wir hier erleiden müssen«, jammerte eine Frau, als sie wieder einmal dicht gedrängt in der Dunkelheit eines Bunkers saßen und das Ende der Angriffe abwarteten.

»Halten Sie doch den Mund«, herrschte sie eine der Flüchtlingsfrauen an. »Der Führer hat uns das alles doch überhaupt erst eingebrockt. Und wir waren so blöd, ihm nachzulaufen.«

Am nächsten Tag fuhr ein Wagen der SS vor dem Flüchtlingslager vor, zwei Männer holten die Frau ab. »Will sonst noch jemand mit?«, fragte einer von ihnen und blickte drohend in die Runde.

Ich, wollte Inge rufen. Nehmt mich mit und erschießt mich, dann ist das ganze Elend endlich vorbei. Aber sie sagte nichts, genauso wenig wie Wanda oder einer der anderen.

Als sie Nördlingen endlich erreichten, war der März fast vorbei. Auf den Wiesen entlang der Gleise leuchteten gelbe Himmelschlüssel in der Sonne, die Bäche waren von weißen Buschwindröschen gesäumt, Apfelbäume blühten rosa.

Die Sonne strahlte von morgens um sieben bis abends um acht. Es war, als wollte Gott den Menschen noch einmal zeigen, wie schön die Welt war, bevor sie sie endgültig zerstörten.

Vom Nördlinger Bahnhof aus wurden Inge, Wanda und eine Handvoll weiterer Flüchtlinge gleich weitergeschickt. Zu Fuß wanderten sie ein paar Kilometer die Landstraße entlang bis nach Kirchheim, ein Dorf, nicht viel größer als das Flüchtlingslager, das sich daran anschloss.

»Katholisch oder evangelisch?«, fragte die Lagerleiterin am Eingang anstelle einer Begrüßung. Sie hielt einen Notizblock in den Händen, auf dem sie die Namen und die Konfession der Flüchtlingsfrauen notierte. Evangelisch war die häufigste Antwort, in Kirchheim waren die Leute dagegen katholisch, das merkte man daran, dass das Gesicht der Leiterin aufleuchtete, als eine Frau aus Bunzlau endlich römisch-katholisch angab.

Sie bekamen ein Etagenbett in einer der zehn Baracken angewiesen. Wie Frau Burwitz in Hirschberg hatten die anderen Flüchtlinge auch hier Wäscheleinen quer durch den Raum gespannt und ihn mit Leintüchern und Pferdedecken in mehrere Parzellen unterteilt. Die Betten waren aus grobem, ungeschliffenem Holz zusammengezimmert, statt Matratzen lagen Strohsäcke auf den Latten.

»Oben oder unten?«, fragte Wanda.

»Egal«, sagte Inge. Sie fühlte wieder die bleierne Gleichgültigkeit in sich aufsteigen, die sie in Hirschberg nicht mehr losgelassen hatte.

»Polack«, riefen ihnen die Kinder nach, als sie nachmittags über den Dorfplatz gingen.

Wanda lachte, als sie es hörte. »Das klingt ja richtig vertraut.«

Sie lachte nicht mehr, als der erste Stein flog. Er sauste über ihre Schulter, wenige Zentimeter an ihrem Kopf vorbei.

»Was war das denn?« Als Inge sich voller Empörung umdrehte, sah sie gerade noch, wie eine Frau einen Jungen am Arm in ein Haus riss.

»Entschuldigung«, schrie sie noch zu ihnen herüber. Dann klappte die Tür zu.

»Ein dummer Streich«, versuchte sie Wanda zu beruhigen. »Das muss man nicht ernst nehmen.«

»Glauben Sie bloß nicht, dass die Alten besser sind«, meinte eine Frau im Lager, der sie von dem Steinwurf erzählten. »Sie wollen nichts mit uns zu tun haben. Abhauen sollen wir, lieber heute als morgen. Ich weiß nicht, wie sie sich das vorstellen. Als ob wir freiwillig hierhergekommen wären, um im Dreck zu leben, anstatt in unserer Heimat zu bleiben.« Sie war mit ihren vier Kindern aus Liegnitz entkommen, nachdem die Russen schon einmarschiert waren. Auf der Flucht war ihre vierzehnjährige Tochter ein paar Rotarmisten* in die Hände gefallen, seitdem redete sie kein Wort mehr. Wenn man sie ansprach, starrte sie ins Leere, als ob sie schwachsinnig wäre.

»Bleiben Sie besser im Lager«, riet die Mutter Inge und Wanda. »Wir gehen nur ins Dorf, wenn es sich nicht vermeiden lässt.«

Obwohl die meisten Flüchtlinge evangelisch waren, setzte sich der katholische Pfarrer für sie ein. Er ließ in der Kirche sammeln und Lebensmittel, Kleider und Decken im Lager verteilen. Als Inge und Wanda sich dafür an der Schlange vor dem Hauptgebäude anstellten, erblickte Wanda plötzlich Frau Gendner.

»Siehst du sie nicht? Da vorn! Direkt hinter der Frau mit dem dunkelroten Mantel.«

Jetzt erkannte auch Inge sie. Und neben Frau Gendner stand Urselchen, die inmitten der mageren Flüchtlinge noch dicker schien als früher. Über ihren Köpfen kräuselte sich ein dünner Rauchfaden in den Frühlingshimmel.

Früher wäre Inge sofort zu ihr hingegangen. So sieht man sich wieder!, hätte sie so laut gerufen, dass das ganze Lager es gehört hätte. Geben Sie uns sofort unser Eigentum zurück!

Heute blieb sie dagegen stehen und starrte zu Boden. Was die Gendner und ihre Leute ihnen gestohlen hatten, war längst aufgegessen, verkauft, verloren. Es hatte keinen Sinn, sie zur Rede zu stellen. Es kostete nur Kraft und die hatte Inge nicht mehr.

Nachdem Frau Gendner und Ursel ihren Spendenanteil ausgehändigt bekommen hatten, kamen sie an Inge und Wanda vorbei. Ursel bemerkte sie als Erste und blieb wie angewurzelt stehen, wodurch auch Frau Gendner auf sie aufmerksam wurde. Einen Moment lang starrten sie sich an, dann riss Frau Gendner ihren Blick los. Sie warf ihren Zigarettenstummel zu Boden, trat ihn aus und ging weiter, als ob sie sich nie zuvor begegnet wären. Ursel zuckte mit den Schultern und folgte ihr.

»Diese verdammte Hexe«, zischte Wanda.

Es ist ja auch ganz egal, dachte Inge.

Sonntags gingen die meisten Flüchtlinge in die Kirche, nur Inge und Wanda blieben im Bett liegen. Inge starrte von unten gegen das Brett, auf dem Wanda lag und schnarchte. Ihr Kopf war vollkommen leer.

»Da seid ihr also.« Eine Mädchenstimme neben ihr. Inge fuhr hoch und stieß sich fast den Kopf.

Urselchen.

»Was willst du denn hier?«

»Hier.« Ursel legte eine Dose Margarine, ein Stück Käse und zwei Zwiebeln auf ihr Bett. »Es ist nicht genug, ich weiß. Aber ich will es wiedergutmachen, was Mutter euch weggenommen hat.«

»Weiß sie davon?«

»Natürlich nicht. Sie wird denken, dass es die anderen aus der Baracke waren …«

Margarine. Käse. Zwiebeln. Inge lief das Wasser im Munde zusammen. Die Verpflegung im Lager war noch viel schlechter als in Hirschberg. Ein Stück Brot am Morgen, Wassersuppe am Mittag, am Abend Selbstversorgung, aber Inge und Wanda hatten ja nichts, mit dem sie sich hätten versorgen können. Gegen Geld gaben die Bauern im Dorf kaum Lebensmittel her. Jetzt wo die Söhne und Knechte im Krieg waren und sie auch noch die ausgebombte Verwandtschaft aus Nürnberg, Würzburg und Stuttgart mitverpflegen mussten, hatten sie selbst zu wenig. Brot, Speck und Milch tauschten sie allenfalls gegen andere Waren ein. Schuhe, Kleider, Schmuck. Die meisten Frauen aus dem Lager hatten bereits ihre Eheringe versetzt.

Und nun kam Ursel und bot ihnen Lebensmittel als Wiedergutmachung an. Lebensmittel, die ihre Mutter vermutlich wieder irgendjemandem gestohlen hatte. Was erwartete sie als Gegenleistung? Vergebung? Freundschaft?

»Ich will das nicht.« Inge schob die Sachen wieder zurück, ohne sie dabei anzusehen. »Lass mich in Ruhe. Ich will nichts mehr mit euch zu tun haben.«

»Großmutter ist in Dresden gestorben. Und Herr Kolewa auch.«

»Ja und? Soll ich etwa um sie trauern?«, zischte Inge.

Ursel antwortete nicht. Als Inge sich nach ihr umdrehte, war sie weg.

»Gibt es hier denn keinen Bauernhof, auf dem wir mithelfen könnten?«, fragte Wanda jedes Mal, wenn sie der Lagerleiterin begegneten. »Wir haben beide Erfahrung in der Landwirtschaft.«

»Männer werden händeringend gesucht. Aber zwei junge Mädchen … Hungrige Mäuler, die sie durchfüttern müssen, haben die Bauern genug.«

»Aber … aber wir können wirklich mit anpacken«, beteuerte Wanda. »In Schlesien habe ich als Pferdeknecht gearbeitet, weil der Bursche im Krieg war, der die Arbeit sonst gemacht hat.«

»Als Pferdeknecht?«, wiederholte die Leiterin.

»Ganz genau. Wir kennen uns beide mit Pferden aus«, erklärte Wanda.

»Da habe ich vielleicht doch etwas für Sie«, sagte die Frau. »Ein großer Bauernhof mit Pferden, liegt sehr abgelegen. Der Bauer ist gerade erst gestorben. Die Frau ist jetzt allein mit einem Sohn. Sie wollen keine Flüchtlinge auf dem Hof, aber sie müssen jemanden aufnehmen, das Haus ist ja unterbesetzt. Und die Arbeit muss schließlich auch gemacht werden. Am besten, Sie machen sich gleich morgen Früh auf den Weg.«

Kauf dir einen bunten Luftballon

Der Stockhof lag auf einer kleinen Anhöhe. »Wie eine Ritterburg«, sagte Inge, als der Bauernhof in der Ferne auftauchte. Feindselig, dachte sie, zwei hohe Häuser und ein Stall, der sich dahinter duckte, als hätte er Angst. Darum herum lagen Felder und Weideflächen, auf denen kein Tier zu sehen war. Sie wäre umgekehrt, wenn es irgendeinen anderen Ort gegeben hätte, an den sie hätte gehen können.

Als sie näher kamen, sahen sie einen kleinen abgezäunten Bereich, auf dem sich fünf Kühe und zwei Ackergäule zusammendrängten. »Ob das alles ist, was sie hier an Vieh haben?«, murmelte Wanda.

In der Ebene war es windstill gewesen, aber auf dem Hügel, auf dem der Hof lag, blies ein frischer, kühler Wind. Er brachte die Wäsche auf der Leine zum Flattern, die von einem der Häuser zum Stall gespannt war. Schwarze Röcke, schwarze Tücher und dunkle Hemden wehten ihnen entgegen, als wollten sie sie wieder vertreiben.

»Grüß Gott.« Jetzt kam ein junger Mann aus dem Stall. Er trug einen schwarzen Anzug, der allerdings schon bessere Zeiten gesehen hatte. Die Hosenbeine waren ausgebeult und unten aufgestoßen und die Ellenbogen mit Flicken versehen. »Wollen Sie zu uns?«, fragte er in breitem Schwäbisch.

»Wir kommen aus Kirchheim«, begann Inge, als Wanda nichts sagte. »Man hat uns hierhergeschickt.«

»Aus Kirchheim?«, wiederholte der junge Mann. »Ach, Sie sind die Flüchtlinge?«

Er hatte lockiges, blondes Haar, es sah so weich aus wie das eines Kindes. Auch sein Gesicht war rund und unschuldig. Wie alt er wohl sein mochte?

»Mein Name ist Inge Baken«, sagte Inge und streckte ihre Hand aus. »Und das ist meine Schwester Waltraud.«

»Martin Koch«, stellte er sich vor, während er ihre Hand schüttelte. »Grüß Gott.«

Er führte sie ins Haus zu seiner Mutter, die in einer düsteren Stube vor einem Schreibtisch saß und ihnen den Rücken zukehrte. »Mutter, die Flüchtlinge sind da.«

Die Frau war schwarz gekleidet. Sie saß kerzengerade, unbeweglich. Wie versteinert. Vor ihr auf dem Tisch stand das goldgerahmte Bild eines älteren Mannes. Daneben lag ein Kruzifix. Langsam erhob sie sich. Wie groß sie war, fast so groß wie Wanda. »Also, dann kommt halt mit in Gottes Namen.«

Sie führte sie ins Nebengebäude, eine steile Treppe hoch, in ein kleines Zimmer mit Doppelbett. An der

Wand ein Bauernschrank, ein Tischchen mit Spiegel und Waschschüssel, geblümte Vorhänge vor dem Fenster, durch das man über das weite, karge Land blickte. Ein Kreuz über dem Bett. Auf dem Holzboden ein Flickenteppich.

»Seid ihr evangelisch?«, fragte sie.

Inge und Wanda nickten.

»Wir gehen immer sonntags nach Bopfingen in die Kirche.«

»Puh«, sagte Wanda, als sie allein waren. »Das ist aber ein harter Knochen.«

»Meine Mutter ist schwierig, seit der Vater tot ist«, erklärte ihnen Martin, der den Stall ausmistete, als sie nach draußen kamen. »Haltet euch besser an mich.«

Im Vergleich zu Hohenau war der Hof geradezu lächerlich klein, dennoch gab es auch hier eine Menge Arbeit. Vier Felder und ein großer Garten hinter dem Haus mussten bestellt werden. Außer den fünf Kühen und den zwei Gäulen gab es Hühner und Gänse und zwei Schweine.

Sonntags wurde angespannt, dann ging es in die Katharinenkirche nach Bopfingen, eine ehemalige Friedhofskapelle mit weißen Wänden und uralten Holzbänken. Karg und schlicht wie die Bäuerin. Manchmal ließ Frau Koch auch unter der Woche anspannen und kutschierte in die Stadt, besuchte das Grab ihres

Mannes und ließ sich danach vom Mesner die Kirche aufschließen.

»Dabei war der Vater manchmal so scheußlich zu ihr«, erklärte Martin Inge, als sie sich schon ein bisschen besser kannten. »Geschlagen hat er sie, dass es nicht mehr schön war. Versteh einer die Frauen.« Er sah Inge an, als erwartete er, dass sie es ihm erklärte.

Er sah sie überhaupt sehr oft an. Manchmal spürte sie seinen Blick auf ihrem Rücken, wenn sie abends die Kühe in den Stall trieb oder die Hühner fütterte. Wenn sie sich dann aufrichtete und zurückblickte, schaute er hastig weg.

Manchmal hielt Inge mitten in der Arbeit inne und blickte sich verwundert um. Dieser zugige, einsame Hof, der so gar nichts mit Hohenau gemeinsam hatte – warum fühlte sie sich hier so wohl? Warum empfand sie zum ersten Mal seit ihrer Flucht so etwas wie Glück?

Vielleicht war es Martin. Mit seinen hellen Locken und dem hübschen weichen Gesicht passte er genauso wenig hierher wie Inge selbst. Aber er war immer gut gelaunt, pfiff bei der Arbeit ein Lied oder summte vor sich hin.

»Wir hätten es kaum besser treffen können«, sagte Inge zu Wanda, als sie abends auf den Stufen vor dem Haus saßen.

Es war Mai. Das ganze Land lag in Trümmern. Berlin, Dresden, Stuttgart, Nürnberg und München waren in den letzten Kriegsmonaten zerbombt worden, Schlesien und Ostpreußen waren genauso verloren wie alle deutschen Schutzgebiete*. Aber wenigstens war der Krieg jetzt vorbei. Seit dem 8. Mai herrschte endlich Frieden.

Die Amerikaner hatten in Nördlingen Quartier bezogen. Wenn die grauen Militärfahrzeuge durch die Dörfer fuhren, waren sie rasch von Kindern umlagert, die die Soldaten um Süßigkeiten anbettelten. Die farbigen Soldaten wurden dabei bestaunt wie sonderbare Fabelwesen.

Martin kam aus dem Stall und ließ sich auf der ausgetretenen Stufe neben Inge nieder. Er roch so vertraut. Nach Stall und Schweiß, Zigarettenrauch und Erde. So wie auch die Männer auf Hohenau gerochen hatten. Sein Oberschenkel berührte ihren Rock. »Wir könnten mal zusammen ausreiten«, sagte Martin. Mit »wir« meinte er nur Inge und sich, das wusste Inge genauso gut wie Wanda. Es gab ja auch nur zwei Pferde auf dem Stockhof.

»Auf Trudi und Ludwig?«, spottete sie. »Wenn die beiden bloß nicht zu feurig für mich sind!«

Martin lachte. »Früher hatten wir eine kleine Zucht hier. Unseren Hannoveraner hättest du einmal sehen sollen. Heinrich. Ein Prachtbursche. Sobald es einigermaßen aufwärtsgeht mit Deutschland, fang ich wieder mit der Zucht an«, erklärte Martin. »Aber bis dahin müssen wir mit Trudi und Ludwig vorliebnehmen. Was meinst du? Sonntagnachmittag?«

Sie ritten an der Eger entlang, bis sie an eine kleine Wiese kamen, die gelb von Dotterblumen und Löwenzahn war. »Absitzen.« Martin schwang sich aus dem Sattel. Er breitete eine Picknickdecke aus und zauberte eine Flasche Wein und zwei Gläser aus der Satteltasche.

»Bitte sehr.« Er reichte Inge ein volles Glas.

»Danke schön.« Sie stießen an. Inge legte ihren Kopf in den Nacken. Der hohe, weite Himmel machte sie ganz schwindlig, als ob sie in einen tiefen Abgrund blickte.

»Ich bin froh, dass ihr gekommen seid«, sagte Martin. »Es war nicht mehr auszuhalten auf dem Hof. Mutter mit ihrer trüben Stimmung hat mich ganz verrückt gemacht. Seit du da bist, ist alles viel besser.«

»Ich bin auch froh, dass ihr uns aufgenommen habt, das kannst du mir glauben.« Wenn sie jetzt an die Wochen auf der Straße und an die Zeit in Hirschberg zurückdachte, dann erschien ihr alles wie ein böser Traum. Auch das Flüchtlingslager in Kirchheim. Es war nur ein paar Kilometer von hier entfernt und doch eine andere Welt. Aber darüber wollte sie jetzt nicht mehr nachdenken. Es war vorbei. Gott sei Dank.

»Deine Schwester ist ganz anders als du.« Martin

lehnte sich auf seine Ellenbogen. »So vernünftig und ernst.«

»Ich bin auch oft ernst«, sagte Inge. »Du hättest mich mal im Flüchtlingslager erleben sollen.«

Martin lachte, als habe sie einen Witz gemacht. »Du gefällst mir auf jeden Fall besser.«

Ob sie ihm erzählen sollte, dass Wanda in Wirklichkeit gar nicht ihre Schwester war? Später, dachte Inge. Sie nahm noch einen Schluck Wein. Ihr Glas war erst halb leer, als Martin es wieder auffüllte.

»Langsam. Willst du mich betrunken machen?«

Er lachte wieder. Dann nahm er ihr das Glas ab, stellte es ins Gras und beugte sich zu ihr. Seine Hände umfassten ihr Gesicht wie einen kostbaren Gegenstand. Er war sehr zärtlich und vorsichtig, als er sie küsste, viel zärtlicher, als es Wolfgang gewesen war.

»Wie schön du bist«, flüsterte er, während er langsam, ganz langsam, ihre Bluse aufknöpfte, die Wanda birkengrün eingefärbt hatte. Immer wenn Wolfgang so weit gegangen war, hatte Inge ihn zurückgewiesen. Martin ließ sie gewähren. Seine Finger waren rau und schwielig von der Landarbeit, und dennoch berührte er sie so sanft, wie sie noch nie zuvor berührt worden war.

Über ihnen zwitscherten Vögel, als jubelten sie Inge zu.

Martins Hände schoben ihren Rock nach oben. Seine Finger auf ihren nackten Schenkeln. »Ich liebe dich.« Sie spürte seinen warmen Atem an ihrem Ohr.

Sie wies ihn nicht zurück, sie wehrte ihn nicht ab. Sie gab sich ihm hin, ganz und gar.

Weil er so zärtlich und gut zu ihr war. Und weil ihr jetzt endlich klar wurde, dass das Elend der letzten Monate einen Sinn gehabt hatte. Martin war der Sinn. Am Ende ihrer Flucht hatte sie den Mann getroffen, der sie wirklich liebte.

Schweigend ritten sie zurück zum Hof. »Ich erledige das für dich«, sagte Martin nur, als Inge Trudi in den Stall führen wollte. Flüchtig fuhr sein Zeigefinger über ihre Wange. Dann glitt der Blick nervös über den Hof. Wenn nun seine Mutter am Fenster stand und sie beobachtete. Auch Inge blickte sich unwillkürlich um. Aber da war niemand.

Es wird ihr nicht gefallen, dass ihr Sohn sich mit einem Flüchtlingsmädchen eingelassen hat, dachte Inge. Sie versuchte sich vorzustellen, wie Martin vor sie trat und ihr alles erzählte.

Inge und ich sind jetzt ein Paar, hörte sie ihn sagen.

Du und das Schlesiermädchen? Was sind denn das für Dummheiten?

Ich liebe sie. Ich will sie heiraten.

Dummes Zeug. Sie hat nichts. Und sie ist nichts.

Noch hatte Martin Inge natürlich nicht gefragt, ob sie ihn heiraten wollte. Es war alles so neu, so ungewohnt zwischen ihnen. Aber dass er sie liebte, das war ja nun keine Frage mehr.

»Sei vorsichtig«, warnte Wanda sie, als sie ein paar Tage später wieder einmal zusammen im Hof saßen und Martin einfach an ihnen vorüberging, ein kurzer Gruß, ein unsicheres Lächeln, weg war er.

»Was meinst du?«, fragte Inge unschuldig.

»Tu doch nicht so. Ich merke doch, wie du ihn immer ansiehst. Du machst dir Hoffnungen. Aber er ist nicht an dir interessiert.«

»Woher willst du das wissen?« Inges Stimme klang schärfer, als sie es beabsichtigt hatte.

Wanda zuckte mit den Schultern und schwieg.

»Er ist schüchtern«, versuchte Inge ihn zu verteidigen. »Es ist ihm peinlich.«

»Was ist ihm peinlich?«, wollte Wanda wissen.

»Nichts«, sagte Inge rasch. »Vielleicht hast du ja Recht.«

Sie beschloss, Martin einfach zu ignorieren. Wenn er meinte, dass sie sich nach ihm verzehrte, dann hatte er sich getäuscht. Jedenfalls würde sie es sich nicht anmerken lassen.

Als sie am nächsten Abend die Kühe melkten, redete sie kein Wort mit ihm. Auf seine Fragen antwortete sie so einsilbig wie möglich. Ja. Nein. Weiß nicht.

»Ich muss mit dir reden«, sagte er und seufzte.

»Was gibt es denn, das du mir hier nicht sagen kannst?«

Er warf einen ängstlichen Blick zur Tür.

»Nicht jetzt«, sagte er dann. »Heute Nacht. Elf Uhr. Hinter dem Stall.«

Sie hatten einen Wecker, aber natürlich konnte Inge ihn nicht stellen, sonst wäre auch Wanda wach geworden und hätte dumme Fragen gestellt.

Sie musste wach bleiben, bis es spät genug war, um zum Stall zu gehen.

Das war leichter gesagt als getan. Ihr Körper war bleischwer. Und zu allem Überfluss begann Wanda auch noch leise zu schnarchen.

Immer wieder fielen Inge die Augen zu. Sie wälzte sich hin und her, kniff sich erst in den einen, dann in den anderen Arm und schielte alle paar Sekunden auf das Ziffernblatt des Weckers, den sie so aufs Fensterbrett gestellt hatte, dass das Mondlicht darauffiel. Erst kurz vor zehn.

Als sie wieder aufwachte, war es halb zwölf. Martin wartete seit einer halben Stunde auf sie – oder wartete er am Ende gar nicht mehr?

Auf nackten Füßen rannte Inge zur Tür, riss im Vorübergehen ihr Umschlagtuch vom Haken und war draußen.

Barfuß hastete sie zum Stall.

Sie sah seine dunkle, hohe Gestalt wie ein Schattenriss an der Stallmauer. Er war noch da, so ein Glück!

»Inge.« Jetzt hatte er sie auch gesehen.

»Also? Was wolltest du von mir?« Sie blieb ein

paar Schritte vor ihm stehen. Nur ihr Herz rannte noch weiter.

»Ich ... wollte dir etwas sagen.« Er trat näher. Seine Hände auf ihren Schultern. Wie ernst er sie ansah.

»Was?« Sie hob ihr Gesicht zu ihm. Sein Mund war plötzlich genau über ihrem.

Sag es nicht, dachte Inge. Bitte, bitte schick mich nicht weg.

Er schickte sie nicht weg. Stattdessen küsste er sie. Dann zog er sie sanft über den Hof zur Scheune, hoch zur Tenne, die mit Stroh bedeckt war, und sie folgte ihm. Er war genauso zärtlich wie beim ersten Mal.

»Wo bist du gewesen?«, fragte Wanda, als sie wieder zurück in ihre Kammer kam.

»Auf dem Abort.«

Wanda schwieg. Inge konnte ihr Gesicht nicht sehen, sie wusste trotzdem, dass sie ihr nicht glaubte.

»Er wird dich niemals heiraten«, sagte Wanda nach einer Weile mit harter Stimme.

»Von wem sprichst du?«, fragte Inge und gähnte. Wanda war nur neidisch. Und im Übrigen würde man sehen.

In Bopfingen war Ipfmess*. Auf einem Feld vor der Stadt waren Losbuden aufgestellt, in einem Zelt bot eine Wahrsagerin ihre Dienste an und eine Schiffschaukel schwang auf und ab. Die Leute saßen an langen Tischen, tranken Bier und aßen die Butterbrote, die sie von zu Hause mitgebracht hatten.

Inge und Wanda waren mit Martin hierhergekommen. Endlich, hatte Inge gedacht, als Martin sie am Abend vorher eingeladen hatte, ihn zu begleiten. »Auf der Ipfmess kommt immer alles zusammen. Es ist ein Riesenspaß.«

Nun würde Inge endlich Martins Freunde kennenlernen. Und wenn die sie erst einmal akzeptiert hatten, dann war es nur noch ein kleiner Schritt, bis Martin auch mit seiner Mutter reden würde.

Sie hatte sich Locken in die Haare gedreht und die Lippen geschminkt. Aber nun saß sie neben Wanda an einem Ende des Tisches und Martin saß an dem anderen. Ein Bier und eine Brezel hatte er jeder von ihnen noch gekauft und sie den anderen jungen Leuten am Tisch kurz vorgestellt. »Das sind die beiden Schlesiermädchen.«

»Na, da haben Sie bestimmt eine Menge zu erzählen, von Ihrer Flucht«, begann der Mann, der Inge gegenübersaß.

Sie verzog nur das Gesicht. »Das wollen Sie aber bestimmt nicht hören, was wir erlebt haben.«

Nein, das wollte er auch nicht, er wollte ihr lieber sein eigenes ödes Leben erzählen. Je länger er redete, desto mehr verfiel er in ein völlig unverständliches Schwäbisch. Es machte aber nichts aus, seine Geschichte langweilte sie sowieso zu Tode. Sie schielte zu

Martin. Warum kam er nicht zu ihr? Er redete die ganze Zeit mit dem hübschen blonden Mädchen, das neben ihm saß.

»Später gibt's Tanz«, sagte das Mädchen, das neben dem Langweiler saß. Sie hatte ein rundes Gesicht und fast so viele Sommersprossen wie Wanda.

Tanz. Mit wem Martin wohl tanzen würde?

»Wie heißen Sie denn? Ich bin die Anni.«

»Inge«, sagte Inge. »Und das ist meine Schwester.«

»Waltraud«, stellte Wanda sich vor.

»Wie Schwestern sehen Sie eigentlich gar nicht aus. Aber ich gleiche meiner eigenen Schwester auch kein bisschen. Dahinten sitzt sie, neben dem Martin.«

Sie zeigte auf das Mädchen mit den blonden Zöpfen, das Martin die ganze Zeit anlachte, und Martin lachte zurück. »Maria heißt sie. Man würde nicht glauben, dass wir verwandt sind, oder?«

»Nein«, murmelte Inge.

Als kurz darauf die Blasmusik zu spielen begann, stand Martin sofort auf und forderte das blonde Mädchen zum Tanz auf.

Wie stolz sie mit ihm nach vorn ging. Ihr weiter Rock öffnete und drehte sich mit jeder Drehung. Ihre Zöpfe flogen, ihre Wangen röteten sich, als die Musik schneller wurde.

»Bitte schön.« Der Langweiler, der Inge gerade noch gegenübergesessen hatte, stand plötzlich vor ihr und verbeugte sich.

Sie tanzte mit ihm, sie war ja froh, dass er sie aufgefordert hatte und sie nicht wie ein Mauerblümchen sitzen bleiben musste. Und erstaunlicherweise tanzte er sogar recht gut. Martin trat seinem Mädchen dagegen ständig auf die Füße, dennoch lächelte sie ihn verzückt an. Das ist unerträglich, dachte Inge, trotzdem tanzte sie immer weiter, zuerst mit dem Langweiler und dann mit den anderen Männern an ihrem Tisch. Zum Schluss auch mit Martin.

»Es tut mir leid«, sagte er unglücklich, während er sie zum letzten Mal in ihrem Leben festhielt. »Ich wollte es dir schon so lange sagen, aber ich habe einfach die Worte nicht gefunden.«

Die Blaskapelle spielte ein Lied, das sie früher in Kreuzburg immer gesungen hatten.

Kauf dir einen bunten Luftballon,
Nimm ihn fest in deine Hand.
Stell dir vor, er fliegt mit dir davon.
In ein fernes Märchenland.

»Du bist mir doch nicht böse?«, fragte Martin.

»Nein«, sagte Inge.

Sentimental Journey

Als Wanda aufwachte, hörte sie Inge weinen. Eine Weile hörte sie ihr dabei zu, dann räusperte sie sich leise.

Inge verstummte.

»Es tut mir leid«, sagte Wanda.

»Schon gut.« Inge schnäuzte sich. »Du hast es mir ja gleich gesagt.«

»Ich hab ihm von Anfang an nicht über den Weg getraut.«

»Ich war so dumm«, sagte Inge bitter. »Ich habe wirklich geglaubt … Ach, ist ja auch egal.«

»Mir ist es einmal genauso gegangen. Dass mich einer so behandelt hat.«

»Dich?«, fragte Inge ungläubig. »Das kann ich mir nicht vorstellen.«

Wanda zögerte einen Moment lang. Sollte sie Inge wirklich von Marek erzählen? Die ganze erbärmliche Geschichte?

»Es war in Krakau«, begann sie dann. »Er hieß Marek.«

Nachdem sie einmal damit angefangen hatte, konnte sie nicht mehr aufhören. Sie berichtete davon, wie sie

Marek im Stary Teat kennengelernt hatte, von seiner Mutter, der kommunistischen Partei und von Mareks Zimmer im Keller. Und davon, wie glücklich sie und er gewesen waren, bis Ivana gekommen war.

»Diese Schlange«, sagte Inge, die bis dahin schweigend zugehört hatte. »Hatte sie blonde Zöpfe?«

Wanda lachte. »Im Gegenteil. Sie war dunkelhaarig. Schmal und sehr hübsch.«

»Weiter«, befahl Inge.

Wanda erzählte von den roten Schuhen, ihrer Wut und ihrer Verletztheit und von Tadeusz.

»Meinst du, er war wirklich ein Spitzel?«, fragte Inge nachdenklich.

»Ich weiß es nicht. Es war natürlich seltsam, dass er damals nicht in das Kino gekommen ist, obwohl wir verabredet waren. Andererseits – warum hätte er mich bespitzeln sollen?«

»Um mehr über diesen Marek herauszufinden.«

Wanda schwieg. Es erstaunte sie, wie sehr der Gedanke immer noch schmerzte, dass Tadeusz sich nicht wirklich für sie interessiert hatte. Dass er nur wegen Marek mit ihr ausgegangen war. Sie schob ihre Hand unter das Kopfkissen und berührte mit ihren Fingerspitzen den Zettel, auf den der Soldat im Zug seinen Namen und seine Adresse geschrieben hatte. Sie hatte das Stück Papier immer in der Nähe. Tagsüber trug sie es in ihrer Schürzentasche, nachts legte sie es unter ihr Kissen. Die Schrift war schon ganz unleserlich vom vielen Herumtragen, aber das machte nichts, Wanda kannte die Anschrift längst auswendig. Friedrich Hermenau, Lange Straße 42, Unkersdorf. Friedrich nannte Wanda ihn in Gedanken bereits.

Ich will dieses Leben nutzen, das mir geschenkt worden ist, hörte sie ihn wieder sagen. Sie hatte ihm schon vom Flüchtlingslager aus geschrieben, aber sie hatte nie eine Antwort bekommen.

»Vielleicht hat er sich an dich rangemacht, um dich auszuhorchen«, sagte Inge. »Und dann hat er sich in dich verliebt. Und seine Vorgesetzten sind dahintergekommen. Also musste er dich opfern.«

»Kann sein.« Oder auch nicht. Sie würde es nie erfahren.

»Martin hätte mich bestimmt geheiratet«, sagte Inge. »Wenn ich eine von hier wäre. Aber mit einem Flüchtlingsmädchen wollte er nichts zu tun haben.«

»Sei doch froh, dass es nichts geworden ist.«

»Ich bin aber nicht froh«, sagte Inge. »Im Gegenteil: Ich bin traurig.«

»Warum? Ist es das, was du willst? Diesen schmutzigen, düsteren Bauernhof mit drei Kühen und zwei Ackergäulen? Und eine Schwiegermutter, die die ganze Zeit ein langes Gesicht macht?«

»Ich dachte, es wäre endlich vorbei.«

»Was?«

»Das Fliehen und Suchen. Ich dachte, ich wäre am Ziel.«

»Am Ziel?«, wiederholte Wanda nachdenklich. »Ich glaube, es gibt kein Ziel. Ich glaube, dass das Leben immer weitergeht, bis es einmal zu Ende ist. Man ist immer unterwegs.«

»Aber das wäre ja furchtbar.«

»Warum? Furchtbar wäre es, stehen zu bleiben. Festzusitzen, so wie wir im Flüchtlingslager festgesessen haben.«

Nein, es war wirklich das Allerbeste, dass aus Inges Verbindung mit Martin nichts geworden war. Er passte nicht zu ihr, genauso wenig wie Wolfgang von Brandt zu ihr gepasst hatte. Und außerdem: Was wäre aus Wanda geworden, wenn Inge Martin geheiratet hätte und für immer auf dem Stockhof geblieben wäre?

Zumindest hatte sie jetzt deutsche Papiere. Kurz nach der Kapitulation war sie mit Inge in Bopfingen aufs Bürgermeisteramt gegangen, wo anstelle des Bürgermeisters ein amerikanischer Officer saß.

Wanda hatte ihm erklärt, dass sie ihre alten Papiere auf der Flucht verloren habe. »Eine Schwester, alle sonstigen Angehörigen vermisst«, notierte der Amerikaner, der perfekt Deutsch sprach. Vielleicht war er ja sogar Deutscher und erst vor ein paar Jahren vor den Nazis nach Amerika geflohen.

Inge und Wanda unterschrieben. Dann schickte er den Antrag an seine Dienststelle, die einen vorläufigen Ausweis in Deutsch und Englisch ausstellte.

Waltraud Baken, stand in dem Pass. Geburtsdatum: 14. September 1925. Geburtsort: Kreuzburg, Schlesien.

Auf dem Papier war sie ein Jahr älter als in Wirklichkeit, weil der Abstand zu Inge sonst zu klein gewesen wäre.

Frau Koch hielt nichts von Klatsch und Tratsch, deshalb fuhren sie normalerweise sofort nach dem Gottesdienst wieder nach Hause, aber heute kam eine der Frauen aus der Gemeinde auf sie zu, bevor sie ausweichen konnte.

»Grüß Gott, Frau Koch.« Sie streckte der Bäuerin ihre Hand hin. »Sie haben Besuch, hab ich gehört?«

Wanda und Inge standen direkt neben Frau Koch und Martin, als sie das fragte, aber sie beachtete sie gar nicht.

»Flüchtlinge«, antwortete Frau Koch und presste die Lippen zusammen, als wäre das eine Sache, die sich nicht gehörte.

»Ja, ja. Nach dem Krieg ist alles in Bewegung. Die Schlesier und Ostpreußen kommen hierher, dafür sollen die Russen, Polen, Letten und Franzosen so schnell wie möglich wieder zurück.«

Wanda wusste nur zu gut, wovon die Frau redete. Sie hatte schon von dem Lager gehört, das die Amerikaner in Nördlingen eingerichtet hatten. Das DP*-Camp, nannten sie es. DP, das stand für Displaced

Persons und bezeichnete Fremdarbeiter, die während des Kriegs von den Deutschen verschleppt worden waren und nun in Deutschland nicht mehr gebraucht wurden. Die Besatzungsmächte wollten sie so schnell wie möglich in ihre Heimatländer zurückbringen, deshalb sammelten sie die ehemaligen Fremdarbeiter ein und verteilten sie nach und nach auf Züge in Richtung Osten und Westen.

»Manche wollen gar nicht zurück«, erklärte die Frau jetzt. »Aber es ist gegen das Völkerrecht, dass sie bleiben. Das hab ich auf einem Flugblatt der Amerikaner gelesen.

»Na, wenn sie nicht zurückwollen, dann wird es in Deutschland ja wohl nicht so schlimm gewesen sein, wie jetzt immer behauptet wird«, erwiderte Frau Koch schnippisch.

Wanda und Inge wechselten einen schnellen Blick. Wanda zuckte die Schultern und schwieg. Was hätte sie auch sagen sollen? Dass sie ebenfalls eine Polin war? Und dass sie die Nazi-Deutschen genauso gefürchtet hatte wie die Russen, aber im Gegensatz zu den Russen waren die Nazis erst mal Vergangenheit.

Das hätte nur dazu geführt, dass man auch sie in dieses Lager gebracht und zurück nach Warschau geschickt hätte. Und sie wollte nicht zurück. Sie wollte hierbleiben, auch wenn sie noch keine Ahnung hatte, warum.

Im Dezember 1945 zogen Wanda und Inge nach Nördlingen. Auf dem Stockhof waren die Dinge immer schwieriger geworden, nachdem sich Martin im Herbst mit Maria Freiderle verlobt hatte und nun im Eiltempo die Hochzeit vorbereitet wurde.

»Vielleicht ist sie schwanger«, mutmaßte Inge. »So wie die sich beeilen.«

Es schien sie aber nicht mehr zu bekümmern. Vielleicht hatte sie schließlich doch gemerkt, dass Martin nicht der Richtige für sie war.

In Nördlingen hatte Wanda Arbeit in einem Schreibbüro gefunden. Dieselbe Frau, die Frau Koch von dem DP-Camp erzählt hatte, hatte ihr mitgeteilt, dass die Amerikaner ein Tippfräulein für die Verwaltung suchten. Sie fuhr noch am selben Tag nach Nördlingen und stellte sich vor. »Spreken Sie English?«, fragte sie der Major, der das Büro leitete.

»Not yet«, gab sie zurück. Das war ihr ganzes Englisch, aber es genügte. Sie bekam die Stelle. Und nach kurzer Zeit wurde auch Inge eingestellt, obwohl sie ebenfalls kein Englisch sprach.

Sie kauften sich eine Englischgrammatik und ein Wörterbuch und lernten am Feierabend Englisch, was dazu führte, dass sie schnell befördert wurden und aus ihrem winzigen Zimmer unter dem Dach in eine größere Wohnung zogen.

Kurz nach ihrer Ankunft in Nördlingen erfuhr Inge über die Suchlisten des Roten Kreuzes, dass ihr Vater bei der Verteidigung Breslaus in russische Gefangenschaft geraten und jetzt in einem Lager im Ural war. Sie schrieb ihm jede Woche einen langen Brief und wartete sehnsüchtig auf eine Antwort. »Heute ist leider wieder nichts für Sie dabei«, rief der Briefträger schon von Weitem, wenn er ihr hoffnungsvolles Gesicht sah.«

The German sisters, nannte Major Drowers Wanda und Inge. Als er zufällig herausfand, dass sie beide Klavier spielten, geriet er ganz außer sich. »Sie mussen fur uns spielen«, erklärte er. *»We love music.«*

»We make only classic music«, radebrechte Inge. *»You don't like.«*

»Yes, we do«, gab Drower zurück und bestand darauf, dass sie am Wochenende ins Offizierskasino kamen.

»Wir müssen aber zuerst üben«, sagte Inge. *»Exercise.«*

Da gab er ihr den Schlüssel für die Bar, in der das Klavier stand. Einfach so, als wäre es die selbstverständlichste Sache der Welt, dass zwei deutsche Mädchen Zugang zum amerikanischen Offizierskasino erhielten.

Sie gingen direkt nach der Arbeit zum Hauptquartier der amerikanischen Besatzer, das in der ehemaligen Wehrmachtskaserne untergebracht worden war. Die Tapeten im Kasino trugen ein Eichenlaubmuster, vermutlich hatten sie die Amerikaner einfach von den

Deutschen übernommen. Über dem Klavier hing ein gerahmtes Bild des neuen amerikanischen Präsidenten Truman. Daneben lagen Noten, aber sie kannten nichts davon. »Keine Klassik, das war ja zu vermuten«, sagte Inge. »Das meiste ist Jazzmusik.«

Sie klappte den Deckel über den Tasten hoch und begann ein Stück von Mendelssohn aus dem Gedächtnis zu spielen. Danach spielte Wanda Mozart. Aber beides hörte sich auf dem leicht scheppernden Piano seltsam an. »Vielleicht erinnere ich mich auch nicht richtig«, sagte Wanda.

»Vielleicht passt es auch einfach nicht hierher«, meinte Inge. Sie nahm sich die Jazznoten vor. »So schwer kann das doch eigentlich nicht sein.«

Es war aber schwer. Sie brauchten über eine Stunde, bis sie eines der Stücke einigermaßen beherrschten.

Sie übten noch drei weitere Abende, bis sie schließlich einwilligten, am Wochenende vor den Offizieren aufzutreten.

»Ich war in meinem ganzen Leben noch nie so nervös«, sagte Inge, als sie sich abends fertig machten.

»Halt still.« Wanda malte ihr mit schwarzem Lack eine Linie aufs Bein, die von den Fesseln über die Waden bis zu den Schenkeln verlief. Es sollte aussehen wie die Naht von Seidenstrümpfen, die es nicht mehr zu kaufen gab.

»Wenn es bloß kein Fehler war, dass wir uns darauf eingelassen haben«, jammerte Wanda, als sie auf dem

Fahrrad ihrer Vermieterin zur amerikanischen Kaserne fuhren.

»Was?«, schrie Inge vom Gepäckträger. »Ich kann dich nicht verstehen!«

Zu ihrem Entsetzen hatte man das Klavier aus dem Kasino in den großen Speisesaal geschoben, der brechend voll war. Einige Soldaten lehnten sogar an der Wand, weil sie keinen Platz mehr gefunden hatten.

Major Drowers kündigte sie als *two sweet German girls* an. Wanda nahm am Klavier Platz, sie war froh, dass sie im Gegensatz zu Inge nicht stehen musste, weil ihre Beine so zitterten.

Sie begannen mit *Tea For Two*.

»Picture you upon my knee«, sang Inge, die die englischen Texte mühsam auswendig gelernt hatte. *»Just tea for two and two for tea.«* Inges englische Aussprache war fürchterlich, aber zu Wandas Überraschung klang ihre Stimme fest und sicher, als wäre sie es gewohnt, vor Publikum zu singen.

Dennoch begannen die GIs* nach den ersten Takten zu pfeifen und zu johlen. Wanda verspielte sich prompt, obwohl Inge mutig weitersang.

Neben Wanda sprang der Major auf und wedelte mit den Armen. *»Just shut up!«*, schrie er. *»Let them go on!«*

Die Männer verstummten. Der Major warf noch einen drohenden Blick in den Saal. Dann ließ er sich wieder auf seinen Stuhl sinken.

Inges Stimme zitterte leicht, als sie erneut einsetzte.

»A boy for you and a girl for me. Can't you see how happy we would be.«

Als das Lied zu Ende war, sprangen die Soldaten von den Sitzen. Sie tobten und schrien, jubelten und pfiffen, als wäre ein neuer Krieg ausgebrochen und auch gleich wieder gewonnen worden.

»More!«, brüllten sie. »Ssszugabe!«

Inge sah Wanda an und zuckte kaum merklich mit den Schultern. Wanda hob die Augenbrauen. Sie hatte auch keine Ahnung, warum die Soldaten so außer sich waren. Waren sie wirklich so gut?

Inge sang *Just in Time, My Man* und *Sweet Georgia Brown*. Sie kannte immer nur die ersten Strophen, mehr hatte sie nicht auswendig gelernt.

Nach jedem Lied steigerte sich die Begeisterung der GIs. *»More! More! More!«,* brüllten sie, aber *Night And Day* war das letzte Lied, das Wanda und Inge einstudiert hatten.

»Fangen Sie wieder von vorne an«, riet ihnen der Major, das taten sie dann auch.

Als sie nach zwei Stunden gingen, gab er ihnen zwei Tüten voll Konserven, Brot und Speck. Lebensmittel für einen Monat. »Warten Sie, bitte«, sagte er dann und verschwand für ein paar Minuten. Als er wiederkam, brachte er eine Schallplatte mit, die er Wanda in die noch freie Hand drückte.

»Hören Sie sich das einmal an. Dann werden Sie wissen, warum die Männer so begeistert waren.«

Sie hatten keinen Plattenspieler, aber der Freund eines Bruders einer Kollegin hatte einen und ließ sie die Platte hören, obwohl er Jazz ganz entsetzlich fand. »Negermusik«, meinte er, als er sie auflegte.

Von den Liedern auf der Platte kannten sie nur *Tea For Two* und *Summertime*. Dennoch begriffen sie schon nach den ersten Takten, warum ihnen der Major die Platte geliehen hatte. Diese Musik und das, was sie im Speisesaal gespielt hatten, hatten nichts miteinander gemein. Sie hatten aus den weichen, schwingenden Liedern, den schwungvollen Rhythmen eine stampfende Marschmusik gemacht. Kein Wunder, dass die Soldaten getobt und geschrien hatten.

»Ich will lernen, wie es richtig geht«, sagte Inge.

Major Drowers ließ ihnen einen Plattenspieler ins Kasino des Hauptquartiers stellen. Nach der Arbeit hörten sie jetzt immer seine Schallplatten und versuchten, die Lieder auf dem Klavier nachzuspielen. Der Major gab ihnen Bescheid, wenn irgendwo in der Stadt ein Swing-Konzert stattfand. Wanda und Inge verpassten kein einziges davon. Sie übten jeden Abend. Sie machten aber erst dann richtige Fortschritte, als Major Drowers sie mit Private* Savy bekannt machte, einem jungen GI, der in Amerika in einer Jazzband das Schlagzeug gespielt hatte. Savy war so schwarz wie die Ebenholztasten auf dem Klavier. Er brachte

Wanda und Inge den Offbeat* bei, und jetzt endlich kamen ihre Stücke zum Schwingen und Tanzen.

Die Swing-Musik war das einzig Weiche in ihrem harten Leben. Der Winter war eiskalt und Kohlen und Holz waren so knapp, dass sie ständig froren. Da sie für die Amerikaner arbeiteten, bekamen sie mehr Lebensmittelmarken zugeteilt als die anderen, trotzdem reichte es nie aus. Sie kochten Steckrübensuppe, Erbspüree-Pfannkuchen und Rote-Bete-Pudding. »Ich glaube, das Essen von heute war noch scheußlicher als das Essen von gestern«, sagte Inge hinterher jedes Mal.

Am 18. Januar 1946 jährte sich ihre Flucht aus Schlesien. Vor einem Jahr waren Wanda und Inge auf Hohenau zusammengetroffen und ihre gemeinsame Geschichte hatte begonnen. Voller Verachtung und Hass aufeinander waren sie damals aufgebrochen.

Inge weinte den ganzen Tag und Wanda weinte mit. Im Gegensatz zu Inge, die immer noch hoffte, wusste Wanda mit Bestimmtheit, dass sie ihre Familie in Krakau nie mehr wiedersehen würde. Auch wenn ihre Eltern und Barbara noch am Leben waren, so waren sie für Wanda doch unerreichbar. Sie war jetzt eine Deutsche und hatte in Polen nichts mehr zu suchen, heute nicht und morgen auch nicht. Denn in Polen vertrieb die provisorische Regierung der Nationalen Einheit die Deutschen mit der gleichen Brutalität, mit der diese das Generalgouvernement besiedelt hatten.

Kurz nach ihrer Ankunft in Nördlingen hatte Wanda einen Brief nach Krakau geschrieben, der jedoch wieder zurückgekommen war. *Adres nieznany*. Adressat unbekannt.

Sie schrieb auch an Friedrich Hermenau, obwohl er ihren ersten Brief nicht beantwortet hatte. Vielleicht hatte er ihr damals absichtlich die falsche Adresse gegeben, weil er nichts mehr von ihr hören wollte.

Schon nach den ersten Zeilen war sie sich sicher, dass sie den Brief niemals absenden würde. Der Ton war falsch, viel zu vertraut, sie kannte Friedrich Hermenau ja kaum. Dennoch schrieb sie weiter.

Sie schrieb sich alles von der Seele, nicht nur die Flucht, sondern auch das Leben in Krakau. Sie erzählte ihm, dass sie Polin war und als Fremdarbeiterin in Deutschland gearbeitet hatte. Sie berichtete von Marek, Ivana und Tadeusz, von ihrer Liebe und den Zweifeln. Von Hohenau und dem kleinen Jonasz, den sie mit seiner Mutter am Waldrand begraben hatten, und von ihrer Freundschaft zu Inge. »Sie werden das alles hier niemals lesen«, schrieb sie, nachdem sie das fünfte Blatt vollgeschrieben hatte. »Sie werden deshalb auch nie erfahren, wie oft ich an Sie denke und an das, was Sie in jener Nacht auf der Fahrt nach Dresden zu mir gesagt haben: dass man sich gegen das Schlechte und Schlimme stellen müsse. Dass das der einzige Sinn sei.«

Sie unterschrieb den Brief mit Wanda Masowiecki,

faltete ihn zusammen und steckte ihn in ein Buch, wie damals den ersten Brief, den sie von Marek bekommen hatte.

Obwohl der Krieg im April 1946 fast ein Jahr zu Ende war, kamen immer neue Flüchtlinge aus Schlesien nach Nördlingen. Viele waren nach der ersten Vertreibung noch einmal in ihre Häuser zurückgekehrt und hatten versucht, sich mit den Polen zu arrangieren, aber nun wurden auch sie ausgewiesen.

Die Großstädte waren zerbombt, also schickte man die Flüchtlinge aufs Land und in Kleinstädte, die von den Bomben verschont geblieben waren wie Nördlingen. Jeder, der Platz hatte, musste jemanden aufnehmen. Auch Wanda und Inge bekamen Flüchtlinge zugeteilt, eine Frau mit drei Kindern, die die kleine Stube neben der Küche bezogen. Dadurch war es immer laut und stickig in ihrer Wohnung, sodass sie so lange wie möglich im Kasino blieben und übten. An milden Wochenenden gingen sie stundenlang spazieren, bei Regen setzten sie sich in ein Café am Marktplatz und lasen die Bücher, die sie aus der Stadtbibliothek ausgeliehen hatten.

Als die von Brandts an ihren Tisch traten, erkannten sie sie zuerst nicht wieder. Dabei hatten sich beide im Grunde kaum verändert, nur Herr von Brandts Haare waren grauer geworden.

»Bitte?«, fragte Inge irritiert.

»Aber Inge!«, sagte Wolfgangs Mutter vorwurfsvoll. »Hast du uns etwa schon vergessen?«

Der Kaffeelöffel fiel klirrend aus Inges Hand auf die Untertasse.

»Nein. Natürlich nicht. Ich wusste nur nicht … Ich hatte keine Ahnung, dass Sie hier in Nördlingen sind.«

»Wir sind vor einem Monat angekommen«, erklärte Herr von Brandt, während er rasch einem der Serviermädchen zuwinkte, damit es noch zwei Stühle brachte. »Wir waren bisher in der Nähe von Würzburg, aber hier sind wir nun bei guten Freunden untergekommen.«

»Bei Familie von der Weidenfels-Trackenberg«, erläuterte Frau von Brandt würdevoll. Dann rieb sie sich mit den Händen über die prallen roten Backen. »Sag nichts, ich weiß selbst, dass ich erbärmlich aussehe. Wahrscheinlich werde ich den Sommer nicht mehr erleben. Nach der fürchterlichen Odyssee der letzten Monate bin ich vollkommen entkräftet. Es ist ein Skandal, was diese Polen uns angetan haben, eine himmelschreiende Ungerechtigkeit.« Während sie redete, streifte ihr Blick Wanda, wanderte weiter – und kehrte plötzlich wieder zurück. Wandas Herz begann schneller zu schlagen. Ob sich Frau von Brandt an sie erinnerte? Nein, das war unmöglich, sie hatte doch in den Wochen, in denen sie auf Tockenhof gearbeitet hatte, nur im Bett gelegen. Ein paarmal war Wanda zu ihr ins Zimmer gekommen, um ihr einen Tee oder eine heiße Zitrone zu bringen, aber da hatte Frau von Brandt sie kaum beachtet.

»Meine Kollegin«, sagte Inge, die den Blick offenbar ebenfalls bemerkt hatte. »Fräulein Imstetten.«

»Imstetten, Imstetten«, murmelte Frau von Brandt, ohne den Blick von Wanda zu wenden.

»Unseren Wolfgang haben die Amerikaner ins Gefängnis gesteckt«, sagte ihr Mann. »Aber unser Anwalt macht uns Mut. Sie werden ihn wohl schon bald wieder freilassen, es liegt ja nichts gegen ihn vor.«

»Da freust du dich Inge, nicht wahr?«, fragte Frau von Brandt. »Und jetzt, da er weiß, wo du bist, werdet ihr euch endlich wiedersehen …«

»Wir haben uns getrennt«, sagte Inge ruhig. »Hat er Ihnen das nicht erzählt?«

Danach wurde die Unterhaltung merklich kühler. Sie redeten noch eine Weile über dies und das, dann räusperte sich Herr von Brandt und winkte der Kellnerin. »Die Rechnung. Wir laden die jungen Damen ein.«

Im selben Moment wurden Frau von Brandts Augen ganz groß. »Ich kenne Sie doch«, rief sie, wobei sie auf Wanda zeigte. »Sie waren auf Tockenhof. Eine der Polinnen von Hohenau. Jetzt erinnere ich mich wieder …«

»Jetzt, da Sie es sagen«, unterbrach Inge sie scharf, »erinnere ich mich auch wieder an vieles. Mir fällt plötzlich ein, dass der Gauleiter Bracht immer auf Tockenhof war und wie gut Sie mit ihm befreundet waren. Und an viele andere Dinge, die Wolfgang mir noch anvertraut hat, zum Beispiel, dass er den Führer …«

»Sei doch still!«, zischte Herr von Brandt und sprang auf. »Was musst du denn jetzt diese alten Geschichten aufwärmen!«

»Diese alten Geschichten würden Wolfgang ordentlich in Schwierigkeiten bringen, wenn ich sie den Amerikanern erzählte. Und Sie selbst vermutlich auch.«

»Lassen wir die Vergangenheit ruhen«, sagte Frau von Brandt hastig.

Sie verließen das Café, ohne sich zu verabschieden. Für eine Todkranke bewegte sich Frau von Brandt mit erstaunlicher Behändigkeit.

»Danke«, sagte Wanda, als sie weg waren. »Ich dachte schon … Es ist gerade noch einmal gut gegangen.«

»Ich hasse diese Leute«, sagte Inge. »Wenn ich daran denke, dass ich Wolfgang um ein Haar geheiratet hätte …«

»Sie waren voller Zuversicht. Ist das nicht seltsam? Obwohl sie die glühendsten Nazis waren, wird ihnen nichts geschehen.«

»Sie haben überhaupt keine Schuldgefühle«, sagte Inge nachdenklich. »Das ist das Erstaunlichste. Hitler ist tot, der Krieg ist verloren und Schlesien auch, und sie geben den Polen die Schuld daran. Wenn es nicht so widerlich wäre, könnte man sie glatt beneiden.«

Am Samstagabend spielten sie jetzt oft in einer kleinen Tanzbar in der Stadt, die hauptsächlich von GIs besucht wurde. Inge sang und Wanda begleitete sie und ihre Zuhörer jubelten, aber inzwischen war die Begeisterung ehrlich.

Sentimental Journey war Wandas und Inges Lieblingslied.

Das Lied handelte von einer imaginären Reise in die Vergangenheit, und immer wenn Inge es sang, stiegen ihnen beiden Tränen in die Augen. Ihre Wehmut steckte das Publikum an, die Männer begannen nervös zu husten und mit den Füßen zu scharren. Manchmal fing eine der jungen Frauen in der Bar sogar an zu weinen.

In diesen Zeiten hatte jeder einen Ort oder einen Menschen, den er nur noch in seiner Fantasie aufsuchen konnte, weil er in der Wirklichkeit für immer verloren war.

Nach einem ihrer Konzerte trat ein junger Mann nach vorne ans Klavier. »Geben Sie mir ein Autogramm?«, fragte er.

Wanda unterschrieb, ohne ihn dabei anzusehen, und wollte den Zettel dann an Inge weitergeben, als der Mann ihn ihr wieder aus der Hand nahm.

»Warum unterschreiben Sie nicht mit Ihrem richtigen Namen?«, fragte er.

Da sah sie ihn an.

Es war Friedrich Hermenau. Sie erkannte ihn sofort wieder, auch wenn er keine Uniform mehr trug, sondern einen grauen Anzug, und seine dunklen Haare viel länger waren als damals im Zug.

Wanda hatte plötzlich das Gefühl, dass der Boden des Tanzlokals unter ihr wegbrach und sie in die Tiefe stürzte. Nur ihr Magen war nicht so schnell wie der Rest ihres Körpers und blieb in der Luft hängen.

»Sie ... was machen Sie denn hier?«, stammelte sie. »Wie haben Sie mich gefunden?«

»Ihr Brief«, sagte er. »Ich habe ihn vorgestern bekommen und bin sofort losgefahren.«

»Aber ich hab ihn nie ...«

»Sie wollten ihn nicht abschicken, ich weiß. Ihre Freundin Inge hat ihn in einem Buch gefunden und meine Adresse in Unkersdorf ausfindig gemacht. So hat er mich doch noch erreicht«, erklärte Friedrich. »Zum Glück.«

»Du liebe Zeit. Aber er war doch gar nicht für Sie bestimmt.«

»Doch«, sagte er. »Natürlich.«

»Ich habe Ihnen früher schon einmal geschrieben. Aus dem Flüchtlingslager.«

»Ich habe nie etwas bekommen, sonst hätte ich sofort zurückgeschrieben. Ich habe oft an Sie gedacht.«

»Ich auch«, sagte Wanda. Aber das wusste er ja, er hatte ja ihren Brief gelesen. »Wie haben Sie herausgefunden, dass wir heute Abend hier sind?«

»Sie schrieben, dass Sie jetzt bei den Amerikanern arbeiten. Da hab ich ein bisschen nachgeforscht, bis man mich hierhergeschickt hat. Sie sind ja jetzt eine Berühmtheit in Nördlingen.«

Wanda hörte ihr eigenes Herz schlagen, eins, zwei, drei, vier, fünf schnelle Schläge wie das Ticken einer Taschenuhr. Ob Hermenau es auch hören konnte?

Plötzlich stand Inge neben ihnen.

»Herr Hermenau. Das ist aber eine Überraschung.«

»Fräulein Baken.« Er reichte ihr die Hand. »Guten Abend. Und vielen Dank.«

»Ich bin froh, dass Sie gekommen sind.« Inge lächelte. Dann wurde ihr Gesicht wieder ernst. »Konnten Sie irgendetwas über meine Mutter in Erfahrung bringen? Sie wollten sich doch erkundigen.«

Hermenau schüttelte den Kopf. »Das Haus Ihrer Tante existiert nicht mehr. Es wurde im Feuersturm völlig zerstört. Ich war dort. Und in den Lagern und Unterkünften findet sich keine Spur von Ihrer Verwandtschaft. Es tut mir leid.«

Inge starrte auf ihre Füße. »Major Drowers fährt uns nach Hause«, meinte sie dann unvermittelt zu Wanda. »Wenn du mitkommen möchtest.«

»Ich bleibe noch einen Moment hier«, gab Wanda zurück.

Friedrich Hermenau begleitete Wanda zu Fuß nach Hause.

»Wissen Sie inzwischen, was Sie mit Ihrem Leben anfangen wollen?«, fragte sie ihn.

»Nein«, gab er zu. »Aber immerhin weiß ich, was ich nicht will. Ich bin kein Landwirt. Ich werde den Hof meinem jüngeren Bruder überlassen.«

»Und dann?«

»Wird sich der richtige Weg finden. Ich weiß zwar noch nicht, wohin er mich führen wird. Aber ich weiß ... ich würde ...« Er brach ab und blieb stehen.

Wanda blieb ebenfalls stehen. Sie legte den Kopf in den Nacken und blickte in den schwarzen Himmel, an dem Milliarden Sterne funkelten. Dieselben Sterne, die auch über Krakau leuchteten, über Hohenau und über den zerbombten deutschen Städten. Denn es gab nur einen Himmel und eine Erde, die den Deutschen, Polen, Russen, Amerikanern und allen anderen gemeinsam gehörte.

Und es gab Wanda und Friedrich.

»Ich würde den Weg gerne mit Ihnen gemeinsam gehen«, sagte Friedrich.

»Das möchte ich auch«, antwortete Wanda.

Ein Nachwort

Im März 2007 habe ich im Fernsehen eine Reportage über die Flucht am Ende des Zweiten Weltkriegs gesehen und war erschrocken und fasziniert zugleich. So ein Film ist gar nichts gegen die Wirklichkeit, sagte mir kurz darauf eine Zeitzeugin, mit der ich zufällig ins Gespräch kam. In Wirklichkeit war es ganz anders.

Ein Roman kann diese furchtbare Wirklichkeit genauso wenig verarbeiten und wiedergeben wie eine Dokumentation oder ein Fernsehfilm. Dennoch habe ich in diesem Moment beschlossen, ein Buch über die Flucht aus Schlesien zu schreiben. Weil ich mehr wissen wollte, weil ich diese Geschichte, die ja nur eine Generation von meiner eigenen entfernt ist, kennenlernen wollte und weil ich sie an meine eigenen Kinder weitergeben wollte.

Als ich mit meiner Recherche begann, war Schlesien für mich nicht mehr als ein vager Begriff. In meiner Vorstellung floss es irgendwo im heutigen Polen mit Ostpreußen zusammen. Seitdem habe ich viele Bücher gelesen, Berichte gehört, Filme gesehen – und vor allem Gespräche geführt. Ich danke besonders

Rita Levacher, die in einem Interview (Seite 345 ff.) über ihre persönlichen Fluchterfahrungen aus Schlesien berichtet. Frau Levacher war 1945 elf Jahre alt, man merkt ihrem Bericht an, dass die Erlebnisse von damals für sie wirklich – im besten Sinne – abgeschlossen sind. Bei vielen älteren Gesprächspartnerinnen, die 1945 junge Frauen waren oder gar eigene Kinder hatten, sind die Wunden dagegen auch nach vierundsechzig Jahren immer noch nicht verheilt. Einige von ihnen wurden bei der Schilderung der Fluchterlebnisse so von ihren Erinnerungen überwältigt, dass wir unser Gespräch unterbrechen mussten.

Mein herzlicher Dank geht deshalb an Edelgard Schröder, Maria Krull und Christa Nolte, die ihre schrecklichen, aber auch tröstenden Erfahrungen mit mir geteilt haben. Ihnen und all den anderen, die ich hier nicht namentlich aufführen kann, sei dieses Buch gewidmet.

Für mein Verständnis von der Situation der Fremdarbeiter im Dritten Reich und in der Zeit danach war mir die Ausstellung *Riss durchs Leben* des Landschaftsverbandes Rheinland (2008 im Medienzentrum Düsseldorf) eine große Hilfe. Wer sich selbst ein Bild machen möchte, dem kann ich den Ausstellungskatalog mit Porträts und Interviews mit ehemaligen Zwangsarbeiterinnen sehr ans Herz legen.

Die Güter Hohenau und Tockenhof, die Heimat von Inge Baken und Wolfgang von Brandt, gibt es in

Wirklichkeit nicht – im Gegensatz zu all den anderen Orten und Städten, durch die ihre Flucht Inge und Wanda führt. In meine Beschreibung der beiden Höfe sind jedoch sehr viele erzählte und gelesene Schilderungen eingeflossen.

Mein Dank geht auch an meine Eltern und meine Schwester Ruth Mayer, die mein Manuskript kritisch gelesen und an vielen Stellen korrigiert haben. An Marcel Reginatto für seine Anmerkungen und den Einblick in das Leben in einer Diktatur. Und an Martin Conrath, der mir erklärt hat, wie man ein Huhn schlachtet.

Lucina Schner hat die polnischen Sätze übersetzt, Igor Sigov die russischen, herzlichen Dank dafür.

Und *last, but not least*: Danke meinen jungen Probelesern Mara Hoffmann und Ida Kretschel.

Gina Mayer

Interview mit einer Zeitzeugin

Interview mit Rita Levacher, Jahrgang 1934, die als Mädchen aus Niederschlesien nach Hartmannsdorf in Sachsen ausgewiesen wurde. Heute lebt sie mit ihrem Mann in Brauweiler bei Köln, sie haben drei erwachsene Kinder und sieben Enkel.

»Frau Levacher, wann haben Sie Ihr Zuhause in Schlesien verlassen?«
»Am 27. Januar 1945, drei Wochen nach meinem elften Geburtstag.«

»Wo wohnten Sie in Schlesien?«
»In einem kleinen Dorf, Pürschen, in der Nähe der Stadt Glogau [poln. Głogów, d. A.].«

»Was haben Sie vom Krieg mitbekommen?«
»Nicht viel, die Front war ja von Schlesien weit entfernt. Aber wie fast alle Männer war auch mein fünfzehnjähriger Bruder als Luftwaffenhelfer zur Wehrmacht eingezogen worden. Mein Vater wurde vom 1.9.1939 bis zum Ende des Frankreich-Feldzugs eben-

falls zur Wehrmacht eingezogen, wurde dann aber als Lehrer vom Wehrdienst befreit, um den Schuldienst in unserem Dorf und in den umliegenden Ortschaften aufrechtzuerhalten.«

»Wie sind Sie aus Pürschen geflohen?«

»Kurz vor unserem Aufbruch hörten wir schon tagelang Geschützdonner in weiter Ferne. Uns wurde auch empfohlen, die notwendigsten Dinge zu packen und bereitzustellen. Am 27. Januar kam um sechs Uhr morgens der telefonische Anruf des Ortsvorstehers: Bis elf Uhr mittags musste der Ort geräumt sein.

Als Lehrer besaß mein Vater kein eigenes Fahrzeug, deshalb bekamen wir zusammen mit einer anderen Familie vom Gutshaus des Ortes einen Pferdewagen zugewiesen – zum Transport unseres Gepäcks sowie der Frauen und Kinder. Ein französischer Kriegsgefangener war als Kutscher abgestellt. Wir brachen sofort auf. Mein Vater war so überzeugt, dass wir bald wieder zurückkehren würden, dass er den Schlüssel in der Tür des Schulhauses stecken ließ, um zu verhindern, dass die Soldaten die Tür eintraten.«

»Wie ging der Aufbruch vonstatten?«

»Erstaunlich diszipliniert. Ich glaube, der Treck setzte sich pünktlich um die Mittagszeit in Bewegung. Bei eisiger Kälte fuhren wir nach Glogau. Dort sollten Frauen, Kinder und alle, die kein eigenes Fahrzeug hatten, in Sammelstellen übernachten, um dann mit dem Zug in den Westen zu fahren. Meine Eltern, ein aus Breslau evakuiertes Mädchen und ich kamen aber bei einer uns bekannten Familie unter.

Meine Mutter bekam in dieser Nacht hohes Fieber. Unsere Bekannten, die sich vorgenommen hatten, Glogau trotz des ausdrücklichen Räumungsbefehls nicht zu verlassen, versuchten meine Eltern ebenfalls zum Bleiben zu überreden. Ich werde nicht vergessen, wie meine Mutter sich mit aller Kraft dagegen gewehrt hat, denn mein Vater hatte sich schon fast dazu entschlossen. Wie Recht sie hatte! Wir hätten das spätere Inferno um Glogau, das zu neunzig Prozent zerstört wurde, sicher nicht überlebt.«

»Also sind Sie wieder aufgebrochen?«

»Wir sind am übernächsten Morgen zum Bahnhof, wo ein unbeschreibliches Gedränge herrschte. Irgendwie schafften wir es in ein völlig überfülltes Abteil des letzten Zuges, der Glogau verließ. Ich landete auf dem Schoß eines Mitreisenden, und kurz bevor der Zug abfuhr, wurde durch das Fenster noch ein Kinderwagen hereingeschoben – auf meinen Schoß. Es war schlimm, aber der Zug fuhr ab in Richtung Westen.«

»Gab es während der Fahrt irgendwelche Zwischenfälle?«

»Ich weiß noch, dass SS-Leute den Zug nach wehrtauglichen Männern durchsuchten. Spürbare Angst breitete sich aus. Mein Vater hatte zum Glück ein Attest bei sich, da er zu dieser Zeit an Magengeschwüren erkrankt war. Zu unserer großen Erleichterung ließ man ihn weiter mitfahren.«

»Wohin sind Sie gefahren?«

»Unser Endziel war Hartmannsdorf bei Chemnitz. Dort war in einer Schule ein Auffanglager eingerichtet worden. Wir hatten Glück, nach nur einer Nacht nahm uns der Lagerleiter, ein Kollege meines Vaters, in seine Wohnung auf. Ein sehr eingeschränktes Leben begann, denn nun wohnten wir zu viert auf vielleicht zwanzig Quadratmetern. Und kurz danach kam noch ein weiterer Heimatloser dazu.«

»Ein weiterer Flüchtling?«

»Sozusagen. Eine Frau aus Chemnitz war ausgebombt worden und rettete sich mitten in der Nacht durch dicken Schneematsch nach Hartmannsdorf zu Verwandten. Sie hatte ihren Hund in der Wohnung zurückgelassen und hielt ihn für tot, bis er am nächsten Morgen bellend, schmutzig und angesengt vor der Tür stand. Er muss sich aus den Trümmern befreit und ihre Spur aus Hunderten anderer Spuren herausgefunden haben. Aber die Verwandten der Frau konnten den Hund nicht auch noch aufnehmen, er sollte getötet werden! Da nahmen wir ihn zu uns. Ich bin heute noch erstaunt und dankbar, dass unsere Wirtsleute keinen Einspruch erhoben haben.«

»Wovon haben Sie gelebt?«
»Nach drei Wochen kam unser Treck aus Pürschen mit unseren Sachen an. Das wenige, das wir hatten mitnehmen können, war noch da. Es war nur alles sehr verschmutzt, die eingerollten Federbetten waren feucht und meine Puppe Marlies, die ich heimlich in den Wagen geschmuggelt habe, war schwer lädiert.

Wir hatten sehr wenig zu essen. Am schlimmsten war es allerdings erst nach dem Krieg, als nach den Amerikanern die Russen einmarschierten. Da begann eine schreckliche Hungerzeit.«

»Wussten Sie als Kind von den schlimmen Dingen, die im Dritten Reich geschahen?«
»Mein Vater musste als Lehrer Parteimitglied sein, aber meine Eltern waren keine Hitler-Anhänger und jeder kannte ihre Einstellung. Sie waren natürlich sehr vorsichtig, Kritik war ja lebensgefährlich. Wir Kinder wurden auch immer wieder eindringlich ermahnt, nichts von dem zu erzählen, was wir zu Haus an politischen Gesprächen mitbekommen hatten.«

»Und von den Konzentrationslagern?«

»Ich erinnere mich an eine Frau aus einem Nachbarort, die uns immer bei der Wäsche half. Sie erzählte uns von einem Mann, der im KZ gesessen habe. ›Er will aber nicht darüber reden – selbst in der eigenen Familie nicht – vor lauter Angst‹, sagte sie. Ich war ja erst elf Jahre alt damals, aber das ist mir im Gedächtnis geblieben.«

»Haben Sie Ihre alte Heimat jemals wiedergesehen?«

»Ich bin nach 1990 noch zweimal nach Schlesien gefahren. Vieles ist natürlich verändert, Glogau war ja völlig zerstört. Aber unser Schulhaus in Pürschen steht noch, heute sind in dem Gebäude Wohnungen untergebracht. Als wir dort waren, hat man uns zu Ehren in der kleinen Wallfahrtskirche, in der mein Vater bis zu unserer Ausweisung nebenamtlich als Kantor tätig war, eine Messe gefeiert. Und in der Kirche war alles genau wie früher, ich konnte mich an jede Heiligenfigur, an jede Kleinigkeit erinnern. Plötzlich war alles wieder da.

Aber für immer dorthin zurückzugehen – das ist für mich ausgeschlossen. Ich würde mich dort nicht mehr wohlfühlen.«

Glossar

arisch/Arier → Rassenideologie

Auschwitz In der Zeit des → Nationalsozialismus wurde in der Nähe der polnischen Stadt Auschwitz (Oswiecim) ein Komplex bestehend aus → Konzentrations- und Vernichtungslager errichtet. Aus ganz Europa wurden 1,3 Millionen Männer, Frauen und Kinder deportiert. Die Häftlinge – ein Großteil von ihnen Juden – wurden direkt nach ihrer Ankunft vergast oder unter unvorstellbar grausamen Bedingungen gefangen gehalten und gefoltert. Eine Million Menschen fanden in den Lagern den Tod.

Barszcz (schlesisch: Bartschsuppe) Polnische Rote-Bete-Suppe

BdM (Bund deutscher Mädel) Der Bund deutscher Mädel (BdM) war eine Unterorganisation der → Hitlerjugend (HJ). Ziel des BdM war es, die weibliche Jugend frühzeitig für die → nationalsozialistische Ideologie zu begeistern und zu Gehorsam, Pflichterfüllung, Disziplin und Körperbeherrschung zu erziehen. Die Teilnahme an einer BdM-Einheit war in der → NS-Zeit für zehn- bis achtzehnjährige Mädchen Pflicht.

Bolschewisten Als Bolschewisten (russ. Bolschewiki) bezeichneten sich die russischen Revolutionäre unter Lenin. Später wurde der Begriff von den Gegnern des → Kommunismus als Schimpfwort verwendet.

Bourgeoisie Französische Bezeichnung für die soziale Schicht zwischen Adel und Bauernschaft. Im → Kommunismus bezeichnet der Begriff die Schicht des Bürgertums, die über den Großteil des Kapitals und der Produktionsmittel verfügt.

Breslau Heute polnisch (Wroclav). Von 1919 bis 1945 Hauptstadt der Provinz Niederschlesien. In der Schlacht um Breslau versuchte die deutsche → Wehrmacht, die anrückende → Rote Armee an der Einnahme der Stadt zu hindern und baute dazu Breslau zur Festung aus. Die nicht wehrtaugliche Bevölkerung sollte die Stadt verlassen, die → Evakuierung verlief jedoch so chaotisch, dass viele Frauen, Kinder und Alte in Breslau zurückblieben.

Vom 23. Januar bis zum 6. Mai 1945 wurde die Stadt von der sowjetischen Armee belagert. Bis zur Kapitulation wurde ein Großteil der Breslauer Bevölkerung getötet und die meisten Gebäude und Kulturdenkmäler durch Bomben zerstört.

Deportation Die zwangsweise Verschickung einzelner Menschen oder größerer Gruppen aus ihren Wohnsitzen in vorbestimmte Aufenthaltsorte. Während der Zeit des → Nationalsozialismus wurden Juden und andere Bevölkerungsgruppen in Konzentrationslager deportiert. Außerdem wurden Menschen aus den besetzten Gebieten zur → Zwangsarbeit ins Deutsche Reich verschickt.

Deserteur Ein Soldat, der sich unerlaubt von seiner militärischen Einheit, Truppe oder Dienststelle entfernt, um sich dem Wehrdienst zu entziehen.

Die Wacht am Rhein Ein Lied von Max Schneckenburger (Text) und Karl Wilhelm (Melodie), das während der Zeit des → Nationalsozialismus zur inoffiziellen Nationalhymne der Deutschen wurde.

DP (Displaced Persons) Nach Kriegsende wurden von den Alliierten Lager (DP-Camps) eingerichtet, von denen aus die ehemaligen → Zwangsarbeiter in ihre Heimatländer zurücktransportiert wurden. In den Ländern des Ostblocks, zu denen auch Polen gehörte, wurden die Rückkehrer häufig als »Vaterlandsverräter« geächtet. Viele ehemalige Zwangsarbeiter wurden gleich in die sowjetischen Straflager weitertransportiert. Diejenigen, die ihre Heimat erreichten, durften größtenteils nicht studieren und mussten stattdessen niedere Arbeiten verrichten.

Diwan Sofa ohne Lehne

Dreigroschenoper Theaterstück von Bertolt Brecht mit Musik von Kurt Weill. Wegen der gesellschaftskritischen, → kommunistischen Botschaft wurde das Stück 1933 von den → Nationalsozialisten verboten.

Eisernes Kreuz Ein deutscher Kriegsorden, der ursprünglich vom preußischen König Friedrich Wilhelm III. (1770 bis 1840) gestiftet worden war. Im Zweiten Weltkrieg wurde das Eiserne Kreuz von → Adolf Hitler wieder eingeführt, die Auszeichnung war nun mit dem Hakenkreuz versehen. Es gab vier verschiedene Ordensstufen.

evakuiert/Evakuierung Räumung einer Stadt oder eines Wohngebietes

Feindsender Mit dem Begriff Feindsender wurden im → Nationalsozialismus verbotene Rundfunkstationen bezeichnet. Das widerrechtliche Hören ausländischer Rundfunksender oder das Verbreiten abgehörter Nachrichtensendungen wurde mit Gefängnis – in besonders schweren Fällen auch mit dem Tode – bestraft.

Feuersturm Entsteht durch die starke Hitzeentwicklung bei großen Flächenbränden – Kamineffekt: Heiße Luft steigt über dem Brandherd auf, dadurch entsteht ein Sog, der Frischluft nachzieht, die das Feuer wiederum weiter anfacht.

Die Flächenbombardements im Zweiten Weltkrieg führten in vielen deutschen Großstädten zum Feuersturm. Bei der Zerstörung Hamburgs (27./28. Juli 1943) oder Dresdens (13./14. Februar 1945) entstanden Temperaturen bis zu 2000 Grad Celsius, die sogar Glas zum Schmelzen brachten.

Flüchtlingslager Für die fast 9,5 Millionen Flüchtlinge aus den deutschen Ostgebieten, die nach Kriegsende in Deutschland unterwegs waren, wurden als Durchgangsstationen Flüchtlingslager eingerichtet. Vor allem entlang der Grenzen der Besatzungszonen entstanden zunächst improvisierte, dann rasch ausgebaute Auffang- und Durchgangslager.

→ Evakuierte, Flüchtlinge und Vertriebene, elternlose Kinder und Jugendliche wurden hier bis zur Weiterleitung in andere Besatzungszonen oder zur Erteilung einer Zuzugsgenehmigung aufgenommen. Die meisten Lager wurden nach einigen Jahren mit dem Nachlassen der Flüchtlingsströme aufgegeben.

Hans Frank Kurz nach Kriegsbeginn wurde Hans Frank zum → Generalgouverneur der polnischen Gebiete ernannt. Ab November 1939 residierte er auf der Krakauer Burg Wawel. Unmittelbar danach wurden 184 Krakauer Professoren verhaftet und ins → Konzentrationslager Sachsenhausen deportiert. Frank war für die Ermordung von Hunderttausenden von Polen und die Beschlagnahmung ihres Eigentums verantwortlich und veranlasste die → Deportation einer Großzahl polnischer Arbeiterinnen und Arbeiter in deutsche Fabriken.

1945 wurde Frank von amerikanischen Truppen verhaftet und vom Internationalen Militärgerichtshof in Nürnberg zum Tode verurteilt. Das Urteil wurde am 16. Oktober 1946 vollstreckt.

Fremdarbeit → Zwangsarbeit

Gauleiter Schon vor Beginn der Zeit des → Nationalsozialismus wurde das deutsche Reichsgebiet von der → NSDAP in 43 Bezirke gegliedert, die nach einem germanischen Wort »Gaue« (Regionen) genannt wurden.

Der Gauleiter stand jedem der nationalsozialistischen Gaue vor. Er gehörte der NSDAP an, trug die politische Verantwortung und hatte das Aufsichtsrecht über den ganzen Bezirk. Gauleiter von Oberschlesien war von 1941 bis zum Kriegsende Fritz Bracht (1899–1945).

Generalgouvernement Bezeichnet die von den Deutschen im Zweiten Weltkrieg besetzten – aber noch nicht ins Deutsche Reich eingegliederten – Gebiete (auch Schutzgebiete).

Ghetto Kurz nach dem Einmarsch der deutschen Besatzer in Polen wurde die jüdische Bevölkerung in Sammellagern – Ghettos – zusammengetrieben. Das Vermögen der Juden wurde beschlagnahmt; um ihren Lebensunterhalt zu bestreiten, mussten die eingesperrten Menschen Zwangsarbeit leisten. Das Krakauer Ghetto befand sich im Stadtteil → Podgorze und war von der Stadt durch eine hohe Mauer abgetrennt. Die Eingänge wurden bewacht, Krakauer Bürgern war der Zutritt zum Ghetto streng untersagt. Da das Ghetto mitten in der Stadt lag, konnte es jedoch in einer Straßenbahn durchquert werden, deren Türen während der Fahrt versiegelt wurden und deren Fenster mit Pappe zugeklebt waren, um den Einblick ins Ghetto zu verhindern.

GI Bezeichnung für Infanteriesoldaten der Streitkräfte der Vereinigten Staaten von Amerika. Die Abkürzung wird fälschlicherweise oft auf den Begriff Government Issue (Regierungsangelegenheit) zurückgeführt. Tatsächlich stammt die Bezeichnung aber vermutlich von damals verwendeten Armeebehältern aus galvanisiertem Eisen, die mit dem Stempel GI (Galvanized Iron) versehen waren.

Josef Goebbels (1897–1945) Einer der einflussreichsten Politiker im NS-Regime – u. a. Reichsminister für Volksaufklärung und Propaganda. Kurz vor der deutschen Kapitulation am 1. Mai 1945 tötete Goebbels im Führerbunker seine sechs Kinder, seine Frau und dann sich selbst.

Hermann Göring (1893–1946) Einer der führenden Politiker der → NS-Zeit und u. a. Oberbefehlshaber der Deutschen Luftwaffe. Er richtete die ersten → Konzentrationslager ein und gründete die Gestapo, die Geheime Schutzpolizei, die für die systematische Verfolgung von tatsächlichen und vermeintlichen politischen Gegnern des nationalsozialistischen Regimes zuständig war.

Goja (hebr. goi = Nation, Volk) Als Goi werden im jüdischen Sprachgebrauch Nichtjuden bezeichnet. Die weibliche Form ist Goja.

Herrenrasse → Rassenideologie

Adolf Hitler (1889–1945) Deutscher Diktator. Ab 1921 Parteichef der → NSDAP, ab 1933 Reichskanzler. 1934 machte er sich als »Führer und Reichskanzler« zum Staatsoberhaupt. Er errichtete ein terroristisches Herrschaftssystem mit → rassenbiologischer Ausrichtung, in dem Juden und andere Bevölkerungsgruppen diskriminiert, verfolgt und getötet wurden. Demokratische Strukturen wurden aufgelöst, politische Gegner und Andersdenkende in → Konzentrationslager verschleppt und die christlichen Kirchen bekämpft. Am 30. April 1945 beging Hitler im Führerbunker Selbstmord.

HJ (Hitlerjugend) Die Hitlerjugend war die Jugend- und Nachwuchsorganisation der → Nationalsozialistischen Deutschen Arbeiterpartei (NSDAP) und nach 1933 der einzige zugelassene Jugendverband.

Die uniformierte und militärisch organisierte HJ war nach Geschlecht und Altersgruppen gegliedert: Die Mädchen wurden im → Bund deutscher Mädel (BdM) zusammengefasst, die zehn- bis vierzehnjährigen Jungen gehörten zum Deutschen Jungvolk, die Vierzehn- bis Achtzehnjährigen bildeten die eigentliche Hitlerjugend. Einmal wöchentlich trafen sich die HJ-Ortsgruppen zum »Heimabend«, wo die Jugendlichen in der → NS-Ideologie geschult wurden. Mit Märschen, Sportfesten, Wanderungen und Arbeitseinsätzen auf dem Land sollte die männliche Jugend abgehärtet und auf den Kriegsdienst vorbereitet werden.

Besonders gegen Kriegsende wurden die Einheiten der HJ auch bevorzugt zu polizeilichen und militärischen Diensten herangezogen. Viele von ihnen fielen in den letzen Kriegsmonaten (→ Volkssturm).

Ipfmess Volksfest mit Markt in Bopfingen im Ries, das bis 1837 auf dem Hausberg Ipf abgehalten wurde, seitdem auf dem Sechtaplatz in der Stadt stattfindet.

Jagdbomber Jagdflugzeug, das auch als Bomber zur Zerstörung von Boden- und Seezielen eingesetzt werden kann.

Karpatka Polnischer Kuchen mit Cremefüllung

Kazimierz Stadtteil von Krakau, ehemaliges Judenviertel

Kennkarte Ein polizeilicher Inlandsausweis, der von den Nationalsozialisten eingeführt wurde. Vorläufer des heutigen Personalausweises.

Kleparz Stadtteil von Krakau

Kollaborateur Eine Person, die mit dem militärischen Feind kooperiert und somit gegen den eigenen Staat arbeitet.

Kommunist/Kommunismus (lat. communis = gemeinsam) Ein Gesellschaftsentwurf, der auf der Idee der sozialen Gleichheit und Freiheit aller Menschen auf der Basis von Gemeineigentum beruht. Ziel des Kommunismus ist die Errichtung einer herrschaftsfreien und klassenlosen Gesellschaft, in der es kein Privateigentum gibt und alle wirtschaftlichen, politischen, sozialen und religiösen Zwänge abgeschafft sind.

Konzentrationslager (KZ) Die in der → NS-Zeit eingerichteten Konzentrationslager waren ein wesentliches Element des nationalsozialistischen Terror-Systems. In den Lagern starben bis 1945 Millionen Menschen an Gewalt, Unterversorgung, Krankheit, durch medizinische Menschenversuche oder durch → Zwangsarbeit.

Interniert wurden nicht nur Juden, → Kommunisten und Sozialdemokraten, sondern bald auch Mitglieder religiöser Sekten und Orden, Pfarrer, Sinti, Roma, Homosexuelle oder Kriegsgefangene. In den Lagern herrschten menschenunwürdige Lebensumstände. Die Häftlinge wurden kahl geschoren, mit Nummern tätowiert und lebten in ständiger Todesangst.

Viele Häftlinge, vor allem Frauen, Kinder, Alte oder Kranke, wurden unmittelbar nach ihrer Ankunft in den Gaskammern der Konzentrationslager ermordet.

KPP Kommunistische Arbeiterpartei Polens

Kreisleiter Sämtliche Gaue im Deutschen Reich waren in Kreise unterteilt, denen jeweils ein Kreisleiter vorstand. Der Kreisleiter wurde vom → Gauleiter bestimmt und war die vierthöchste Stufe in der Hierarchie des → Nationalsozialismus (nach Führer, Reichsleiter und Gauleiter).

Lebensmittelkarten Mit dem Beginn des Zweiten Weltkriegs wurden in Deutschland die Lebensmittel rationiert – d. h., die Bevölkerung erhielt Fleisch, Kaffee-Ersatz oder Zucker, später auch Brot und Eier nur noch auf Lebensmittelkarten. Die Zuteilungen waren anfangs großzügig bemessen, im Verlauf des Kriegs wurden die Rationen kleiner, und die Qualität der Lebensmittel verschlechterte sich.

Nach dem Krieg übernahmen die Siegermächte die Verteilung der Lebensmittelkarten. Sie wurden 1950 abgeschafft.

Leuchtschirme Sog. Fallschirm-Leuchtfeuer wurden im Zweiten Weltkrieg zur Beleuchtung und Zielmarkierung beim Bombardement großer Flächen eingesetzt. Wegen ihrer Form und der meist grünen Farbe wurden die Leuchtschirme auch »Christbäume« genannt.

Luftmine Große und schwere Sprengbombe mit enormer Zerstörungskraft, die während des Zweiten Weltkriegs von Flugzeugen abgeworfen wurde.

Nationalsozialismus (NS) Der Begriff Nationalsozialismus bezeichnet die totalitäre Weltanschauung und Bewegung, die im Deutschland der Zwanziger- und Dreißigerjahre entstanden ist und ab 1933 zur Errichtung einer Diktatur führte. Die Grundlage des Nationalsozialismus bildet ein völkischer Rassismus und Antisemitismus (→ Rassenideologie), demokratische Strukturen und Grundrechte werden abgelehnt. Die nationalsozialistische Weltanschauung lieferte die ideologische Begründung für den deutschen Eroberungskrieg (Zweiter Weltkrieg) und für die Einrichtung von → Konzentrations- und Vernichtungslagern.

Nazi → Nationalsozialismus

NSDAP Die Nationalsozialistische Deutsche Arbeiterpartei (NSDAP), die Partei Adolf Hitlers, die von 1933 bis 1945 als einzige Partei in Deutschland zugelassen war.

Die NSDAP gliederte sich in Gaue, Kreise, Ortsgruppen, Zellen und in Blocks. Ein Block zählte als kleinste organisatorische Einheit zwischen vierzig und sechzig Haushalte.

NS-Zeit Die Zeit, in der Hitlers Nationalsozialistische Deutsche Arbeiterpartei (→ NSDAP) an der Regierung war: 1933–1945.

Offbeat (engl. off-beat = weg vom Schlag) Rhythmisches Stilmittel aus der afroamerikanischen Tradition Nordamerikas, das ursprünglich vor allem im Jazz verwendet wurde. Beim Offbeat liegt die Betonung zwischen den Zählzeiten eines Metrums (also vor bzw. hinter dem Beat), dadurch entsteht ein ganz neues rhythmisches Spannungsverhältnis.

Ortsgruppenleiter Eine hierarchische Stufe in der Struktur der → NSDAP: Der Ortsgruppenleiter war dem → Kreisleiter verantwortlich und beaufsichtigte wiederum den Zellenleiter und Blockwart.

Panje-Pferd Robuste osteuropäische Pferderasse mit ungewöhnlicher Leistungsbereitschaft. Panje-Pferde wurden im Zweiten Weltkrieg sowohl von der → Roten Armee als auch von der → Wehrmacht und Waffen-SS eingesetzt.

Panzerfaust Deutsche reaktive Panzerbüchse aus dem Zweiten Weltkrieg. Die in riesigen Stückzahlen produzierte Waffe war vor allem für die Panzerabwehr konstruiert. Durch ihre große Bekanntheit und die plakative Wirkung der Bezeichnung wurde der Begriff »Panzerfaust« oft wie ein Synonym für den gesamten Waffentyp genutzt.

Podgorze Stadtteil von Krakau südlich der Weichsel. Ehemaliges jüdisches → Ghetto.

Private Niedrigster Dienstgrad in der Armee der Vereinigten Staaten von Amerika

Proletarier Angehöriger des Proletariats. Im alten Rom war das Proletariat die unterste Bevölkerungsschicht ohne Rechte und Vermögen. Im → kommunistischen Verständnis sind die Proletarier die Gegenspieler der → Bourgeoisie, die aus Ermangelung von Vermögen und Besitz ihre Arbeitskraft verkaufen müssen, um zu überleben. Ziel des Kommunismus ist eine Diktatur des Proletariats.

Rassenideologie In der Rassenideologie der → Nationalsozialisten nahmen die »Arier« als eine rein indogermanische »Herrenrasse« die höchste Stellung ein. Der ideale Typ der arischen Rasse war hochgewachsen, blond und blauäugig. Den niedrigsten »rassischen« Status hatten die Juden, die die Nationalsozialisten als Gegenrasse der Arier verstanden. Auch die slawischen Völker (wie z.B. die Polen, Sinti und Roma) galten als minderwertige und deshalb auszulöschende Rasse. Aus Gründen der »Rassenpflege« wurden darüber hinaus Behinderte und unheilbar Kranke aus der Volksgemeinschaft ausgeschlossen.

Die Nationalsozialisten rechtfertigten mit dieser Ideologie die Diskriminierung, Vertreibung und Ermordung von Millionen Menschen.

Remise (frz. remettre = hinstellen, versorgen) Wirtschaftsgebäude für Fahrzeuge und Geräte

Rotarmist Angehöriger der → Roten Armee

Rote Armee Eigentlich: Rote Arbeiter- und Bauernarmee; bis 1946 der offizielle Name der Streitkräfte der Sowjetunion

Schlesien Mitteleuropäische Region, die sich zu beiden Seiten der oberen und mittleren Oder erstreckt. Nach der deutschen Reichsgründung 1871 bildeten die Provinzen Niederschlesien (größerer nördlicher Bereich) und Oberschlesien (kleinerer südlicher Bereich) den südöstlichsten Teil Deutschlands. Seit dem Kriegsende 1945 gehört Schlesien zu Polen.

Schneemantel Teil der Winterausrüstung der deutschen → Wehrmacht

Schutzgebiete → Generalgouvernements

Sperrstunde Während der deutschen Besetzung herrschte im ganzen → Generalgouvernement Polen eine Ausgangssperre für die polnische Bevölkerung. Zu bestimmten Zeiten und während der Nacht durften die Bürger ihre Häuser nicht verlassen.

sowjetisch/Sowjetunion Staat in Osteuropa und Nordasien, der von 1922 bis 1991 existierte und dann u. a. in die heutigen Länder Russland, Weißrussland, Ukraine, Litauen, Estland und Lettland zerfiel.

SS Abkürzung für Schutzstaffel, eine Sonderorganisation zum Schutz → Hitlers und der führenden → NSDAP-Funktionäre, die nach 1934 auch für alle → Konzentrationslager zuständig war. Für die Aufnahme in die SS galten äußerst strenge rassenbiologische und ideologische Auswahlkriterien (→ Rassenideologie). SS-Reichsführer war Heinrich Himmler, der nach Kriegsbeginn auch die Bezeichnung »Waffen-SS« für die bewaffneten SS-Einheiten einführte.

Josef Stalin Sowjetischer Politiker und Diktator (1878 bis 1953), seit 1922 Generalsekretär des Zentralkomitees der → Kommunistischen Partei der Sowjetunion

Szarlotka Polnischer Apfelkuchen

Treck Gemeinsamer Zug von Flüchtlingen oder Vertriebenen mit primitiven Fuhrwerken oder zu Fuß. Flüchtlingstrecks zogen 1945 u. a. aus → Schlesien, dem Sudetenland, Westpreußen, Ostpreußen oder den besetzten Ostgebieten nach Westen.

Trinkhonig Heißes Getränk aus Wasser, Honig und verschiedenen Gewürzen

Untermenschen → Rassenideologie

Verdunklung Luftschutzmaßnahme während des Zweiten Weltkriegs. Feindlichen Fliegern sollte durch die Verdunklung die Orientierung erschwert werden. Bei Fliegeralarm bestand daher die Pflicht, Lichtquellen zu dämpfen und Fenster mit Pappe abzukleben, sodass kein Licht nach draußen dringen konnte. An Automobil- und Fahrradscheinwerfern mussten Schlitzblenden angebracht werden.

Vernichtungslager Bezeichnung für einen Teil der → Konzentrationslager, die in der → NS-Zeit in den deutsch besetzten Gebieten errichtet wurden. Die Vernichtungslager wurden für Massenmorde an Juden und anderen verfolgten Minderheiten eingerichtet. Über drei Millionen Menschen fanden hier den fabrikmäßigen Tod durch Vergasung oder Massenerschießungen.

Volksempfänger Der Volksempfänger war ein Radioapparat, der ab 1933 in Serie produziert wurde. Er diente als wichtiges → nationalsozialistisches Propagandainstrument. Mit diesem ersten elektronischen »Massenmedium« konnten die Reden → Hitlers oder → Goebbels in jedes Wohnzimmer übertragen werden (→ Feindsender).

Volkssturm Das letzte militärische Aufgebot im Deutschen Reich wurde im September 1944 gebildet und rekrutierte sich aus waffenfähigen Männern zwischen sechzehn und sechzig, die nicht der → Wehrmacht angehörten. Aufgrund der unzulänglichen Ausbildung, der schlechten Ausrüstung und der problematischen Altersstruktur hatte der Volkssturm kaum Einfluss auf den Kriegsverlauf. 175 000 Volkssturmmänner wurden in den Kämpfen getötet.

Wasserpolnisch Eigenständiger schlesischer Dialekt mit polnischen und deutschen Einflüssen

Wehrmacht Bezeichnung für die deutschen Streitkräfte von 1935 bis 1946. Die Wehrmacht gliederte sich in Heer, Kriegsmarine und Luftwaffe.

Zwangsarbeit Da durch den Krieg im gesamten Deutschen Reich ein Arbeitskräftemangel herrschte, wurden aus den besetzten Gebieten Millionen Menschen zur Zwangsarbeit nach Deutschland deportiert. Sog. Fremdarbeiter wurden sowohl in der Landwirtschaft als auch in der industriellen und militärischen Produktion eingesetzt. Aus → rassenideologischen Gründen wurden vor allem Polen, die den größten Anteil der Zwangsarbeiter ausmachten, meist unter menschenunwürdigen Bedingungen beschäftigt. Mitte 1944 waren etwa ein Viertel der Arbeitskräfte der Wirtschaft Zwangsarbeiter. Etwa die Hälfte von ihnen waren Mädchen und Frauen. Im Falle einer unerwünschten

Schwangerschaft wurden die Kinder ihren Müttern abgenommen und in eigens dafür eingerichteten Säuglings- und Kinderheimen untergebracht, die unter primitivsten Bedingungen geführt wurden. Die Sterberate in diesen Heimen betrug zwischen dreißig und hundert Prozent.